福祉ライブラリ

生活支援の家政学

井上千津子・阿部祥子 編著

赤塚朋子　大野淑子　小川かよ子　倉田あゆ子
髙増雅子　松梨久仁子　水村容子　渡辺聰子

建帛社
KENPAKUSHA

【執筆分担】

井上千津子　第1章，第2章
阿部　祥子　第6章1，3，4，6(3)
赤塚　朋子　第3章1，2(1〜3・5)，3(1)，5
大野　淑子　第4章2，3(コラム：老人ホームでのファッションショー)，4，6(1)
小川かよ子　第6章6(1・2)
倉田あゆ子　第3章2(4)，3(2・3)，4
髙増　雅子　第5章
松梨久仁子　第4章5(3・4)，6(2)
水村　容子　第6章2，5
渡辺　聰子　第4章1，3，5(1・2)

生活支援の家政学

はしがき

　わが国は世界に冠たる長寿国になり，人生80年の時代を迎えた。「長寿は人類が創造した最高の芸術である」という言葉があるが，単なる生存のみの長生きではなく，その質が問われるようになった。たとえおむつに包まれていようと認知症であろうと，生活者としての人権が守られ，主体的で快適な生活が希求されてきている。今日，主体的なその営みを可能とするために，介護の目的である生活支援が緊要な課題になっている。

　そして，人類の健康，安全，快適性を探求し，生活手段や生活技術を確立してきた家政学の実践こそが，この生活支援において不可欠となる。生活支援の目的は，要介護者の生活に関与し，生活全般を包括的に再構築することであり，この目的は，快適な生活環境を創出し，生活を安定させるという家政の目的に結びつくことになる。そのことによって，生活をトータルで支え，生活を安定させる生活支援の具体的道筋が開けることになる。この意味からも家政学の介護におよぼす影響には大きいものがある。家政のあり方によって，介護の質が左右される点からも家政学の重要性はきわめて大きい。

　生活環境整備が介護の基盤であることから，介護職として「生活環境の整備」についての確かな知識と技術を持ち合わせることが求められる。本書は，生活環境の整備にとって不可欠な学問として家政学を位置づけ，生活様式，生活用具にいたるまで合理的，科学的理由を，深く明確に理解し，生活をトータルで支える生活支援の実践力を高めることの重要性を鑑み，そのために必要な家政学の知識と技術を幅広くとり上げている。

　本書は，第1章で生活支援の概念について，第2章では介護と家政学の関係性について論じ，第3章から第6章では，家政学の主領域である「生活経営・生活経済」，「衣生活」，「食生活」，「住生活」について各1章を当てて介護の視点や配慮を論じるとともに，その根拠となる家政学の学問的知見を解説した。

　その際，WHOの「環境と開発に関する世界委員会（WCED）」が1987年に公表した報告書『Our Common Future』に示された「居住環境の4つの理念」すなわち"安全性（safety）""保健性（health）""利便性（convenience）""快適性（amenity）"を，衣・食・住・生活経営などの家政学諸領域を横断的に貫く

理念として援用し，介護における生活支援を考える基本的枠組みとした．

　介護の質を高めるための必読書としていただきたいという願いをこめて，編集者・執筆者一同本書をお届けしたい．

　　2009年3月

　　　　　　　　　　　　　　　　　　　　　　　編者　井上千津子・阿部祥子

目 次

第1章 生活支援とは

1. 介護と生活支援の関係 …………………………………… 1
   1. 介護における生活支援とは何か　1
   2. 生活とは何か　1
2. 介護の小史 ………………………………………………… 2
3. 家政学の必要性 …………………………………………… 4
   1. 要介護状態へのプロセス　4
   2. 生活支援の座標軸　4

第2章 家政とは

1. 家政とは何か……………………………………………… 5
   1. 家政的配慮と家政的管理　5
   2. 家政的配慮・管理と介護　5
2. 家政の目的………………………………………………… 6
3. 家政の内容………………………………………………… 6
4. 介護における家政的配慮と家政的管理の関係………… 7
5. 生活基盤としての家事機能……………………………… 10
   1. 家事とは　10
   2. 家事機能の意義と介護　11
6. 介護における家政学の意義……………………………… 12

第3章 生活経営・生活経済

1. 生活主体と自立支援 ……………………………………… 15
   1. 生活主体　15
   2. 生活の自立　16
   3. 生活課題と生活自立支援　16
2. 家事支援サービスと地域ネットワーク ………………… 18
   1. 家事活動とは何か　18
   2. 家事援助サービス　20
   3. 「家事援助」から「生活援助」へ　20
   4. 地域におけるネットワーク　21
   5. 「健康で文化的な生活」とは　22
3. 生活の経営 ………………………………………………… 24
   1. 生活の経営とは何か　24
   2. 生活時間　24

iii

目 次

   3．生活情報 *27*
 4．**生活の経済** …………………………………………………… ***29***
   1．安心してくらすための基盤としての生活経済 *29*
   2．家計からみる生活 *30*
   3．消費者保護 *32*
 5．**生活に関する制度や法律** ………………………………… ***36***
   1．生活保障の仕組み *37*
   2．保健・医療・福祉等に関する制度や法律 *37*

第4章 衣 生 活

 1．**介護福祉における被服と衣生活** ………………………… ***43***
 2．**高齢者・障害のある人の被服** …………………………… ***43***
   1．加齢による体型・身体機能の変化 *43*
   2．障害の種類と衣生活への影響 *45*
   3．高齢・障害に対応する衣服 *46*
 3．**高齢者とおしゃれ―個性を活かした衣服―** …………… ***48***
   1．日常着とタウンウェア *49*
   2．フォーマルウェア―冠婚葬祭のための衣服― *50*
   3．和服のおしゃれ *51*
   4．高齢者の美容―化粧療法― *54*
 4．**介護にかかわる被服―寝具・寝間着・おむつ・靴―** … ***58***
   1．寝　具 *58*
   2．寝間着 *58*
   3．おむつ *59*
   4．靴―選択と購入― *59*
 5．**被服の機能・性能と素材** ………………………………… ***60***
   1．被服とは *60*
   2．被服の目的・機能と性能 *61*
   3．被服の素材 *62*
   4．被服材料の性能 *67*
 6．**被服の選択と取り扱い** …………………………………… ***68***
   1．被服の選択―安全で体に合った被服を選ぶために― *68*
   2．被服の取り扱い *73*

第5章 食 生 活

 1．**食生活と食文化** …………………………………………… ***79***
   1．食生活とは *79*
   2．食事とは *79*
   3．食文化 *81*
 2．**高齢者・障害のある人の食生活と自立支援** …………… ***84***

		1．加齢・障害と食生活	*84*
		2．安全な喫食	*86*
		3．嚥下と誤嚥	*88*
		4．食生活の自立支援	*90*
	3．食生活と栄養		**92**
		1．栄養素のはたらき	*92*
		2．加齢による栄養素等摂取の変化	*95*
	4．食生活と安全		**100**
		1．食の安全とは	*100*
		2．食品の選択と管理	*101*
		3．食品と衛生	*103*
	5．食事づくり		**105**
		1．食事構成と献立	*105*
		2．食事づくり	*109*
	6．食生活と生活習慣病		**113**
		1．健康とは何か	*113*
		2．生活習慣病と食生活	*114*
	7．より豊かな食生活への課題		**116**

第6章　住生活とすまい

1．住宅と住生活		**121**
	1．人権保障としての住宅	*121*
	2．変容する住文化・家族と多様化する住宅	*122*
	3．地域と住生活	*125*
2．高齢・障害による機能低下と住居		**126**
	1．老化にともなう身体機能の低下と対応	*126*
	2．老化にともなう感覚機能の低下と対応	*129*
	3．心理特性や生活構造の変化に対する対応	*130*
	4．廃用性症候群への対応	*130*
	5．認知障害・精神障害のある人への対応	*132*
3．住生活の器としての住宅		**134**
	1．生活と生活空間	*134*
	2．生活空間の構成	*139*
4．住生活と健康		**147**
	1．室内環境の調整	*147*
	2．住宅の維持管理	*153*
	3．廃棄物と地球環境	*156*
5．住生活と安全		**159**
	1．住宅内の事故と安全	*160*
	2．緊急時の対応	*166*
	3．災害時の住生活	*167*

目　次

6. 高齢者や障害のある人の居住の選択肢 ······················ **171**
　　1．ライフサイクルと居住の場　　　　*171*
　　2．新しい居住形態の事例　　　　*179*
　　3．今後の方向性―人権保障の住まいづくりに向けて　　*190*

◧付　　録◧　明治・大正・昭和　生活史年表 ··············· *193*

1章 生活支援とは

1 介護と生活支援の関係

1 介護における生活支援とは何か

「生活支援」という言葉は、介護や福祉の領域において、さまざまな文脈で使われているが、まず介護と生活支援との関係を明らかにしておこう。

介護とは何か、さまざまな定義を概観すると、以下のように定義づけることができる。

> 生活行為を成立させる援助を通して、命を護り、生きる意欲を引き出し、生活を維持する。

介護を必要としている人たちの状態を通して具体的にいえば、身体的精神的な機能低下を要因として、日常生活を営むことが困難な状態の人たちが介護の対象になる。つまり、食事、排泄、清潔、睡眠などの生活行為の束が崩れている状態であり、他者の援助によって生活行為の束を作り上げなければならなくなった人たちということになる。生活行為の束が崩れるということは、生命維持の危険につながる。また自己実現が困難になり、生きる意欲の喪失に連動することになる。

これらのことから、さらに介護の定義を具体化すると次のようになり、この**目的を実現する手段**が、**生活支援**ということになる。

> 食事、排泄、清潔、睡眠などのさまざまな生活行為の崩れている束を作り直す援助を通して、命を護り、生きる意欲を引き出すこと。

2 生活とは何か

それでは、介護の目的概念である生活支援の基軸なる「生活」とは何であろうか。生活とは、生命の活性化の略であり、生命を活性化するために、私たちはさまざまな生活行為を自らの意志で決定し、自らの力で行っている。また、これらの生活行為は、単に生理的な欲求を満たすだけのものではなく、精神的欲求や社会的欲求、さらに文化的な欲求を満たすための行為であるといわれて

第1章 生活支援とは

いる。これらの欲求には，順番が存在するわけではないし，また順番に満たしていくわけではない。かけ合わせる形で欲求を満たしていく活動を行っているわけである。つまり，生活とは，「人間が人間らしく生きるために行う諸活動の総体であり，人間らしく生きるための基本的欲求の充足過程である。」と定義づけることができる。

つまり"人間らしく生きることの支援"が生活支援であり，介護の目的という位置づけになる。

人間が人間らしく生きるために行っている行為は，多数・多様にリストアップできる。ここでは次のように4群に分けることにする。すなわち，Ⅰ群＝コミュニケーション，Ⅱ群＝日常生活動作（ADL），Ⅲ群＝手段的生活動作（IADL），Ⅳ群＝余暇活動である。さらに，その具体的内容は，次のように分類できる。

　Ⅰ群　コミュニケーション：意志の伝達と理解，視力，聴力。
　Ⅱ群　日常生活動作：寝返り，起き上がり，移乗，歩行，着脱衣，食事，
　　　　　　　　　　排泄，身だしなみ，入浴。
　Ⅲ群　手段的生活動作：調理，掃除，洗濯，買い物，金銭管理，服薬，
　　　　　　　　　　電話による情報伝達，交通機関利用。
　Ⅳ群　余暇活動：休息，楽しみ。

図1-1　生活を構成する4群の行為

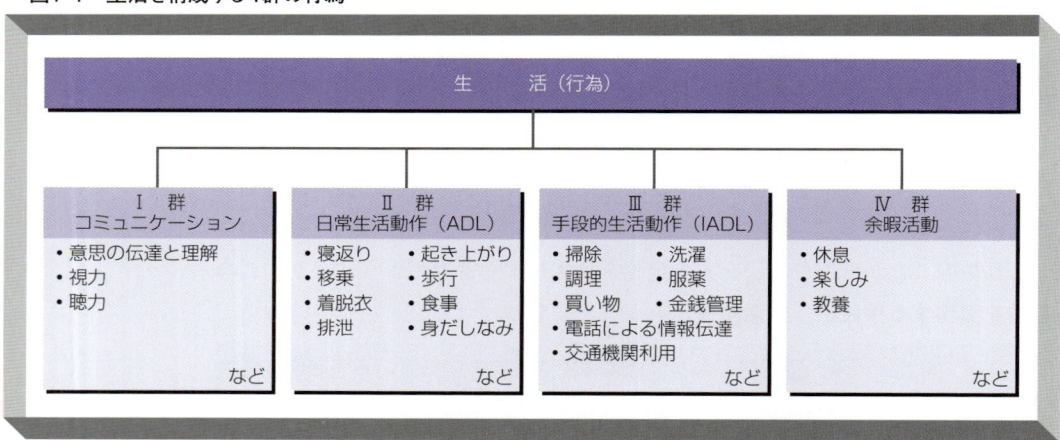

これらの行為が統合されて生活が成り立っているということになり，繰り返しになるが，生活支援とは，こうした生活行為を成立させるための援助行為であり，介護の目的を達成することになる。

2　介護の小史

ここで介護の歴史をひも解いてみよう。少子高齢化が進み，日常生活が困難になった人たちに対する援助として生まれてきたのが介護である。

2．介護の小史

　介護は，歴史的にみれば看護の領域に含まれ，源を同一にしていた。しかし，看護は，医療技術の発達にともない高度に専門性の分化した医療に引きずられ，高度医療を支えるマンパワーとしての機能が増大していった。その一方で，看護師不足のあおりも受けて，看護業務として規定されている**療養上の世話**という部分まで手が回らなくなってしまったという現実がある。

　同時に高齢社会の到来にともなって，老化にともなう心身の機能低下を原因とした生活障害への対応への需要も増大していった。そして，この部分が医療から切り離されて，介護という領域が創り出されたという経緯が一般的な認識である。

　いつの時代も，自分の身の回りのことができずに介護を必要とする人たちは存在していた。老化のプロセスによって，生理的機能や心身の機能が低下し，他者の援助を必要とする人や，生まれながらに障害を担った人，疾病によるもの他，労働の過程による事故によるもの。さらに戦争による障害者の発生などで社会的にも生活障害問題が生み出された。こうした**生活障害問題**に対して，わが国の福祉施策としては，**経済的扶助**（生活保護）という救済策を行ってきた。そして，生活障害に対する介護の多くは家族の手によって担われてきた。つまり，かつては家族介護があたり前であった。

　その後，1960年代になると，高齢化の進捗や核家族化による家族形態の縮小化などを背景として，家族機能としての介護が維持できなくなってきた。家庭で介護が困難になった要介護者に対して，国の措置制度として福祉施設が創設され，収容という形がとられたが，これも当然ながら**救貧対策**としての選別的な制度であった。一方で，施設収容だけではなく，介護を必要とする人たちの在宅生活への援助としては，1964年に**家庭奉仕員派遣事業**（現在のホームヘルプサービス）が制度化された。これも救貧対策としての措置制度の範疇であり，対象は低所得者に限られていた。こうして，従来は私的生活としての家庭機能に含まれていた介護が社会化へと進んでいったのである。介護の社会化は，集団的な生活の場への移動。もうひとつの方法は，家庭という生活の場へ介護という家族機能の代行者が出向いていくという方法で行われていったのである。

　さらに，少子高齢社会が進展し，介護は誰もが人生の中で遭遇することであり，介護をめぐる問題は，経済的理由にとどまらず社会的課題となり，対象が普遍化された。民主社会の成熟にともなって，寝たきりや認知症で全面依存の状態であっても，生活者として自己実現を目指して主体的に生きたいという人間本来の意識が明確にされ，希求されるようになった。こうした流れの中で介護のとらえ方も，機能的な欠落部分を補完するだけではなく，もてる力を引き出し，自己実現を図るために生活全体を支える援助，つまり生活支援へと介護の目的が明確にされた。

第1章　生活支援とは

3　家政学の必要性

1　要介護状態へのプロセス

　要介護状態の原因は，疾病，障害の発生である。その背景には，多くの場合，**生活基盤の脆弱化**があげられる。つまり要介護状態の発生は，衣食住の生活環境のあり方と深い関係にあるということになる。生活障害の裏にはなんらかの疾病が潜んでいることも確かだ。こうした相互関係の上に要介護状態が発生することから，介護においては，疾病や障害の状況と生活基盤との関係性を重視し，疾病の管理や身体機能の保持は不可欠であるが，ただそれだけにとどまることではなく，疾病の原因になる生活基盤のあり方に目を向け，さらに疾病や障害から発生する生活障害の改善を図らなければならない。

2　生活支援の座標軸

　生活行為を成立させ，生命の活性化を図るという介護の目的達成のためには，生活環境のありようが課題になる。この生活環境の整備の科学的な探求が，**家政学**という学問領域の存在基盤でもある。

　人類の健康，安全，快適性を探求し，生活手段や生活技術を確立してきた家政学の実践こそが，生活支援において不可欠となる。生活支援の目的は，要介護者の生活に関与し，生活全般を包括的に再構築することであり，快適な生活環境を創出し，生活を安定させるという家政の目的に結びつくことになる。そのことによって，生活をトータルで支え，生活を安定させる**生活支援の具体的道筋**が開けることになる。この意味からも家政学の介護におよぼす影響は大きいものがある。家政のあり方によって介護の質が左右される点からも，家政学の重要性はきわめて高い。本書においては，介護の目的概念である生活支援の座標軸を家政学と位置づけることとする。

2章 家政とは

1 家政とは何か

1 家政的配慮と家政的管理

　本章では，家政学の成立期に総合的関与（家政的配慮，家政的管理）を主張した中原賢次の『家政学原論』を基軸において論を進めたいと考える。中原は家政学を「家族及び家庭生活に関する科学であり，家族の生命の維持発展を図り，人類の幸福増進に貢献する学問である。」としている。さらに，家政とは人間の精神的，身体的，技術的，社会的営みであり，その基本には，配慮と管理のはたらきが存在していると述べている。

　つまり，家政学を総合関与の学問であるとして，その中身は，「家政的配慮」にそって「家政的管理」を展開することによって家政の目的を達するということである。では，家政的配慮と家政的管理はどのような関係にあるのだろうか。

　生活行為を展開する場において，快適に生活行為を実行するための理論性が**家政的配慮**であり，配慮の内容を現実に処理し具体化していくプロセスが**家政的管理**であり，家政とは，この2つを柱にしたものであると考えられる。

　重要なことは，家政的管理の手法の有効性も，その回数・頻度・範囲の適否も，家政的配慮の帰結であるという点である。家政的管理技術の科学性は，家政的配慮の科学性に代替しうるということではなく，状況改善を図るための諸科学の活用においても，基本的には「家政的配慮」が先行すべきことである。したがって，その配慮に関してはきわめて思慮深くならなければならないことはいうまでもない。つまり家政的管理の結果の適否は，家政的配慮の**科学性**にあるということになる。

中原賢次
　日本女子大学で1957～1966年の間，家政学原論を担当した。東京帝国大学法学部出身。

2 家政的配慮・管理と介護

　上述の論理を介護に置き換えてみると，介護は，生きていくために必要な生活行為がなんらかの理由により妨げられた要介護者に対して，生活者として主体的な自立した生活を保障していくことであり，そのために，一人ひとりの生命の維持，安定，持続のための営みについて配慮し，この家政的配慮を実現するために管理をすることである。

第2章　家政とは

介護は他者によるかかわりであることからも，生活支援の手法においても，**科学的な家政的配慮**に裏づけられた**科学的な家政的管理**が基本にとらえられなければ，介護の目的である「命を護り，生きる意欲を引き出し，生活者としての自立した生活の営みを支える」保障はできないということになる。

2　家政の目的

家政の目的は，家庭において，自然環境，社会環境さらに身体的な内部環境に対して，積極的にはたらきかけていく機能であり，「気持ちよく」「安全に」「継続して」「安定して」生きていく人間の生活を保障しようとする基礎的な営みであるといえる。

例えば，食物の用意を考えてみよう。何をどのように選択し，購入し，保存し，調理配合していくのか。そして，それをどのくらいの分量，摂取するのか，どのように配慮をはたらかせるのか。現在の食物環境は昔のように自然環境にそのまま対峙していたときのものとは当然異なる。食品は自然界にあるのと同時に，食料品店にもある。食事に関しては，いわば自然環境と社会環境の双方にかかわりながら，家族の食事に加工し発展させるところの判断・整備がまさに家政であり，家庭という生活環境に食品を持ち込んで，家庭内に食物に関する環境を作り上げることである。

衣服についても，また水道や電気，ガスについても，特に家の設備として整えるということは，安全で快適な環境整備を行って，生活の維持につなげようとすることである。

したがって，「家政的配慮」の裏づけをもちながらの「家政的管理」の方法としての**環境整備**は多岐におよぶことになる。その意味では，家政学が諸科学を結集し，応用するところの総合的学問であることがうなずける。家政的配慮は科学的であり，さらに**個別的**であるが，合理性・能率性・誠実性・理念性・愛情などを実現させる指導原理となる要素や内容をも含んでいるということがいえる。この家政的配慮の指導原理をもって快適な環境の整備を行うところに家政の目的がある。

3　家政の内容

家政の内容について本書では，広く人間の精神的，身体的，技術的，社会的営みと捉えながら，生きるためのはたらきとして認識していきたい。具体的には，食べる，眠る，調理する，排泄する，清潔にする，縫う，というような生理的営みや技術的営みが，家政の内容であり，さらに，おいしい食事や寝室での心地よい就寝，被服の整備，快適な居室の整備，これらの行為が家政の営み

になっていくのである。つまり家政の根底にあるのは，**個別性に対する配慮**が一貫していることであり，そのうえで具体的に管理することである。それがとりもなおさず，人間の生命の維持活動であり，安全向上の活動であるということになる。

例えば，食事場面を考えてみよう。空腹を満たすことは生理的欲求であるが，好みや栄養のバランスが考えられ，調理方法が工夫され，食器やテーブルの雰囲気が考慮され，調理された物の温度，見た目などの家政的配慮と家政的管理によって，おいしく，楽しく，食欲の増進する食事が可能になるのである。

同様のことは，実にいろいろな生活場面でも確かめられる。食品に対する加工も貯蔵も，被服の選択も手入れも，部屋の清掃も暖房も照明も，さらには病気の手当も家政である。

家庭の中で行われる介護は，家政とはまったく関係ないかのようにみえるが，それらは本来，生命の活性化についての配慮をもってなされていることであり，特に日常生活の中で行われ，管理される場合，きわめて家政的だということになる。これらのさまざまなはたらきは，原則的に家政的配慮の領域に含まれ，それが一貫した家政的管理によって具体化されて，多種多様な家政的営みとして実行されていくことになる。

ところで，家政的配慮の理論性と家政的管理のシステム性を有している家政であるが，注意しなければならないことは，同じ食物でも，生命・安全・健康・快適・平等などの生活の基本的な価値に照らして配慮し，管理していく姿勢が求められるということである。なお，家政的配慮は，家政的管理という実践に対して，行動のルールを与えるものであるから，無検証であったり，主観に陥ってならないことは当然である。常に事実検証的かつ客観的であるべきで，その**実践に対する根拠が明確であること**が求められる。また，家政的配慮や家政的管理は，日常的であり，普遍的であることから，家政の営みの大きな特徴は**連続性**であり，絶えず繰り返されている行為であるということになる。

4 介護における家政的配慮と家政的管理の関係

「生活行為を成立させることを手段として，命を護り生活を支える」という介護の定義から，その内容を考えてみよう。

具体的な例として，ここに介護を必要とする高齢者が眠っているとしよう。**眠る**ということは生理現象であるが，静かな暖かい部屋で清潔で保温的な寝具の中で眠っている彼の心地よい眠りは，音響，明暗，空気の流通，温度，衛生など，さまざまな事柄についての最大の家政的配慮と家政的管理によってもたらされている。そのような配慮と管理のもとではじめて，安らかな眠りと快い目覚めが存在するのである。家政的配慮と家政的管理の支えのない眠りは，眠

第2章　家政とは

りそのものについてはなんら違いのない生理現象であるが，決して快適な目覚めは待っていない。

また，**掃除**という，埃を取り，換気をするという家政的行為は，雑菌を除去すること，きれいな空気を部屋の中にとり入れることであり，酸素を体内に送り込むことに結びつき，体内ではその酸素の力で栄養素が活力としてはたらき，細胞が活性化し，生命の力を広げることになる。そして，気分は爽快になり，生きる意欲に結びつくという循環になる。さらに，生活上の危険を防止し，また緊急時の対応を可能にするための家政的配慮に基づいて，その人の状況に合わせて家具や調度品，生活用具を整理整頓することが家政的管理ということになる。こうした作業は，生命を護り，生きる意欲を引き出すことにつながることになる。まさしく自立支援といえよう。

食事にしても，どのように食事介護をすれば，介護のものさしに合うであろうか。その人の食習慣を把握し，好きな食物を，好みの味に調え，状況（咀嚼力，嚥下力，消化力）に合わせた形態に加工し，食べる時期を考え，食べる量を調え，目を楽しませる盛りつけをし，楽しい会話をし，食欲を引き出す。こうした配慮の上に立って「楽しくおいしく食べる」ために，その人のために食事をしつらえることが家政管理であり，こうした食事介護を展開しなければならない。

排泄にしても，遠慮や気兼ねがなく排泄できる条件づくりが必要である。そのためには排泄用具，排泄行為のしやすい衣服，トイレやポータブルトイレの位置・場所，おむつの素材や種類，デザインを考える必要がある。さらに食事の状態にも目を向けてみることを忘れてはならない。これらが排泄行為に関する家政的配慮である。このような配慮に従って，家政的管理として排泄環境を整えていかなければならない。

入浴もしかり。入浴介護を行うためには，入浴時，浴室までの移動時の安全確保，浴室の構造，湯の温度，湯量，入浴時間，入浴時期などに家政的配慮をくだし，家政的管理をもって入浴のもたらす効果を最大限に引き出さなければならない。

着替えについても，着替え方法の安全性，下着はどのような物を選ぶことが介護のものさしに合うのか，上着はどうか，病衣，寝具にはどのような素材のものがいいのか，デザインはどうか，色の好みはどうか。これらについて配慮し，さらに衣生活に関心をもつようはたらきかける介護の展開が必要である。さらに褥瘡などの防止のためにも寝具や衣服の素材やベッドの堅さ，高さ，位置などの家政的配慮が欠かせない。

洗濯にしても，ただ衣類を洗えばよいということではない。洗濯物の量と内容から健康状態や生活上の変化を察しなければならない。例えば，介護職の訪問の間隔が短いのに洗濯物が多く出ていたとすれば，それは汚す身体的な原因

がどこかにあることを考えなければならないということである。また，訪問間隔が長いのに洗濯物が少ないということになれば，着替えることが困難になった原因がどこかにあるということになる。清潔な衣類に着替えることを通して，生命を縮めたり，生きる意欲を喪失させる原因がないかどうかの観察が必要になる。さらに，洗濯物の乾燥，手当，収納などについても家政的配慮と家政的管理が必要になる。

　さらに，命を護り，生きる意欲を引き出すために忘れてならないことは，**社会性の維持・回復**である。「人」と「もの」に出合わせ，たとえ寝たきりであっても，枕辺に「人」と「もの」を持ち込み，二者関係を三者関係に拡大していくための家政的配慮に基づいて，デイサービスや散歩，地域のサークルへの参加，また，ボランティアの導入などの家政的管理によって社会性を維持することが重要になる。

　もう一点見逃してはならない援助に「死」へのかかわりがある。**死への援助**とは，「生きる」ことへの援助の延長線上にある，死に対してのかかわりである。死に対して介護はどのようにかかわるのであろうか。まず身体的な苦痛を和らげるための配慮として，体位や手当の方法を考え，さらに病状の変化を予測し，医師に伝える時期を考え，家族が安心して死の看取りができるような体制を家庭の中に作り上げることが重要になる。これらが家政的配慮であり，さらに，死に対する不安を取り除くために寄り添い，その人の人生を肯定して，今日までのかかわりの中での学びを生かしていくことをその人に伝えることである。家政的管理としては，体位の保持やマッサージを行い，苦痛を緩和していくことである。また，とかく家事機能が低下することから，その部分を的確に補完していくことである。

　こうしたさまざまな介護は，要介護者だけでなく，その**家族**の生活にも目を向ける家政的配慮が必要になる。家族が健康でなければ要介護者にとっても決して幸せとはいえない。家族の健康を守り，家庭生活を維持することが，利用者の精神的な安定をもたらし，生命力を広げ，生きる意欲を引き出すことになる。家族の優しさ，家族としてのつながりを強めるような援助をしていくことが求められる。これらの介護はまさしく家政的配慮のもとに，要介護者と家族の生命を維持し安定させ向上させるための綿密な予測であり，注意であり，計画である。この配慮の内容を家政的管理によって実現していくプロセスである。

　以上から，介護の基本は，**家政的配慮**と**家政的管理**であり，家政の基本と同根であることが認識できる。さらに，現在施行されている介護保険において，その中核である**ケアプラン**もこの家政的配慮に基づいてプランを立案することが必須条件となろう。家政的配慮のもとに作成された計画に従って，家政管理によって具体的な援助を展開することによって，はじめて介護保険の目的とし

図2-1 家政的配慮・家政的管理とケアプラン

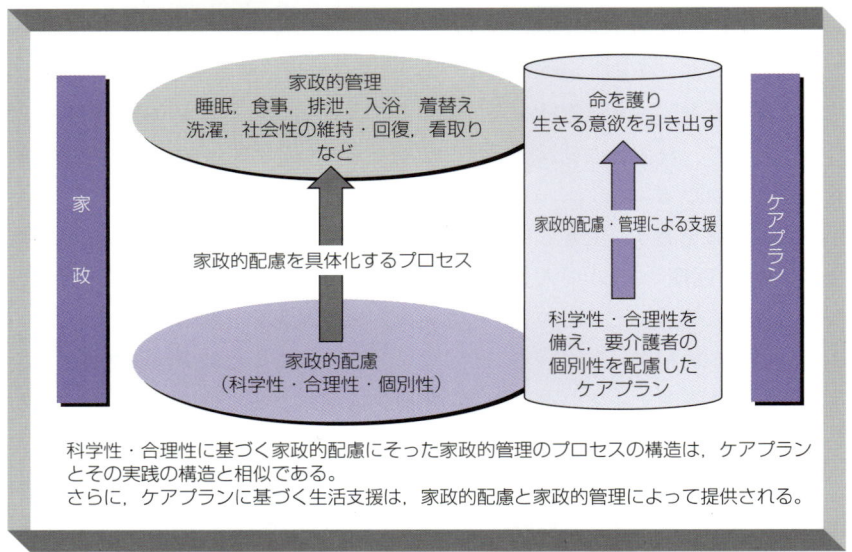

科学性・合理性に基づく家政的配慮にそった家政的管理のプロセスの構造は，ケアプランとその実践の構造と相似である。
さらに，ケアプランに基づく生活支援は，家政的配慮と家政的管理によって提供される。

ての**自立支援**が可能になるといえる。

　少子高齢化が進み，介護の重要性や必要性は増大し，そのあり方や質の高さが求められることになろう。その中心となる生活支援の質を高めるための知識や方法として，家政学の基礎的学習が不可欠である。

5　生活基盤としての家事機能

　ここまで，介護にとって家政学の重要性について明らかにしたが，ここで，家政の基盤となる家事機能について述べることとする。

1 家事とは

　家事とは，一般的には，家庭生活をスムーズに運営するための衣食住および教育や育児，看護，介護などにかかわる労働過程のすべてと定義づけられている。確かに，科学技術の発達にともなう社会システムの変動の中で，家族のあり方も，暮らし方も変化し，もちろん家事の位置づけも大きく変わってきた。しかし，家事は，人間が生きていくための不可欠な機能であることには代わりはないし，自己実現への道程としての機能も存在しているのである。

　こうした人間生活の基本を整える家事機能こそが，人類の発達の基礎であることからも，その社会的意義の大きさを認識すべきである。しかし，高齢化が進み，家事機能の崩壊が加速度を加える中，その帰結として，介護の重度化，生活障害の増大という状況が発生することも明白である。このことから，**家事**

機能の維持・拡大のための社会的援助が不可欠になる。一人暮らしの高齢者にとっては，家事援助こそ生活を継続するための最低の保障なのであり，その意義は大きいものがある。

2 家事機能の意義と介護

第一に，生命を維持するためにも，生活手段を整備していくことが基本であり，生存を保障していくことになる。自分らしく生きていくための欲求を満たしていく基盤もこの生活基盤を整備していくことであり，生きていることから意志をもって生きていくことへ変化をもたらすことになる。つまり，「命を護り，生きる意欲を引き出す」という介護の目的に合致することになる。

第二には，家事援助をどのように行ったかというプロセスの中にこそ，高齢者自身の自己実現の活路があり，人間実存の意味が存在するといえる。例えば，「掃除」を例にとってみると，掃除をしたという結果ではなく，掃除をするプロセスのなかで高齢者自身の生き方の承認や自分らしさの表現が保障されるのである。調理にしても食事の準備ができたという結果だけではなく，食事が完成するまでのプロセスのなかに，やはり高齢者自身の生き方や食習慣，食文化の承認，さらに生活のメリハリや学習性が喚起され，社会との交流の足がかりとなり，高齢者自身の主体的判断とそれによる行動の拡大につながり，生きる意欲の喚起に結びつくという循環になる。

第三には，介護状態の発生は，疾病の発症が原因し，疾病の裏には生活基盤の崩れが存在している。生活基盤の整備が，疾病の悪化防止にも発生防止にも結びつくことから，生活基盤の整備が食欲を増進させ，栄養のバランスを保ち，疾病などの快復につながり，介護予防に結びつくことになる。

第四には，家事機能の回復により，高齢者の心身の発達へ与える影響の大きさに着目したい。家事を部分的であっても遂行していくことで高齢者自身の労働の継続性や役割から，家庭の中に高齢者自身が自分のポジションを取ることができる。そのことによってさらなる発達を促していくことになり，より主体的な生活行動を拡大していくことに結びつく。

第五としては，家事機能の遂行による他者の評価は，よい刺激剤となって生きる意欲にも結びつく。受け身の生活から積極的に新しい世界を切り開いていく足がかりにもなりうる。

第六には，家事援助によって高齢者の関心を社会的に広げていく。社会との交流性を高めることによって地域社会からの孤立化を防ぐことに結びつく。

第七には，家族の発達を援助することに結びつく。家事援助を通して，その家庭の生活課題を明確にし，問題解決に立ち向かう力を引き出していく。さらに問題解決を共有することによって家族の絆を強めていくはたらきをもつこと

第2章 家政とは

になる。

第八には**生活文化の伝承**があげられる。家事援助を通して，介護職は高齢者が培ってきた生活文化，生活技能を学ぶことができる。介護職は，生活文化，生活技能を引き継ぎ，また，高齢者の思いを引き継いで後世代へ伝えていくはたらきを有し，生活史・生活技能史をつくっていく役割があるともいえる。

6　介護における家政学の意義

"家政学がなぜ必要か"この問に対して，ホームヘルプサービスに関する苦情の実態をみてみよう。介護保険制度のなかで介護サービスの質を担保するために，サービスの受け手，提供側双方に対して，社会的に苦情を受け止め，改善を図る仕組みが位置づけられている。苦情処理機関は，区市町村，都道府県，国民健康保険連合会であり，苦情をとりまとめている。苦情の申し出は年々増加し，その内容は図2-2のようになっている。

図2-2　分類項目別苦情件数の推移

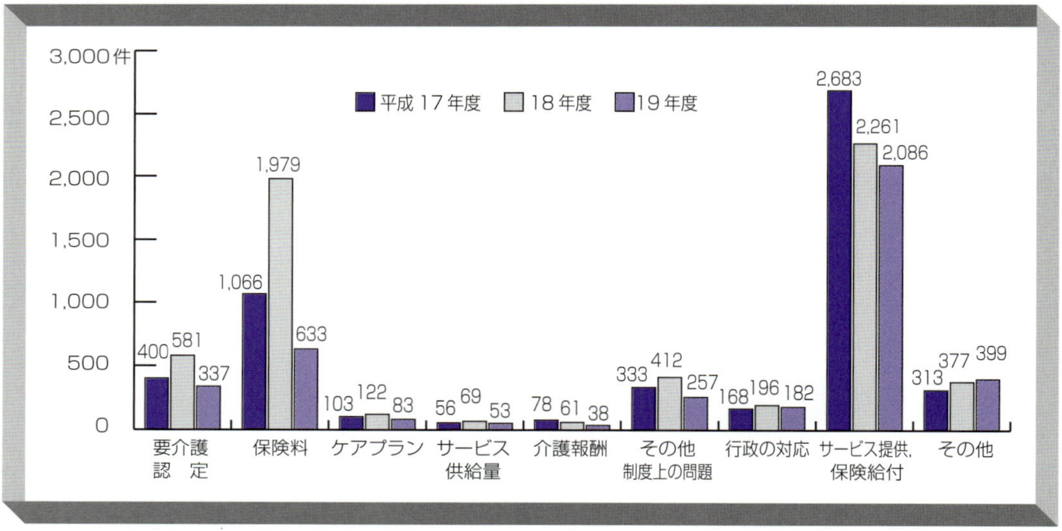

分類項目	平成17年度	18年度	19年度
要介護認定	400	581	337
保険料	1,066	1,979	633
ケアプラン	103	122	83
サービス供給量	56	69	53
介護報酬	78	61	38
その他制度上の問題	333	412	257
行政の対応	168	196	182
サービス提供，保険給付	2,683	2,261	2,086
その他	313	377	399

資料）国民健康保険中央会：平成20年発表

サービス提供事業所の資料によると，「態度や言葉使い」が高い数値を占め，身体介護に比較すると生活援助（家事援助）のほうが苦情の数が多い。しかも内容は，調理，掃除，買い物，などの介護内容があげられている。こうした結果は提供者であるホームヘルパーの責任だけではなく，制度や仕組みそのものに課題があることももちろんであるが，**生活援助（家事援助）に対する意識**に問題の大きさや深さが存在していることも否定はできない。つまり，家事に対する認識の低さが，サービスの質に影響している。

折しも介護福祉士法の改正にともない，家事機能を維持し拡大していくための

基本になる「家政概論」や「実習」という科目が削除された。こうした状況下で，介護の基本である生活環境の整備は不確かなものになり，介護予防や自立支援の効果も期待できないのではないかと危惧せざるをえない。しかし，介護の目的を達成するためには，介護職として「生活環境の整備」について確かな知識と技術を持ち合わせることが求められる。そのためには，生活様式，生活用具にいたるまで合理的，科学的理由を明確にすることが重要になろう。特に，家事技術には歴史的に磨き抜かれた過程があることを認識することが大切である。

　「生活」を支える介護職にとっては，合理的で科学的な家事技術を学ぶことは，「生活」の本質を理解することにもなり，当然，メンテナンスを考えることに連動し，思慮深さにもつながってくる。この点から，介護福祉士養成教育における家政学の重要性がうなずける。さらに重要なことは，消費生活・商品知識の修得であり，介護福祉のための商品学も不可欠であり，食事のための素材の研究，衣服のデザイン，素材，住居のあり方など，商品の選択方法，使用方法等を合わせて理解することが不可欠である。その意味からも介護のための家政学が必要である。また，ただ単に介護行為を提供するのではなく，その人の生きてきた時代を生活文化を歴史的視点から理解することによって，高齢者の心理的理解に近づくことが可能になる。こうした生活センスの修得も必要である。

3章 生活経営・生活経済

1 生活主体と自立支援

1 生活主体

　私たちは「日本国憲法」第25条によって人間らしく生きる権利が保障されている。憲法で保障された「健康で文化的な生活」をどのように営むのかということが，すなわち生活経営である。

　それでは，生活を経営するのは誰なのだろうか。生活の基本的単位は個人である。生活を経営する個人がどのような生活をしたいと望んでいるのかによって，生活の経営のあり方は違ってくる。どのように生活するのか，つまりどのように生きたいのかを決めるのは，その生活を経営する当事者なのである。この生活の当事者のことを**生活主体**という。

　生活主体とは「生活の課題を発見し，その改善や解決に主体的に取り組む力や，主権者としての自覚や実践力をもつ生活者」と定義することができる[1]。

　生活主体は，自分の生活をどうしたいのか，そのために何をどうするのか，ということと常に向き合って生きており，そのためには，自らの生活全体を掌握し，生活を創造する力をもつことが求められる。

　介護の場面で，生活の主体が誰なのかを取り違えてはならない。その人の生活は，あくまでもその本人に固有の生活である。当人以外のなん人もとって代わることはできない。当人が生活の主体として生活経営できる環境を整備することが重要なのであって，本人に代わって生活経営の方針や方法などを決めてはならない。介護サービスのあり方も，本来は生活主体が必要とするサービスの提供が前提である。その利用によって，生活主体は生活経営の目的を達成することができるのである。

　生活主体がもっている**生活資源**は，健康・知識・生活力といった個人にかかわる資源，人間関係資源，生活物資・金銭・資産といった経済関係資源，生活技術・生活時間といった生活管理関係資源など多種多様である。そして，これらをどう入手し，どう活かすのかという生活経営の力の有無によって，生活の**快適性**は左右される。私たちは，誰もがこれらを統括・管理して生活を経営するとともに，社会との関係を築きながら，生活を創造し，社会を創造して生きているのである。

第3章　生活経営・生活経済

　「日常生活を営むのに支障がある者」の生活経営に対する介護サービスのアプローチに当たっては，"生活の主体が生活を経営する"というあたり前のプロセスを理解することがなによりも重要である。サービス提供者には，本人がもっている生活を経営する能力をサポートするためのさまざまなノウハウが要求される。

2 生活の自立

　自立とは何であろうか。一般的には，経済的自立，精神的自立が問題とされるが，社会的自立，生活的自立という言い方もなされる。これらは自立して生活を営むために必要な基本的な要素と考えられる。

　自立という言葉が，日本で福祉とのかかわりで登場したのは1981年の国際障害者年以降である。「**ノーマライゼーション**」という理念とともに，地域での生活の自立のあり方が問われることとなった。障害のある人の生活の自立の基本的要件としては，次の5点があげられている[2]。

> ① 自立生活は，隔離・差別から自由な地域社会における生活でなければならない。
> ② 生活の全体性に目を向けなければならない。
> ③ 真の自立とは，人が主体的・自己決定的に生きることを意味する。
> ④ 自己実現に向けての自立が追求されなければならない。
> ⑤ 福祉への依存ではなく，福祉の主体的利用でなければならない。

　これらの要件が満たされているか否かは，社会制度の面で，個人の人としての尊厳と基本的人権が尊重され生活権が保障されているかどうか，また，そのような理念を尊重し重視する社会のあり方になっているかどうかが問われる。
　表3-1は，生活技術と'生活の依存―自立'の関係を示したものである。人間はもともと依存しながら成長し，社会的な存在として生活の自立を目指し，加齢によってまた依存しながら生を全うするのである。「依存」を「福祉」と言い換えると理解しやすいだろう。依存＝介護サービスを利用しながら自立した生活を営むことができるための条件整備が問題なのである。

3 生活課題と生活自立支援

1）生活課題

　生活課題とは，生活するうえで生じるさまざまな問題を課題としてとらえることであるが，その課題を克服してより良い生活を目指す過程を含んでいると考えるべきであろう。**生活課題**をこうした意味でとらえることによって，生活

1. 生活主体と自立支援

表 3-1　生活技術と生活の依存と自立─依存の過程

大まかな発達区分	乳幼児期	児童期	青年期	成人期	老年期
自己の必要による直接的生活技術（食，飲，着脱，排泄，意志表示）	依存→自立　技術的模倣　激しい試行錯誤	自　立	自　立	自　立	自立から依存へ。
基本的技術　刃物，土，火，水の使え方，育てる（生命）	依存→理解と試行錯誤	関心と試行錯誤	（全体的に）自立	自　立	自立から依存へ。火の始末などが危険。
日常生活技術	依　存	基本的技術の自立	自立，既成の様式技術の批判と創造の実践	新しい生活様式の創造実践	積極的適応から消極的態度へ。そして不適応へ。次々と新しくなる機械器具をうまく使いこなせない。火をつけっぱなしにしたりして危険。
食生活の実践	依　存	単純なものは自立（部分的自立）	単純なものから複雑なものへ	自　立	自立から依存へ。調理が面倒になる。
衣生活の実践（計画，着用，清潔の保持）	依　存	自分のものは大体自分で管理できる	自　立	自　立	自立から退歩，計画的にできなくなる。
住生活の実践（生活環境の維持）	依存（清潔，整頓の習慣づけ）	生活環境維持への協力的自立	自　立	自　立	自立から退歩・依存へ。
他人の世話・能力	実質的には依存，めばえはある（協力一保育所）	役割分担と相互協力により可能	可能（自立）	自　立	部分的には可能だが徐々に依存へ。
経済的自立	依　存	依存（自立準備）	職業的自立の能力（半自立）	自　立	労働から締め出される。収入がなくなり依存しようと努力する。お金の管理ができなくなる。
管理上の力点	生活様式の定形化（三つ子の魂百まで）	うながしつつ自発的ときには強制的（に達成が可能）	全体生活の責任に関与	生活のバランス	できるだけもっている能力を使って自立しようと努力する。できなくなったときにもリハビリテーションなどで自立する意欲をもち実行する。他人の役に立つことができるよう実践する。

出典）宮崎礼子・伊藤セツ編：『家庭管理論［新版］』有斐閣新書，有斐閣，1989. に加筆

17

自立支援として何をすべきかが明確になる。

生活自立支援とは，生活自立の面で支障のある人に対して介護サービスを提供することによって，その人の生活の自立を支援することである。家庭生活を営む生活主体が，どのような生活をしたいのか，どのような生活をつくり，自分らしく生きるためにどのようなことが必要なのか，こうした観点からの支援が求められる。

介護福祉士は，「日常生活を営むのに支障がある者」を介護する専門職である。どのような理由で「支障がある」のかという生活課題をまず明らかにする必要がある。そのうえで，その生活課題の克服によって生活の自立を達成するために，どのような支援が必要かを的確に判断し遂行しなければならない。

2）生活自立支援

生活課題と生活自立支援の関係は表裏一体であり，生活全般にわたって，**安全性**，**保健性**，**利便性**，**快適性**，**持続可能性**という，生活の指標を確認することとなる。これらの指標については，内閣府が行う『高齢者の日常生活に関する意識調査』の他，さまざまな調査・研究を通して生活課題の全体像をまず把握し，さらにその課題ごとに詳細な調査分析を行って，制度に具体的に反映させていくこととなる。

しかしながら，実践の現場で介護に従事する専門職として最も重要なのは，その生活課題の当事者となった高齢者の実態を把握し，課題解決のためにどのような解決方法があるのかを吟味することである。すなわち，介護サービスを通じて高齢者の生活課題を発見し，その課題にそった生活自立支援を行うことになる。一人ひとりの高齢者の生活課題にそっていなければ本当の意味の生活自立支援にはならない。こうしたことから，介護福祉士は，さまざまな生活課題と常に身近に接する立場にあり，個々の生活課題を生活自立支援の介護サービスに活かす機会に恵まれていることになる。介護福祉士が問題提起することで，介護サービスの質が向上することは明らかであり，法律や制度もより良いものにしていくことになる。

2　家事支援サービスと地域ネットワーク

1　家事活動とは何か

家事とは何だろうか。生活を維持するための諸々の活動が家事である。したがって，**家事**は生活自立のための諸活動と定義できる。人間として人間らしく生活するためにすべての人間は自分で家事活動を行うことが前提条件となる。

人間として自立した生活がしたいのなら，生活に関する知識・技術を進んで

身につけたいと思うはずである。老若男女を問わず人間は家事活動を自ら行って自立した生活を獲得していくのである。人間は，家事活動を通して成長・発達するといっても過言ではない。

家事活動の種類と内容を表3-2に示した。家事は人間が生活するうえで必要不可欠な活動であり，憲法第25条で保障されている生活の権利を具体的に生活に反映する活動と位置づけることができる。つまり家事は，家庭内の特定の誰かが担うものではなく，人間として生活している個人個人の生活過程の一活

表3-2　家事活動の種類と内容

種　類	内　　容
生活準備活動	生活欲求の確認 生活手段の選択 計画
生活運営活動	買い物，調理，洗濯，補修，製作，掃除，整理整頓，廃棄，健康維持，生活環境整備 対人関係，対地域関係，対社会関係
生活管理活動	家計管理，生活時間管理，生活情報管理，生活力管理* 生活環境管理，健康管理，各種生活財管理
生活評価活動	生活欲求の充足度確認，生活過程の見直し，QOL

＊生活力管理とは，自分の生活能力，知識や技術等の習得，維持，生活全般の学習など

コラム

高齢者の不安と不自由

『高齢者の日常生活に関する意識調査』（2004〔平成16〕年，内閣府）によれば，「将来の日常生活への不安」を3人に2人の割合でもっていることがわかった。その理由としては，70％以上の人が「自分や配偶者の健康や病気」，50％以上の人が「介護」，30％以上の人が「収入」をあげている。

「日常生活を営む上で不自由を感じる」人は，75歳以上でみると約30％を示している。そのうちの約70％は「外出するとき」不自由を感じる，と答えている。「福祉用具・器具の利用」については，10％が利用しているということであった。

また，「日々の暮らしに関し社会として重点を置くべきもの」については，以下の順となっている。

① 「老後を安心して生活できるような収入の保障」52.6％
② 「介護サービスが必要な時に利用できる体制の整備」33.8％
③ 「高齢者の体が不自由になっても生活できる住宅の整備」28.2％
④ 「高齢者の外出・利用に配慮した移動手段・公共交通の整備を含む高齢者に配慮した街づくりの推進」28.1％

動であるから，生活している当事者が自分ですべき活動なのである。この前提をまず確認しておきたい。それゆえに，生活をより良くするための，生活の質を向上するための家事のあり方は，基本的人権の尊重，個人の尊厳，生活権の保障とともに考えられなければならない。

2 家事援助サービス

2000年4月1日からの介護保険制度の導入で，家事援助サービスが**生活自立支援**という概念をもって登場してきた。介護保険で利用できるサービスは，要介護認定を受けることによって介護給付の形をとり，家事援助は居宅サービスのなかの訪問介護に位置づけられている。

訪問介護とは「要介護者であって，居宅において介護を受けるものについて，その者の居宅において介護福祉士その他政令で定める者により行われる入浴，排せつ，食事等の介護その他の日常生活上の世話であって，厚生労働省令で定めるものをいう。」（介護保険法第8条第2項）としている。

また「訪問介護におけるサービス行為ごとの区分等について」（2000年3月17日，老計第10号）の中では「**家事援助**」について次のように規定している。

「家事援助とは，身体介護以外の訪問介護であって，掃除，洗濯，調理などの日常生活の援助（そのために必要な一連の行為を含む）であり，利用者が単身，家族が障害・疾病などのため，本人や家族が家事を行うことが困難な場合に行われるものをいう。」

家事援助は，本人の代行的なサービスとして位置づけることができ，仮に，介護などを要する状態が解消されたとしたならば，本人が自身で行うことが基本となる行為であるということができる。

なお，「商品の販売や農作業等生業の援助的な行為」，「直接，本人の日常生活の援助に属しないと判断される行為」は家事援助の内容に含まれないとされているので，留意すること。

3 「家事援助」から「生活援助」へ

2003年の介護保険法改正により，家事援助が「**生活援助**」という表現に変更された。また2005年の同法改正では，訪問介護サービスは，「本人の生活機能の維持・向上の観点から現行のサービスを再編」し，「単に生活機能を低下させるような『家事代行』については，期間，必要性，提供方法等を見直し」，「要介護者とともに行う」形に変更される。

家事のとらえ方がより厳密になり"自分でできることは自分で"の原則が明確になっている。課題としては，家事活動に対する支援のあり方が生活主体本

位であるかどうか，生活の安全性や保健性はもちろんのこと，快適性とのかかわりや生活の質をどう高めるか，利便性とのかかわりで家事の合理化・効率化・社会化にどう対応するかが問われる。家事活動は生活の持続可能性につながることを常に意識しなければならない。

4 地域におけるネットワーク

1) 社会的ネットワーク

私たちはさまざまな人びととかかわりながら，日々のくらしをおくっている。若い世代でも高齢者でも同様である。家族や友人の存在があり，地域の人びととのかかわりもある。高齢になって生活支援が必要になれば，介護福祉サービスの利用によるケアワーカーとのかかわりも生じてくる。こうした自分を取り巻くさまざまな人びととのかかわりのことをその人がもつ「**社会的ネットワーク**」という。

介護福祉士を目指す者やすでに介護福祉士としてはたらく者は，利用者のもつ「社会的ネットワーク」について考え，把握することが必須である。介護福祉士は，要介護度などの身体的状況だけでなく，利用者が本当に必要としているサービスが何であるのかを把握する必要がある。その利用者の現在の社会的ネットワークがどのような状態にあるか，将来それはどのように変化する可能性が強いかについて考え，それをサービスの提供に活かすことができれば，利用者のくらしはより豊かになる方向で変化していくだろう。

利用者がどのような生活をしたいと考えているのか，自分らしく生きるためには何が必要だと考えているのかについて，サービスを提供する者は敏感であるべきだが，そのような視点は，社会的ネットワークの把握とも大きくかかわっているはずだ。

2) 介護を担う人への支援

日本では要介護者本人への支援はその必要性が強く認識され，サービスも増加してきているが，家族など家庭の中で介護を行うなどのインフォーマルなケアを担う人びとへの支援はほとんど行われていない。介護疲れから将来を悲観し，要介護者を殺害して自分も自殺するといった悲しいニュースが後を絶たない。こうした悲劇をなくしていくためにも，日々介護を行っている介護者にも支援が必要であることを認識しなければならない。

インフォーマルなケアを担う家族などに対する支援を行うことで，居宅介護や施設介護で行われているフォーマルなケアを含めた全体のケアの質が向上していくと考えられる。介護福祉士としてサービスを提供する者には，介護を担う人への支援の重要性を理解し適切な対応を心がけることが望まれる。

第3章　生活経営・生活経済

> **コラム**
>
> **介護者レスパイトプログラム**
>
> 　実際に介護者への支援を行っている国もある。一例として，介護者支援が充実しているオーストラリアの事例を簡単に紹介しておこう[3]。
>
> 　オーストラリアでは，介護者レスパイトプログラム（NRCP；national respite for carers program）が行われており，介護者資源センター（carer resource centers）と介護者レスパイト・センター（carer respite centers）が設置されている。
> 介護者資源センターは各州に設置されており，自宅で介護を行っている者に対して，ケアの負担を軽減するためのさまざまな支援や情報提供を行っている。
>
> 　介護者資源センターが情報提供のために用意しているパンフレットには，'Taking care of yourself' 'Service for you' 'Taking a Break' 'Loss and Grief' などのテーマが掲げられている。介護者が自分自身をいたわること，自分のための時間をとること，最愛の人を亡くしたときに悲しみをどのように癒すか，などの重要性が認識されているからであろう。
>
> 　介護者自身が休息が必要だと感じたとき，レスパイト・センターに連絡すれば，事前に計画していた場合でも緊急の場合でも，レスパイト・ケアの利用が可能になる。
>
> 　どちらもフリーダイヤルの決まった番号に電話すれば，一番近いセンターに自動的に繋がるようになっている。

5 「健康で文化的な生活」とは

　本章の冒頭に"私たちは日本国憲法第25条によって人間らしく生きる権利が保障されている。憲法で保障された「健康で文化的な生活」をどのように営むのかということが，すなわち生活経営である。"と記した。日本国憲法第25条は次のようにうたっている。

> 「第25条：すべて国民は健康で文化的な最低限度の生活を営む権利を有する。
> 　2　国は，すべての生活部面について，社会福祉，社会保障及び公衆衛生の向上及び増進に努めなければならない。」

　「健康で文化的な生活」とは実際のところどのような意味をもつものなのだろうか。ここでは，介護福祉における生活支援のみならず日本国民全体に保障されるべき「健康で文化的な生活」とは何なのかについて確認しておこう。

① 健康とは何か　　WHO（世界保健機関）は，「健康」を以下のように定義している。

> Health is a state of complete physical, mental and social well-being and not merely the absence of disease or infirmity.
> Health is a dynamic state of complete physical, mental, spiritual and social well-being and not merely the absence of disease of infirmity.
> 　完全な身体的，精神的，社会的に良好な状態であり，単に疾病又は病弱の存在しないことではない。
> 　　　　　　　　　　　　　　　　　　　　　　　　　（桝本妙子　訳）
> 　完全な肉体的，精神的及び社会的福祉の状態であり，単に疾病または病弱の存在しないことではない。
> 　　　　　　　　　　　　　　　　　　　　　　　　（1951年官報掲載　訳）

　この定義については，現在もその改正案をめぐって議論が続けられている。QOLとの関連で健康の質が問われたり，健康を生成する要因に着目する方向で健康概念は変化している[4]。WHOの指標による保健性（health）でも「肉体的・精神的健康が守られていること」とされている。

　② 文化的とは何か　　「文化的」とは，辞書によれば「文化をとり入れているさま」を指すとされている[5]。「文化」とは「人間が自然に手を加えて形成してきた物心両面の成果。衣食住をはじめ技術・学問・芸術・道徳・宗教・政治など生活形成の様式と内容とを含む。」とある[5]。

　③ 生活とは何か　　「生活」については，同じく辞書によると「生存して活動すること。世の中で暮らしていくこと。」とされている[5]。

　以上を勘案すると「健康で文化的な生活」とは"肉体的にも精神的にも健やかな状況の中で，人間としての生活形成を継続して，社会とかかわりをもってくらしていくこと"ということができる。

　私たちに保障されている生活の権利は，単なる生存の権利ではない。生活という「人間が生きるために行う諸活動の総体であり，生きるすべての過程」が終わるまでの権利である[6]。言い換えれば，人間らしく生きることが死ぬまで保障されているのである。

　「人間裁判」といわれた朝日訴訟は"「健康で文化的な生活」とは何か"という命題を私たちに突きつけた。生活保護法との関連で「最低限度の生活」の基準が争点とされたが，つまりは，先にみた人間らしく生きる権利への問いかけであった。この問いかけは，現在もなお続く永遠の命題である。

　介護福祉士には，「日常生活を営むのに支障がある者」の「健康で文化的な生活」の権利を守る役割が課されていると考えることができる。この役割は，

第3章　生活経営・生活経済

> **コラム**
>
> **朝日訴訟**
>
> 　1957（昭和32）年，岡山県津山市の結核療養所で長期入院中であった朝日茂氏が厚生大臣に対して，生活保護基準が憲法第25条で保障している生活を営む権利を侵しているとして訴えた裁判。「人間にとって生きる権利とは何か」という社会福祉・社会保障を国民の権利としてとらえ，その後の社会保障のあり方に大きな影響を与えた。東京地裁では生活保護基準を違憲としたが，東京高裁で逆転敗訴，朝日氏の死去にともない最高裁は訴訟終結を宣言した。

人間らしく生きる権利を守ることであるから，人間としての基本的な人権を守る役割をも果たすことになる。

3　生活の経営

1　生活の経営とは何か

　生活経営とは，「個々人の人間としての自立，発達と自己実現を最善のものにし，かつ健康の維持を含めた生活の質を高めるための利用可能なすべての資源の適切なマネジメント」を目的としている[7]。

　現代社会では，私たちの生活は家庭外から供給されるモノやサービスの活用なしには成り立たない。つまり，生活の社会化が進展している。社会とのかかわりにおいて生活を経営している現実を踏まえながら，主体的に生活を経営する能力が求められている。

　例えば，消費の場面では，多くの商品やサービスの中から自分が主体的に選択していると錯覚しているが，実は生産者側が用意した多くの商品やサービスの中から選ばされているのではないだろうか。私達が選択した商品やサービスは本当に自分にとって必要なものだったのだろうか。生活の社会化が進めば進むほど，生活主体の力量が問われる状況となっている。

2　生活時間

1）生活時間とは

　1日24時間をどのように過ごしたのか，大まかにはどのように過ごしたかは覚えているとしても，どのような行動にどれだけの時間を費やしたかを明確に認識している人は少ないだろう。

　時間の使い方とお金の使い方をみれば，その人の生活のかなりの部分を把握

3．生活の経営

することができるだろう。同じ年齢，同じ性別，同じ学校に通う者同士でもその２つを比較してみれば，生活の違いがわかってくるものだ。

　１日24時間１年365日は誰にも等しく与えられている。しかしその時間の使い方は年齢，性別，職業，家族構成など，その人のおかれた状況によって大きく異なる。どのような立場の人がどのような生活時間配分をしているのかは，たいへん興味深いものであり，これを明らかにするための生活時間調査はさまざまな形で行われてきた。全国規模で行われている代表的な調査には，NHK（日本放送協会）による「**国民生活時間調査**」と，総務省による「**社会生活基本調査**」がある。

　睡眠・食事・仕事・家事・学業・休息・レジャーなど生活行動は数多くあるわけだが，これをどのように分類するかという分類の仕方には，調査ごとにさまざまなタイプがある。ここでは生活経営の視点から行われている分類を紹介しておこう。

　生活時間はまず大きく２つに分けられる。「**収入労働時間**」と「**消費生活時間**」である。そしてさらに「消費生活時間」は「**生理的生活時間**」（睡眠・食事・入浴など），「**家事的生活時間**」（家事・育児など），「**社会的文化的生活時間**」（趣味・読書・スポーツ・交際など）に分けられる（図3-1）。

図3-1　生活時間の分類

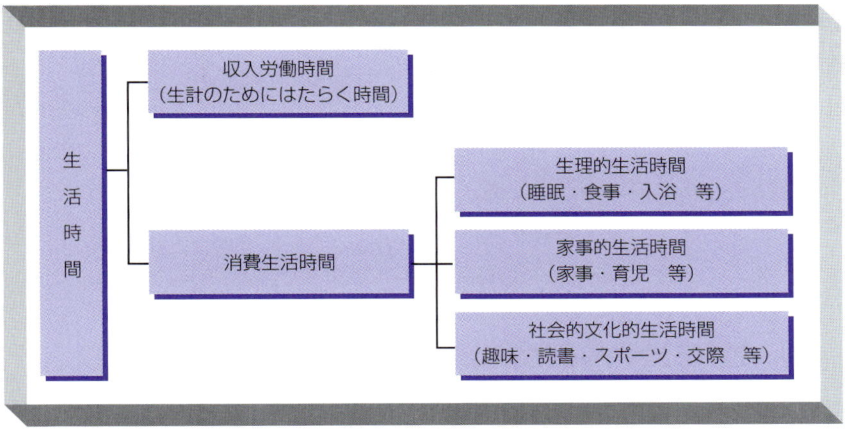

```
                ┌─ 収入労働時間
                │   （生計のためにはたらく時間）
                │
生活時間 ───────┤                       ┌─ 生理的生活時間
                │                       │   （睡眠・食事・入浴　等）
                │                       │
                └─ 消費生活時間 ────────┼─ 家事的生活時間
                                        │   （家事・育児　等）
                                        │
                                        └─ 社会的文化的生活時間
                                            （趣味・読書・スポーツ・交際　等）
```

２）高齢者の生活時間

　介護福祉士としてはたらく場合，そのサービスを提供する主な対象者である高齢者がどのような生活時間の配分をしているのかについては充分に理解しておく必要がある。ここでは，高齢者の生活時間の過ごし方について考えてみよう。『平成18年社会生活基本調査概要』（総務省統計局）から高齢者の生活時間の特徴をあげてみよう。

（1）ひとりで過ごす時間

　高齢者の生活時間の特徴としては，まず，「睡眠」と「テレビ・ラジオ・新聞・

雑誌」の時間が長くなっていることがあげられる。高齢者が1日のうち**ひとりで過ごす時間**は睡眠時間を除いて6時間33分である。単身高齢者の場合は12時間2分にもおよんでいる。子どものいる単身高齢者の場合，ひとりで過ごす時間は子どもが同一敷地内に住んでいる場合は10時間28分，近所に住んでいる場合は11時間36分，同一市町村内の場合12時間8分，他の地域の場合は12時間15分となっている。子どもと遠く離れて住むほど，ひとりで過ごす時間は長くなる傾向にある。

(2) 生活リズム

生活リズムとは「人間が営む生活において，一定の時間（期間）をおいて規則的に繰り返される同じような生活行動，生活様式のこと」である。高齢者の生活を考えるうえで欠かせない視点として「年間の生活リズム」と「1日の生活リズム」をあげることができる。

年間の生活リズムとは，例えば，正月，ひな祭り，端午の節句，七夕，盆，彼岸などの年中行事があることで，年間のリズムがつくられていることである。昔からこうした年中行事（ハレの日）には必ずそれぞれのご馳走があり，それを用意し食べることは人びとの喜びでもある。

1日の生活リズムは，食事－活動（労働や労働以外の活動）－睡眠，という，1日の生活のメリハリである。飽食，食生活の乱れ，深夜におよぶ活動などにより，こうしたリズムは近年崩れてきている。高齢者の場合では，寝たきりにまではならずとも，身体の活動性の低下によって1日中ベッドに横たわったまま，あるいはソファに座ってテレビを観続けるなど，生活のメリハリが失われがちである。

高齢者の生活時間の特徴に配慮しながらも，個人の希望や生活習慣，健康の維持などを考え合わせ，年間や1日の生活リズムを保ち，はつらつとした生活を維持することを念頭において対応していくことが大切である。

3）介護を担う人の生活時間

同じく『平成18年社会生活基本調査』の生活時間に関する概要結果から，家族や家庭内で介護を主に担当している人（介護者）の生活時間についてみてみよう。

ふだん家族を介護している人の**介護・看護時間**（調査当日に実際に介護・看護を行った人の平均時間）は平均2時間32分である。男女別にみると，男性の場合2時間24分，女性の場合2時間34分と女性の方がやや長い。介護者の介護・看護時間総量では，男性23.8％に対し，女性は76.4％と多くを女性が負担している。また，介護支援の利用頻度が多くなるほど介護・看護時間は長くなっている。

介護が長時間にわたるものになることは，家庭内で介護を担う人が，自分自身のために使える時間がほとんどとれないことを意味しており，身体的にも精

3．生活の経営

神的にも余裕がなくなり，厳しい状況となることは明らかである。居宅介護への支援が重要なことはこうしたことからもわかるだろう。

3 生活情報

1）生活情報の入手

生活にかかわる情報を入手する方法にはさまざまなものがある。現代では，テレビ，ラジオ，新聞，インターネット，携帯電話などからそれほど困難なく必要な情報を手に入れることができる。生活情報を得る手段は多様化し情報量が急増している。

しかし誰にとってもそうだろうか。特にパソコンや携帯電話を使いこなせない者にとっては，逆に生活情報を入手しにくくなっているのではないか。例えば，これまで印刷して配布されていたものが，インターネットの普及にともなって印刷・配布がとりやめられる場合もある。インターネットを利用しない者にとっては情報の入手方法が減ったことになる。インターネットは若い世代にとっては手軽な情報入手手段であるが，年齢が上がるにつれてその利用率は低くなっていく。すべての世代にとって利用しやすいものとはなっていない。

インターネットなどの情報技術を使いこなせる者と使いこなせない者との間に生じる情報格差のことを「**デジタル・ディバイド**」という。デジタル・ディバイドは，機会の格差，待遇の格差，貧富の格差などにつながっていく。

高齢者世代はパソコンなどの情報機器を十分に使いこなせる者が少ない世代であり，それによるさまざまな格差が広がっていくことが危惧される。インターネット以外の情報の入手手段を常に考えておく必要があるだろう。

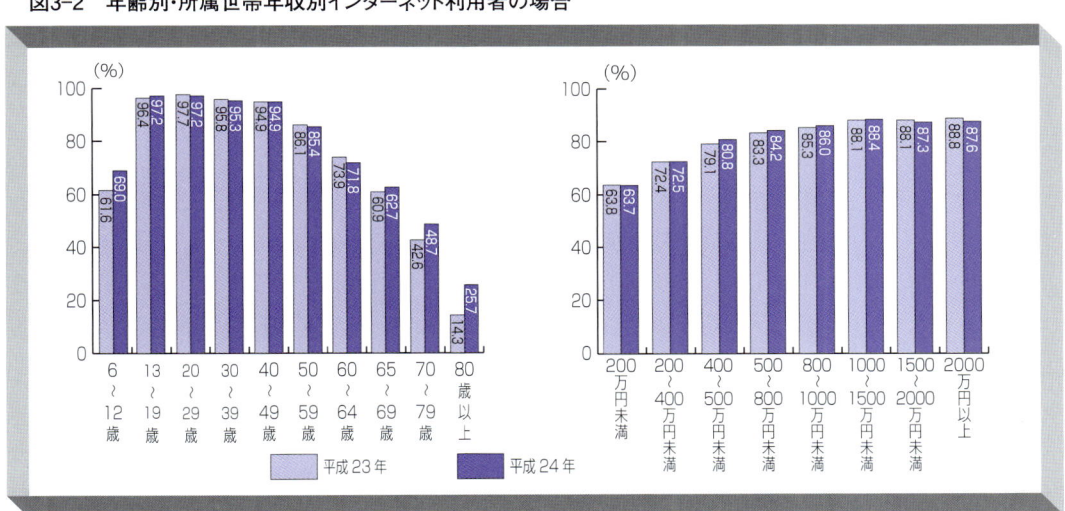

図3-2　年齢別・所属世帯年収別インターネット利用者の場合

資料）総務省：平成25年版情報通信白書

第3章　生活経営・生活経済

2）緊急通報サービス

　高齢化に対処する生活関連情報にはさまざまなものが登場してきている。現状で最も普及しているのが「**緊急通報サービス**」である。これは，高齢者が病気やケガなどで緊急事態に陥ったとき，なんらかの方法によって，しかるべき機関や人物に事態を通報し，救護が受けられるサービスである。自治体が行うものの他，民間事業者によるものもある。現在では9割以上の自治体がこのサービスを導入しているという報告もある。その代表的な仕組みを図3-3に示した。緊急事態は，ペンダント型あるいは腕時計型の無線機のボタンを押すことで，事業者に通報され，確認のための連絡を行ったり，消防署や医療機関に出動を要請する。

図3-3　緊急通報サービス

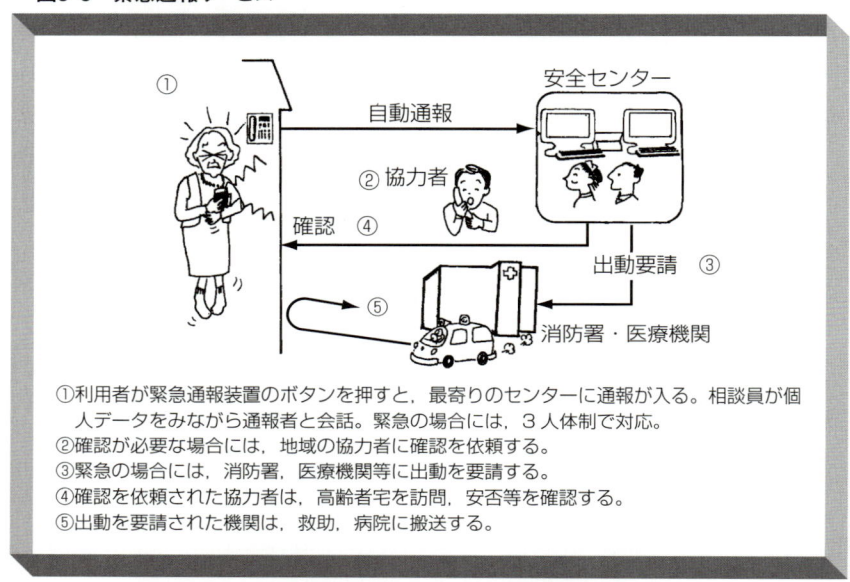

①利用者が緊急通報装置のボタンを押すと，最寄りのセンターに通報が入る。相談員が個人データをみながら通報者と会話。緊急の場合には，3人体制で対応。
②確認が必要な場合には，地域の協力者に確認を依頼する。
③緊急の場合には，消防署，医療機関等に出動を要請する。
④確認を依頼された協力者は，高齢者宅を訪問，安否等を確認する。
⑤出動を要請された機関は，救助，病院に搬送する。

資料）国民生活センター：『生活関連サービス情報　高齢者の安否見守りサービス』

3）安否見守りサービス

　高齢者の一人暮らしや比較的元気な高齢者の増加を背景として登場したサービスに「**高齢者の安否見守りサービス**（以下，安否見守りサービス）」がある。これは「高齢者の緊急時に迅速に対応することはできないが，高齢者の手を煩わすことなく，離れて住む家族など周囲が，高齢者の日常生活を自動的に知ることができるもの」である。

　離れて住まざるをえない家族からのニーズ，地域の介護力の一環として利用したいという自治体からのニーズなどを背景に登場してきた。代表的なのは「センサー型」と「商品使用型」である。「商品使用型」は電気ポットやガス器具が使われているかどうかを指標としている。どちらも一人暮らしの高齢者を機器な

どで見守り，見守る側である離れて住む家族などのパソコンや携帯電話に高齢者の状況を送信する。

こうしたサービスを利用する場合には，まずその仕組みについてよく理解し，高齢者本人と家族などがよく話し合うことが必要だが，本来的にはこうしたサービスだけに頼らず，互いによく連絡をとり合うことが肝要であることを忘れてはならない。

4 生活の経済

1 安心してくらすための基盤としての生活経済

1）生活経済

私たちが安心してくらすための基盤として生活経済がある。家庭を中心とした収入と支出をともなう経済活動全般を生活経済と呼ぶことができる。学生であっても，小遣やアルバイトなどによる収入があり，その範囲内でさまざまな財（モノ）やサービスを受けるために支出している。ひとつの世帯を中心として生活経済をとらえるとき，これを「家計」と呼んでいる。

2）経済・社会制度の成り立ちとNPO

経済・社会制度の全体はこれまで，「家計」，「企業」，「政府」の3つによって成り立っていた。しかし近年，日本でもボランティア活動やNPO活動が盛んになってきており，NPOも経済・社会制度を構成する主体のひとつといえ

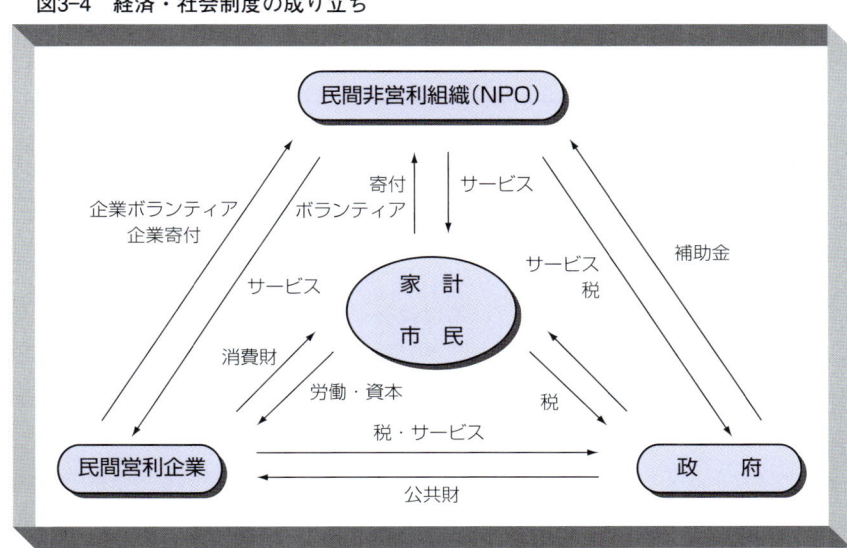

図3-4　経済・社会制度の成り立ち

資料）山内直人：『ノンプロフィットエコノミー』日本評論社，1997.

> 近年ではNPOに対してボランティアとして活動を提供したり，寄付をすることもあるし，NPOからサービスを購入することもある。

るようになってきている。実際のところ，2008年11月末現在，日本には36,089団体のNPO法人が存在している（内閣府ホームページより）。こうした状況からもNPOは経済・社会制度を構成するものであり，これら4者の関係は図3-4のように表すことができる。

4つの主体はそれぞれにかかわりをもち，また影響をおよぼし合っている。家計は企業・政府に労働力を提供し，その対価として賃金を得る。賃金の中から政府に税金を支払い，企業から財（モノ）やサービスを購入し代金を支払う。企業は財（モノ）やサービスを販売して代金を得て，政府に対して税金を支払う。政府は公共財を提供し，家計に対しては社会保障などを提供している。

NPOは企業や政府では対応できない非営利という領域で財（モノ）やサービスを提供している。政府はNPOに対して補助金を出すこともあるし，企業は社会貢献の一環としてボランティア・NPOに対して寄付を行ったり，必要な支援を行うこともある。NPOの活動にはさまざまな領域があるが（表3-3），最も大きな割合を占めているのは「保健・医療または福祉の増進を図る活動」であり，介護福祉とのかかわりも大きい。介護保険の指定事業者になるNPOも増えている。特に居宅サービスではその事業所数は増加している。高齢化の進展にともない，その傾向はより強まっていくだろう。

表3-3 NPOの活動領域（複数回答，上位8位まで） （2008年9月末現在）

1	保健・医療または福祉の増進を図る活動	58.0%
2	社会教育の推進を図る活動	46.0%
3	前各号に掲げる活動を行う団体の運営または活動に関する連絡，助言または援助の活動	45.6%
4	まちづくりの推進を図る活動	40.7%
5	子どもの健全育成を図る活動	40.4%
6	学術，文化，芸術またはスポーツの振興を図る活動	32.7%
7	環境の保全を図る活動	28.3%
8	国際協力の活動	19.6%

2 家計からみる生活

1）家計調査

ここでは家計に注目していこう。家計は日々労働力を再生産し，企業・政府に労働力を提供し，賃金を得ている。それをもとに政府に税金を支払い，企業から財（モノ）やサービスを購入する。このように家計は生命・生活を再生産する場であり，「健康で文化的な最低限度の生活」（憲法第25条）を保持するのに十分である必要がある。したがっていかなる時代であっても，家計の状況がどのようであるかを明らかにし，問題を把握して，政策の立案へとつなげていくべきである。

4. 生活の経済

図3-5 家計調査（総務省）の収支項目分類

収入			支出		
実収入	経常収入	勤め先収入	・世帯主収入 ・世帯主の配偶者の収入 ・他の世帯員収入	・食料 ・住居 ・光熱・水道 ・家具・家事用品 ・被服および履物 ・交通・通信 ・教育 ・保健医療 ・教養娯楽 ・その他の消費支出	消費支出	実支出
		事業・内職収入	・家賃収入 ・他の事業収入 ・内職収入			
		農林業収入	・農林業収入			
		他の経常収入	・財産収入 ・社会保障給付 ・仕送り金			
	特別収入	・受贈金 ・その他		・直接税　　・社会保険料 ・その他の非消費支出	非消費支出	
実収入以外の受取	・預貯金引き出し　・保険受取金 ・有価証券売却 ・土地家屋借入金 ・他の借入金 ・分割払購入借入金 ・一括払購入借入金　・財産売却 ・その他			・預貯金　　・保険掛金 ・有価証券購入 ・土地家屋借金返済 ・他の借金返済 ・分割払購入借入金返済 ・一括払購入借入金返済・財産購入 ・その他		実支出以外の支払
繰入金			繰越金		

　実際に家計に関する調査が行われている。全国規模の調査であり，かつ最も歴史が長いものに総務省の「家計調査」がある。

　「家計調査」の収支項目分類を図3-5に示した。なお，税金や社会保険料などのことを「**非消費支出**」といい，実収入から非消費支出を引いたものを「**可処分所得**」（家庭が自由に使える分）という。

2）高齢者世帯の家計

　平成19年「家計調査」によれば，世帯主が60歳以上の世帯を100％としてその内訳をみてみると，勤労者世帯が14.9％，無職世帯が67.0％，それ以外が18.1％である。

　最も高い割合を占めている高齢無職世帯の家計についてみると，統計によれば実収入よりも実支出が多くなっており，その不足分は46,541円とたいへん厳しい状況であることがわかる。

3）生活福祉資金貸付制度

　生活福祉資金貸付制度は，都道府県**社会福祉協議会**が行っているものである。貸付対象には，低所得世帯，障害者世帯，失業者世帯に加え「高齢者世帯」（日常生活上療養または介護を要する65歳以上の高齢者の属する世帯）も入って

第3章　生活経営・生活経済

いる。

　資金の種類には「**療養・介護資金**」（負傷または疾病の療養・介護サービスを受けるのに必要な経費）や「**緊急小口資金**」（医療費または介護費の支払など，緊急的かつ一時的な生活資金として必要な経費）がある。「療養・介護資金」については無利子となっている。

3　消費者保護

1）消費社会の変遷

　第二次世界大戦終了後から現在までの日本社会を経済の面から振り返ると，かなり大きく移り変わってきている。急速な高度経済成長の時期には，衣・食・住のどの面でも豊かさを手に入れる道を進んできた。この時期に，多様な販売方法やクレジットカードなどの支払い方法も登場してきた。その後，バブル経済崩壊以降のデフレや，地球環境破壊の深刻化にともなうエネルギー問題，資源のリサイクルにかかわる課題などが経済活動の表面に登場してきている。

　いずれにせよ，第一次産業中心の社会から，第二次・三次産業中心の社会へと移行し，**消費**が経済活動の主役となっていることに議論の余地はないだろう。

2）消費者問題

　消費社会の中にあって，商品の販売者と購入者の間で生じるトラブルのことを「**消費者問題**」という。消費者問題にはさまざまなものがあるが，ここではクレジットカードに関するものと悪質商法をとり上げよう。

（1）クレジットカード

　クレジットカードがあれば買い物はできるし，食事などさまざまなサービスを受けることもできるし，お金を借りることもできる。近年では割引などの特典のついたものもある。店舗などでクレジットカードをつくることを勧める説明を受けたことがある人は多いだろう。

　クレジット契約の仕組みを図3-6に示した。販売会社とクレジット会社は加盟店契約を結んでおり，クレジット会社と消費者は**立替払契約**を結んでいる。クレジットカードの利用とは消費者が自分の信用を担保にして，支払い完了まで「借金」をしていることだということを忘れてはならない。

　クレジットカードの便利さから自分の支払い能力以上の利用をし，借金が増え，返済できないほどになり，自己破産を申し立てるケースが増え，問題となっている。また近年では盗難や紛失による被害に加え，カードのデータを盗み取る**スキミング**という被害も増加している。偽造カードが作成され，身に覚えのない高額な請求がされるものだ。こうした被害を防ぐためにはクレジットカードの管理をきちんと行うことが必要だ。例えば，利用明細は必ずチェックする

4．生活の経済

図3-6　クレジット契約の仕組み

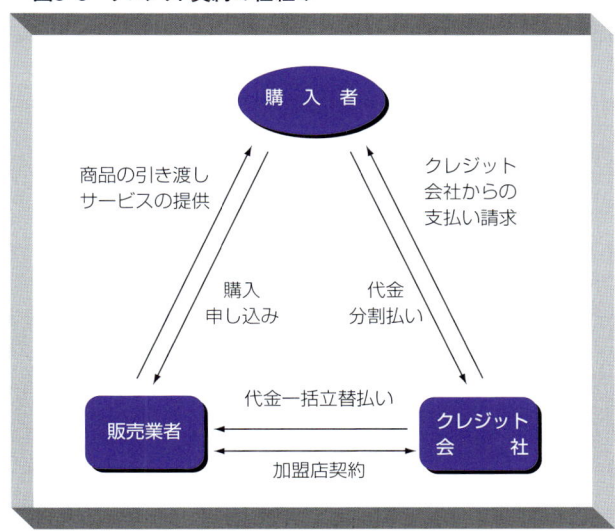

```
                    購入者
       商品の引き渡し  ↗↙        ↘↖  クレジット
       サービスの提供              会社からの
                                   支払い請求
              購入              代金
              申し込み          分割払い
       販売業者  ←――代金一括立替払い――→  クレジット会社
              ←―――加盟店契約―――――→
```

出典）国民生活センター：『くらしの豆知識 2009 年版』

図3-7　クーリング・オフの記載例（はがき）

信販会社代表者あて

通　知　書

私は，販売会社と次の契約をしましたが，解除します。

契約年月日　　平成〇〇年〇月〇日
商 品 名　　〇〇〇〇
契 約 金 額　　〇〇〇〇〇〇円
販売会社名　　株式会社×××　□□営業所

平成〇〇年〇月〇日

　　　　△△県△市△町△丁目△番△号
　　　　△△信販株式会社
　　　　代表者殿

　　　　　　〇〇県〇市〇町〇丁目〇番〇号
　　　　　　氏名　〇〇〇〇

販売会社代表者あて

通　知　書

私は，貴社と次の契約をしましたが，解除します。

契約年月日　　平成〇〇年〇月〇日
商 品 名　　〇〇〇〇
契 約 金 額　　〇〇〇〇〇〇円
販 売 者　　株式会社×××　□□営業所
　　　　　　担当者　△△

私が支払った代金〇〇円は返金してください。
受け取った商品は引き取ってください。

平成〇〇年〇月〇日

　　　　××県×市×町×丁目×番×号
　　　　株式会社×××
　　　　代表者殿

　　　　　　〇〇県〇市〇町〇丁目〇番〇号
　　　　　　氏名　〇〇〇〇

※ クーリング・オフ通知は書面で行います。
※ はがきに書く場合は両面のコピーをとり，簡易書留などで郵送しましょう。
※ クレジット契約をした場合は，信販会社へも郵送しましょう。

出典）国民生活センター：『くらしの豆知識 2009 年版』

第3章　生活経営・生活経済

表3-4　主な問題商法一覧

商法の名称と主な商品・サービス	主な勧誘の手口・特徴と問題点・事例
【キャッチセールス】 化粧品・美顔器・エステ・絵画	駅や繁華街の路上でアンケート調査などと称して呼び止め，営業所に連れて行き，不安をあおるようなことをいって，商品やサービスを契約させる。 【事例】路上で「無料で肌のチェックをしてあげるから」と声をかけられ，近くの店舗について行った。肌チェックの際に「数年後にはしわだらけになる」「シミができやすい肌」などといわれ，不安になった。「この美顔器と化粧品を使ってケアする必要がある。毎月1万円の支払いでOK」といわれ，契約。家に帰り契約書をみたら総額30万円とわかった。支払う自信がない。
【アポイントメントセールス】 アクセサリー・複合サービス会員・教養娯楽教材	「抽選に当たったので手続きに来て」「特別モニターに選ばれた」などと販売目的を隠したり，著しく有利な条件で取引できることを告げて電話や郵便で呼び出し，契約しないと帰れない状況で商品やサービスを契約させる。 【事例】「モニターに選ばれたので説明会に来て」と電話があった。事務所に出向いたら，アクセサリーを勧められた。断って帰ろうとしたが，3人の男性に囲まれて5時間も説得され，このままでは帰れないと思い契約してしまった。
【デート商法】 アクセサリー・絵画	出会い系サイトや間違い電話・メールを送りつけ出会いの機会をつくり，デートを装って契約させる商法。異性間の感情を利用し，断りにくい状況で勧誘し，契約を迫る。契約後，クーリング・オフ期間が過ぎると連絡が取れなくなるケースが多い。 【事例】知らない男性から，間違いメールが何度もきた。「あて先が違います」と返信したことがきっかけで交際へと発展。何度かデートしているうちに，「仕事の売り上げが悪くて困っている。絵画の即売会があるから協力してくれないか」と頼まれ，50万円の絵画を契約した。両親に「お前はだまされている」と叱られたが，彼のことを信用しており，解約すると嫌われそうで怖い。
【マルチ商法】 健康食品・化粧品・浄水器・美顔器・ファックス	商品等の販売員となり，購入した商品等を販売して，その人を新たに販売員に勧誘し，さらに販売員をそれぞれが増やすことによってマージンが入るとうたう商法。消費者にとっては勧誘時の儲け話と違って思うように売れず，多額の借金と商品の在庫を抱えることになる。 【事例】大学の友人に儲かる話と誘われ，ネットワークビジネスの説明会に行った。「月に100万円の収入」という話を聞き，加入。学生ローンで借金をし，健康食品を購入したが，加入者はみつからず在庫を抱え，借金の返済もできない。友人関係も壊れてしまった。
【ネズミ講】 金銭・有価証券などの配当	金銭配当組織のひとつで加入者が一定額の金銭等を先の順位の加入者に支出する一方，ねずみ算式に増える後の順位の加入者が支出する金銭等を受領することによって多額の金銭等が得られるとするもの。「無限連鎖講の防止に関する法律」によって，開設・運営・勧誘の一切が禁止されている。金銭に限らず有価証券等も禁止。インターネットやメールを利用して勧誘するケースが増えている。 【事例】「文化遺産の保護に10万円を出資し，新規に会員を増やせば報酬が支払われる」とインターネット上での会員を集めていたので投資したが，ホームページが閉鎖され連絡が取れなくなった。
【サイドビジネス商法】 健康食品・化粧品・パソコン内職	「在宅サイドビジネスで収入が得られる」「脱サラできる」などをセールストークになんらかの収入がらみの商品の購入やサービスの提供の契約をさせる商法。 【事例】「在宅で仕事をしませんか」と電話がきた。「パソコン検定に合格すれば仕事を紹介する。教材で勉強すれば，誰でも合格する。仕事で得た収入で教材代を支払えば負担もない」といわれ60万円の教材をクレジット契約した。勉強したが，難しくて検定に合格できない。教材代だけが毎月引き落とされているうえに，業者と連絡が取れなくなった。収入も得られない。
【資格商法】 教養娯楽教材・資格講座	電話で「受講すれば資格が取れる」などと勧誘して，講座や教材の契約をさせる。さらに，以前の受講者に「資格が取得できるまで契約は続いている」あるいは「契約を終わらせるための契約を」と再度別の契約をさせる二次被害が増えている。 【事例】職場に執拗に勧誘電話があり，資格取得講座の契約をした。数年後また電話があり，「以前の契約は生涯継続。終わらせたいなら登録抹消料を払う必要がある」といわれ承諾した。業者から届いた契約書面は，資格教材の申込書になっていた。
【点検商法】 浄水器・布団・耐震工事・床下換気扇	点検するといって家に上がり込み，「布団にダニがいる」「シロアリの被害がある」などと不安をあおって，新品や別な商品やサービスを契約させる。 【事例】「床下を無料点検する」と訪れた業者にみてもらった。「湿気で柱が腐りそうだ。今日なら通常の半額で工事をする」といわれ契約し，すぐに工事をしてもらった。後で知り合いの大工さんにみてもらったが，柱に異常はないといわれた。
【催眠（SF）商法】 布団類・電気治療器具・健康食品	路上で「健康によい話をする」と声をかけたり，商品の交換券を配って人を集め，閉め切った会場で日用品などを廉価で配り，得した気分にさせ，最終的には異様な雰囲気の中で市場価格より数倍もする高額な商品を売りつける。 【事例】街頭で商品の交換券をもらい，会場に案内された。「早い者勝ち」と健康商品が配られ，手をあげているうちに興奮状態に。「足の痛みがやわらぐ磁気布団がいつもは80万円だけど，今日は半額の40万円！」との説明に思わず手をあげてしまった。断ることができず契約をしてしまった。
【ネガティブオプション】 本・雑誌・ビデオソフト	注文をしていないにもかかわらず，商品を一方的に送りつけ，受け取った消費者に購入しなければならないものと勘違いをさせて代金を支払わせることをねらった商法。代金引換郵便を悪用したものがある。福祉目的をうたい，寄付と勧誘させて商品を買わせるケースもある。 【事例】福祉団体を名乗るところから，注文した覚えのないハンカチセットが届いた。「寄付のお願い・1口3000円」とあり，そのままもらっておくのも気が引けたので，お金を振り込んだが，その福祉団体が存在していないことがわかった。

出典）国民生活センター：『くらしの豆知識 2009 年版』

こと，暗証番号は推定されないものにする，カードは必要枚数以上つくらないなどには注意したい。

（2）悪質商法

1980年代以降現在まで続く契約に関するトラブルである。路上を歩いていて声をかけられ，契約をさせられるものや，訪問販売で契約をさせられたりと，その種類は多種多様だ。代表的なものを表3-4に示した。「点検商法」のひとつであるが，悪質な住宅リフォーム業者が高齢者だけで住まう世帯をねらって不必要な改装や名ばかりの耐震工事を何度も行い，法外な料金をとるといった事件も多く発生している。

このような悪質商法で契約をしてしまった場合には「**クーリング・オフ制度**」というものがある。消費者が申し込み，契約をしてから，一定の期間内（主に8日間）であれば，冷静に考え直し，契約を解除できるものだ。クーリング・オフは書面で行い（図3-7），ハガキに書いて，配達記録で送る。コピーをとって保管する。内容証明郵便を利用するのもよい。

3）消費者の権利，消費者の保護

消費者が被害を受ける問題が起こり続ける中で，消費者の権利が明らかにされ示されている。1962年に米国のJ.F.ケネディ大統領が「**消費者の4つの権利**」として表明したものがはじまりで，その後，**国際消費者機構**（CI：consumers international）によって8つの権利と5つの責任が示されている（表3-5）。

日本の消費者保護に関する法律には，まず1968年に制定された**消費者保護基本法**がある。これは消費者保護の憲法のような存在だ。

また1994年制定の**製造物責任法（PL法）**により，製品に欠陥があったことが立証されれば，被害者は損害賠償責任を製造業者に請求できるようになった。さらに2000年には**消費者契約法**が制定された。不適正な販売方法や契約内容があれば，それを知ったときから6か月間は契約を取消できるものだ。クーリング・オフが無条件で取消しできるのに対し，消費者契約法では取消事由が明らかであることが必要だ。

表3-5 消費者の8つの権利と5つの責任（国際消費者機構）

消費者の8つの権利	消費者の5つの責任
① 安全の権利 ② 知らされる権利 ③ 選ぶ権利 ④ 意見を反映させる権利 ⑤ 救済される権利 ⑥ 消費者教育を受ける権利 ⑦ 健全な環境の中ではたらき生活する権利 ⑧ 生活の基本ニーズが保障される権利	① 批判的意識 ② 自己主張と行動 ③ 社会的関心 ④ 環境への自覚 ⑤ 連帯

①〜④の権利はケネディにより示された。

また，消費者のための身近な相談窓口としては，各地方公共団体に設置されている消費生活センターがある。消費者への情報を提供したり，商品テストを行い結果を公表したり，消費者からの相談を受けたりする。各地の消費生活センターと協力する国の機関として国民生活センターがある。

4）成年後見制度

　残念ながら高齢者や障害者が消費者被害にあうケースが増加している。消費者保護という見地からだけのものではないが，こうした被害を防ぐために利用できる制度として「成年後見制度」がある。これは判断能力が不十分または判断能力を欠いている成年者を保護する制度であり，「法定後見制度」と「任意後見制度」がある。

　法定後見制度では判断能力の程度によって，以下の3段階に分けてそれぞれにふさわしい保護制度を設けている。

① **補助**；判断能力が不十分な者の保護制度。
② **保佐**；判断能力の程度が著しく不十分な者の保護制度。
③ **後見**；判断能力を常時欠いている者の保護制度。

　もうひとつの任意後見制度とは，将来，判断能力が不十分になった場合に備えて，あらかじめ本人の意思で保護者になってくれる者（任意後見人）と公正証書によって「任意後見契約」を締結しておく制度である。

　高齢者が住宅リフォーム詐欺などの被害を何度も受けてしまうなど，悪質商法は高齢者をターゲットにするものも多い。契約に関して心配な点が出てきた場合には成年後見制度の利用を考えてみるとよい。

5）日常生活自立支援事業　（2007年4月より「地域福祉権利擁護事業」から名称変更）

　日常生活自立支援事業は，都道府県・指定都市社会福祉協議会によって実施されている。認知症高齢者，知的障害者，精神障害者など，判断能力が不十分な者が地域において自立した生活をおくることを支援するため，福祉サービスの利用や日常的な金銭管理に関する援助などを行っている。利用する者は利用契約を締結すると，「生活支援員」が地域での生活を営むのに不可欠な福祉サービスの利用などの援助を行ってくれる。

5　生活に関する制度や法律

　死ぬまで人間らしく生きる生活の権利が保障されたくらしを実現・維持するために，私たちはさまざまな制度や法律をつくっている。ここでは，生活経営や生涯設計に関係している主な制度や法律について概観することにしよう。

1 生活保障の仕組み

生活の権利が保障される「生活保障」の仕組みについてまずみておこう。

生活保障とは「誕生，成長，加齢，死亡という個人の生涯のなかで直面するさまざまなリスクに対する備え，あるいはそのための援助システムをいう。」[8]

生活を営むうえで直面するさまざまなリスクに対応して，①公助；法律に基づいて政策が実施される国や地方自治体による社会保障，②自助；個人の努力や市場による購入，③共助；NPO などによる共同，といった仕組みがとられている。このように，リスクに対する備えのチャンネルがいくつか複合している状況を福祉ミックスと呼んでいる。多様な担い手による生活の保障の仕組みが登場しているが，一方では，どのような制度があるのかについての情報格差，市場化による経済格差などの問題も生じている。

社会保障に関しては，「広く国民に健やかで安心できる生活を保障すること」が理念となっている[9]。図3-8 は，国民の生活を支える社会保障制度の体系を示したものである。これらは，社会の変化や生活課題に対応して，ときに応じ，内容の見直しや新たな制度の作成が行われなければならない。特に国や市町村段階での社会保障制度作成に当たって，私たちは，日常生活の課題を明確にし，計画策定に積極的に参画する必要がある。

2 保健・医療・福祉等に関する制度や法律

ここでは，「健やかで安心できる生活」にかかわる制度や法律の概略を紹介しよう。法律や制度は，固定的で変化しないものではない。社会の動向を常に反映している。ここでは図3-8 に対応して，最新かつ重要な制度・法律を中心として紹介する。

1）保健・医療

生涯にわたる健康づくりを目的として 2010 年度を目途とした具体的な数値目標などを提示する「21 世紀における国民健康づくり運動（健康日本 21）」の推進が図られ，健康増進法（図3-9）が施行されている。医療保険制度も改正され，疾病などの予防に力が入れられている。

2）社会福祉など

社会福祉基礎構造改革（1999 年）により，社会福祉のあり方が 180 度転換した。①「措置」から「契約」へ，②対象者が「特定」から「国民すべて」へ，

第3章　生活経営・生活経済

図3-8　国民の生活を支える社会保障制度

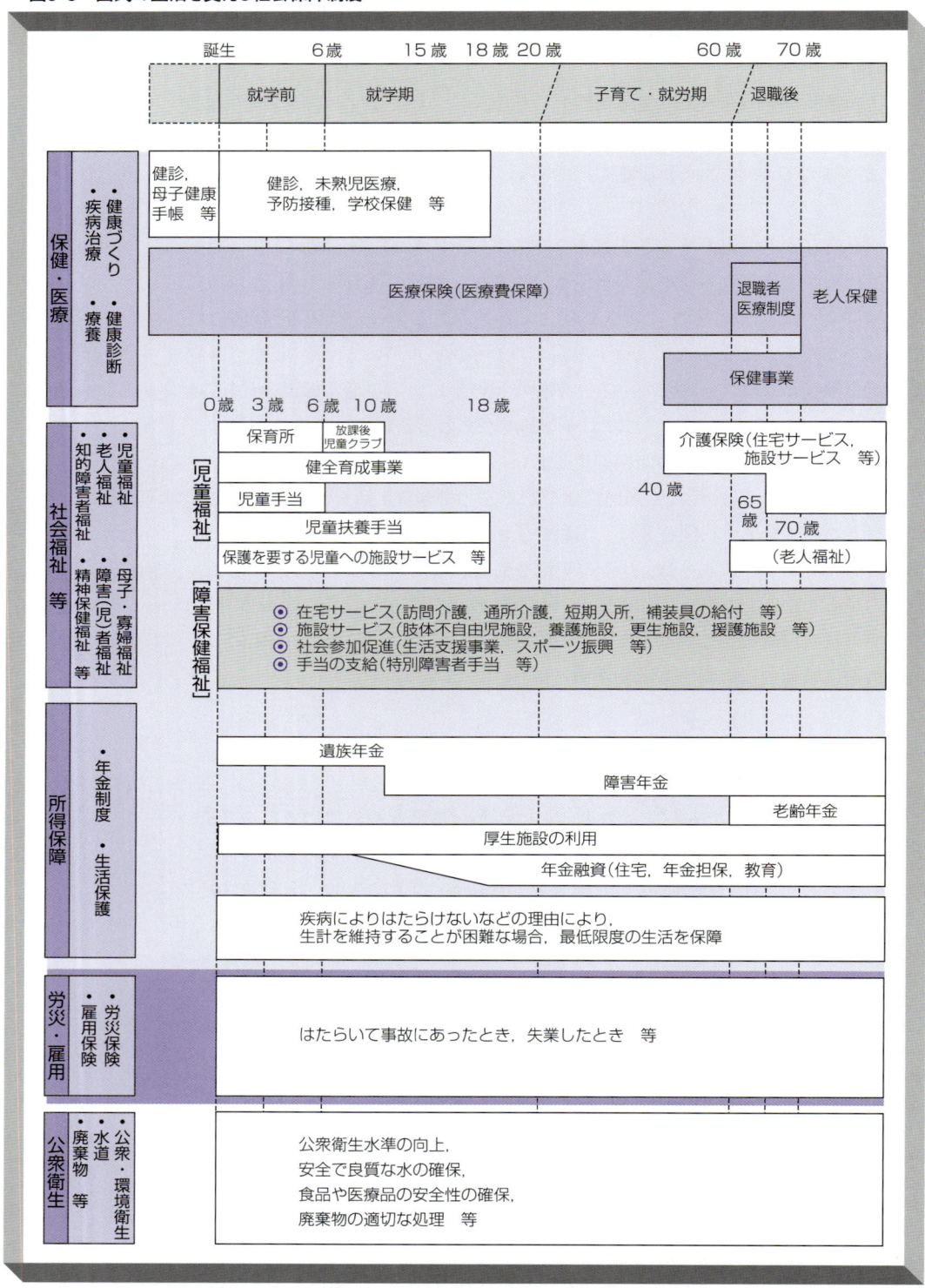

		誕生	6歳	15歳	18歳 20歳		60歳	70歳
			就学前	就学期		子育て・就労期		退職後

保健・医療
- 健康づくり
- 疾病治療
- 療養
- 健康診断

　健診，母子健康手帳　等
　健診，未熟児医療，予防接種，学校保健　等
　医療保険（医療費保障）
　退職者医療制度
　老人保健
　保健事業

社会福祉 等
- 児童福祉
- 老人福祉
- 知的障害者福祉
- 母子・寡婦福祉
- 障害（児・者福祉）
- 精神保健福祉　等

[児童福祉]　0歳　3歳　6歳　10歳　18歳
- 保育所
- 放課後児童クラブ
- 健全育成事業
- 児童手当
- 児童扶養手当
- 保護を要する児童への施設サービス　等

介護保険（住宅サービス，施設サービス　等）　40歳　65歳　70歳
（老人福祉）

[障害保健福祉]
● 在宅サービス（訪問介護，通所介護，短期入所，補装具の給付　等）
● 施設サービス（肢体不自由児施設，養護施設，更生施設，援護施設　等）
● 社会参加促進（生活支援事業，スポーツ振興　等）
● 手当の支給（特別障害者手当　等）

所得保障
- 年金制度
- 生活保護

　遺族年金
　障害年金
　老齢年金
　厚生施設の利用
　年金融資（住宅，年金担保，教育）
　疾病によりはたらけないなどの理由により，生計を維持することが困難な場合，最低限度の生活を保障

労災・雇用
- 労災保険
- 雇用保険

　はたらいて事故にあったとき，失業したとき　等

公衆衛生
- 公衆・環境衛生
- 水道
- 廃棄物　等

　公衆衛生水準の向上，
　安全で良質な水の確保，
　食品や医療品の安全性の確保，
　廃棄物の適切な処理　等

出典）社会保障入門編集委員会編：『社会保障入門　平成12年版』中央法規出版，2000

5. 生活に関する制度や法律

図3-9 健康増進法の骨格

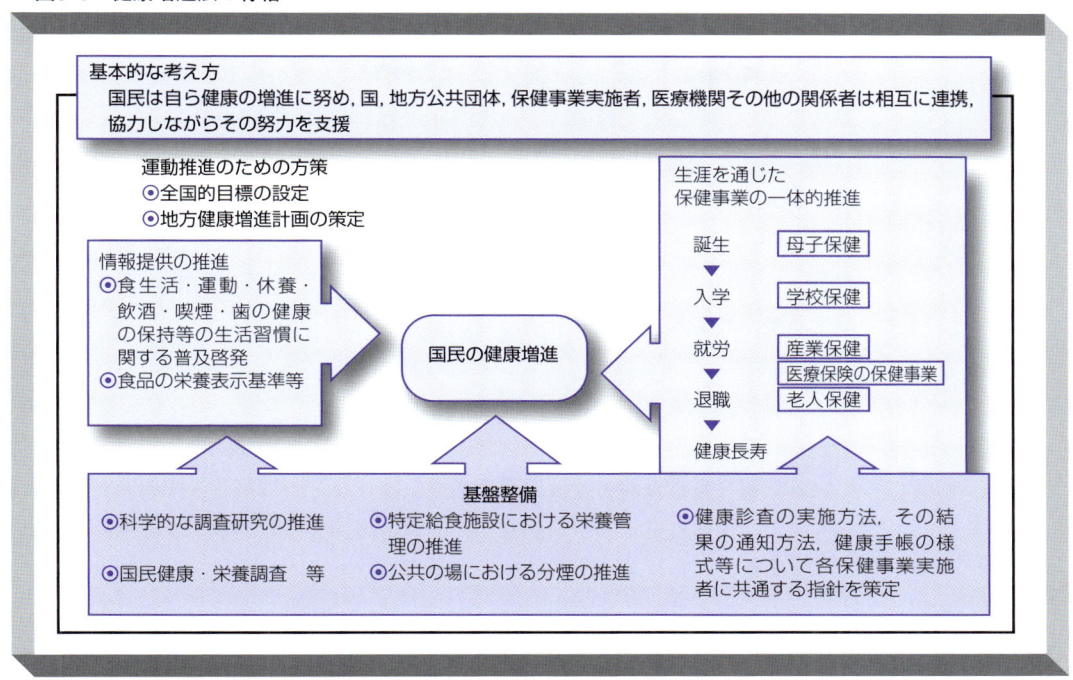

基本的な考え方
国民は自ら健康の増進に努め、国、地方公共団体、保健事業実施者、医療機関その他の関係者は相互に連携、協力しながらその努力を支援

運動推進のための方策
- 全国的目標の設定
- 地方健康増進計画の策定

情報提供の推進
- 食生活・運動・休養・飲酒・喫煙・歯の健康の保持等の生活習慣に関する普及啓発
- 食品の栄養表示基準等

→ **国民の健康増進** ←

生涯を通じた保健事業の一体的推進
- 誕生 → 母子保健
- 入学 → 学校保健
- 就労 → 産業保健／医療保険の保健事業
- 退職 → 老人保健
- 健康長寿

基盤整備
- 科学的な調査研究の推進
- 国民健康・栄養調査　等
- 特定給食施設における栄養管理の推進
- 公共の場における分煙の推進
- 健康診査の実施方法、その結果の通知方法、健康手帳の様式等について各保健事業実施者に共通する指針を策定

資料）厚生労働省：『平成17年版高齢社会白書』

③「事業者」主体から「利用者」主体へ、④「国」から「地方」へ、⑤サービス提供者の多様化、などが転換の主な眼目であった。

2000年に社会福祉法（社会福祉事業法改正）が施行され、これにともなって既存の福祉関連法が改正された。改革推進のトップバッターとして**介護保険法**が2000年4月1日には施行され、「介護の社会化」を推進することとなった。介護保険法は2005年の改正によって、①**予防重視型**システムへの転換、②**利用者負担の上限設置・所得に応じた補足給付**、③**地域密着型**サービス、を創設し、「小規模多機能型居宅介護」「夜間対応型訪問介護」などの新たなサービス体系の確立、「サービスの質の向上」などの見直しが行われる。

2006年4月からは、**障害者自立支援法**が施行された。①サービスの利用が障害の種類に関係なく共通化されたこと、②サービス利用の利便性の向上、③就労支援の強化、④支給決定プロセスの明確化、⑤安定的な財源の確保、がポイントである。

3）所得保障

生活保護法による保障と**年金制度**がある。ここでは、高齢者世帯の収入を主に支えている社会保障給付や公的年金制度が、現在どのようになっているのかについてみてみよう。

急速な高齢化が進む中で、公的年金制度は改正が行われてきている。例えば、

第3章　生活経営・生活経済

支給開始年齢が引き上げられたり，また支給額も減額の方向で検討されている。

2004年の改正は「平成16年年金改正法」と称されるように，保険料負担の上限の固定，基礎年金の国庫負担割合の引上げ（1/3から1/2），積立金の活用，給付水準の調整などを特徴とする大改正が行われた（図3-10）。

年金制度の体系は図3-11に示すとおりである。**公的年金制度**はすべての国民（20歳以上60歳未満）が加入するものであり（現在，未加入者が増加してはいるが），基礎的給付を行う**国民年金**と，さらに民間企業や公務員などの被用者（雇われてはたらく者）の場合はそれに上乗せして報酬比例の年金である**厚生年金**や**共済年金**から成り立っている。

自営業者など（雇われていない者）は国民年金のみに加入することになり，**第1号被保険者**となる。これは月額14,100円（2007年度）の保険料を支払っている。厚生年金や共済年金では保険料は報酬額に比例し，労使折半で負担している。**第3号被保険者**とは民間企業や公務員などの被用者の配偶者が加入するもので，保険料を本人が負担せずに配偶者の加入している年金の保険者が負

図3-10　年金制度改正の全体像

○100年間の給付と負担の姿を明確に
- 将来にわたって給付と負担が均衡するよう，5年ごとに給付と負担を見直し
- おおむね100年の間で給付と負担を均衡
- 保険料の将来水準を固定し，その引き上げ過程とともに法律上明記
- 給付水準の下限を法律上明記

○生き方・働き方の多様化に対応した制度に
- 高齢者，女性，障害者など，さまざまな方々の多様な生き方・働き方に対応できる制度となるよう，高齢者の就業と年金，女性と年金，年金制度における次世代育成支援，障害年金の改善などについて，所要の措置を行います。

○保険料の上昇は極力抑え，将来水準を固定
- 改正前
  - 厚生年金 13.58%
  - 国民年金 13,300円
- 2017（平成29）年以降の保険料水準を固定
  - 厚生年金 18.3%（毎年0.354%引き上げ）
  - 国民年金 16,900円（毎年280円引き上げ）
  - （いずれも平成16年度価格）

○自営業者等の保険料（国民年金保険料）の未納対策を徹底
- 国民年金保険料の納付率を5年後に80%とするとの目標の実現に向けて，多段階免除の仕組み，若年層に対する納付猶予制度の導入などの制度的な対応を行います。

○年金を支える力と給付のバランスを取れる仕組み
- 年金額は，一人当たりの賃金や物価の伸びに応じてスライド
- 年金を支える力（被保険者数）の減少に対応し，給付と負担のバランスを自動的に取ることができる仕組みに変更

○若い人にも年金についてわかりやすく情報提供
- 保険料納付実績や年金額の見込みなど，年金にかかわる個人情報を，若い人にもわかりやすくお伝えします（ポイント制）。

○老後生活の基本的部分を支える給付水準を確保
- 自動調整の仕組みだけでは，給付は際限なく下がる可能性
- 標準的な年金受給世帯の給付水準は，現役世代の平均年収の50%を上回る水準を確保

○安全で効率的な年金積立金の運用を可能に
- 専門性を徹底し，責任の明確化を図るとともに，グリーンピア業務や住宅融資業務を廃止して運用業務を特化するため，現在，年金積立金の管理運用を行っている特殊法人（年金資金運用基金）を廃止し，新たに独立行政法人（年金積立金管理運用独立行政法人）を創設します。

○基礎年金への国の負担を1/3から1/2に
- 基礎年金の国庫負担割合は1/3
- 平成16年度から1/2への引き上げに着手平成21年度までに完全に引き上げ
  ＜それまでの道筋を法律上明記＞

○年金の保険料の無駄遣いを排除
- グリーンピア事業や年金住宅融資事業を17年度に廃止します。年金福祉施設については，今後，保険料を投入せず，売却を進めます。

出典）厚生労働省：『平成17年版高齢社会白書』

5．生活に関する制度や法律

図3-11　年金制度の体系

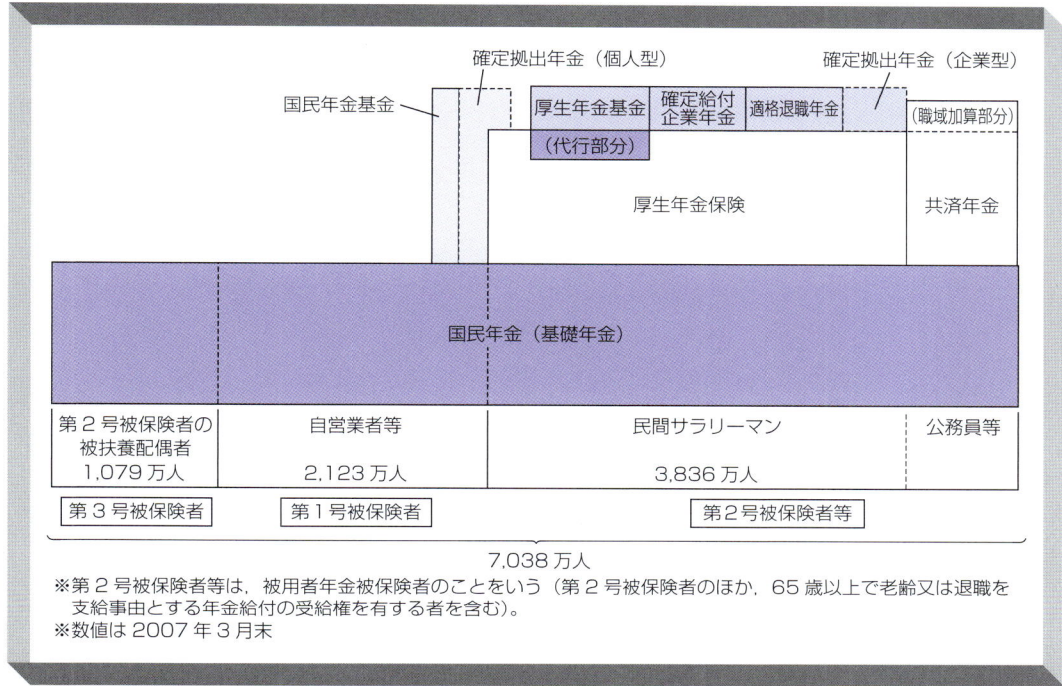

	確定拠出年金（個人型）		確定拠出年金（企業型）
国民年金基金	厚生年金基金 （代行部分）	確定給付 企業年金　適格退職年金	（職域加算部分）
		厚生年金保険	共済年金
国民年金（基礎年金）			
第2号被保険者の 被扶養配偶者 1,079万人	自営業者等 2,123万人	民間サラリーマン 3,836万人	公務員等
第3号被保険者	第1号被保険者	第2号被保険者等	

7,038万人

※第2号被保険者等は，被用者年金被保険者のことをいう（第2号被保険者のほか，65歳以上で老齢又は退職を支給事由とする年金給付の受給権を有する者を含む）。
※数値は2007年3月末

出典）厚生労働省：『平成20年版厚生労働白書』

担することになっている。

　国民年金は20歳以上60歳未満の人が40年間加入することが満額支給の要件となっており，支給要件は原則として25年間以上の加入が必要だ。原則として65歳から年金を受け取ることができる。

4）雇　用

　定年の引上げ，継続雇用制度の導入などによる65歳までの雇用の確保，中高年齢者の再就職の促進などを内容とする「高年齢者**雇用安定法**」の改正が2004年6月に成立し，同年12月から施行された。

　また，育児休業・介護休業の対象労働者の拡大，育児休業期間の延長や介護休業の取得回数制限の緩和などを内容とする「**育児・介護休業法の改正**」が2004年12月に成立し，翌2005年4月から施行された。

5）公衆衛生

　食の安全性の確保を目的とした「**食品安全基本法**」が制定されている。また，環境基本法，循環型社会基本法，廃掃法，各種リサイクル法，地球温暖化対策推進法など，生活の保健性，持続可能性にかかわる環境関連の法律が制定されている。

6）その他の法律

上記以外にも，憲法，労働基準法，高齢社会対策基本法，男女共同参画社会基本法，消費者基本法など，生活に関連した基本的な法律や，地域福祉計画のような地域に根ざした施策についての知識と理解が，介護福祉に携わる専門職として不可欠である。

引用文献

1) 荒井紀子：「共学家庭科における生活主体の育成」，宮崎礼子編：家庭科教育試論，芽ばえ社，p 11，1999．
2) 仲村優一・板山賢治監修，三ツ木任一編：続・自立生活への道－障害者福祉の新しい展開－，全国社会福祉協議会，p.5，1988．
3) 倉田あゆ子：オーストラリアにおける介護者支援－ケアラーズ・ヴィクトリアによる活動を例として－，日本女子大学紀要（家政），51号，2003．
4) 桝本妙子：「健康」に関する一考察，『立命館産業社会論集』第36巻第1号，pp.123-139，2000．
5) 新村出編：広辞苑〔第4版〕，岩波書店，1991．
6) 松村祥子ほか：現代生活論，有斐閣，1988．
7) 伊藤セツ：「家庭経営の方法と内容」，日本家政学会編：新版家政学事典，朝倉書店，p.156，2004．
8) 工藤由貴子：「生活保障」，日本家政学会編：新版家政学事典，朝倉書店，p.251，2004．
9) 社会保障制度審議会：社会保障体制の再構築（勧告）―安心して21世紀の社会を目指して―，1995．

参考文献

- 厚生労働省：厚生労働白書 平成17年度版，2005．
- 総務省統計局：家計調査，2005．
- 国民生活センター：くらしの豆知識'09，2009．
- 金融広報中央委員会：平成17年度版 暮らしと金融なんでもデータ，2005．
- 国民生活センター：生活関連サービス情報―高齢者の安否見守りサービス―，2003．

4章 衣 生 活

1 介護福祉における被服と衣生活

　高齢社会に向け，わが国では介護の体制がさまざまに整えられつつある。衣生活の領域においても，高齢者・障害のある人の衣服についての研究が30〜40年程前からはじめられ，車いす使用者や脳性まひの人に対応する衣服が考えられてきた。しかし，それらの研究や考察の多くは，ボランティアの手に委ねられているのが現状である。

　高齢者・障害のある人の衣服として考えられている**ユニバーサルファッション**は"すべての人が着られるやさしい衣服"を理念として当初はじまったが，現在では，さらにその先の"個々人に対応した衣服"として考えられている。

　本章では，高齢者・障害のある人の衣服をさまざまな面から考えていくが，介護用衣服を特別な物ではなく，現在，一般に行われている普通の衣生活の延長上の衣服として理解することが重要である。

　「利用者抜きの介護」とか「机上の理論」などという言葉があるが，衣生活こそ，そこに利用者がいなければ何の役にも立たない。まず最初に，利用者本人の意志がある。そこに，介護する人，介護福祉士，ある部分では担当医，OT（作業療法士），PT（理学療法士）といったさまざまな領域の専門職がかかわり，これに，被服材料，被服造形，被服衛生，被服管理の各分野の知識が総合されてはじめて衣服ができ上がるのである。

2 高齢者・障害のある人の被服

1 加齢による体型・身体機能の変化

　人の体型や姿勢は，個人差はあるものの加齢により変化する。しかし，既製服のサイズは年齢に関係なく「成人女子」「成人男子」のように同じ規格でつくられているため，高齢になると体に合う服がみつかりにくくなる。ただ，加齢による変化とそれによる衣生活への影響は年齢とは必ずしも比例せず，個人差が大きい。

第4章 衣 生 活

1）体型と姿勢の変化

　加齢により体幹を支える筋肉が衰えて前かがみになり，脊柱が徐々に曲がってくる人が多くなる。個人差は大きいが，図4-1に示したとおり，腰が曲がる，背が曲がる，骨盤が後傾するといった傾向がみられ，身長も縮む。臀部の筋肉や脚部の筋力が衰えることにより臀部が下がり，膝が曲がったり，膝の開き（O脚）がみられるようになる。

　さらに女性の場合には下腹部に脂肪が沈着することによりウエストが太くなりやすい。そのため，既製服のサイズバランスにも当てはまらなくなり，衣服の選択肢は少なくなってしまう。

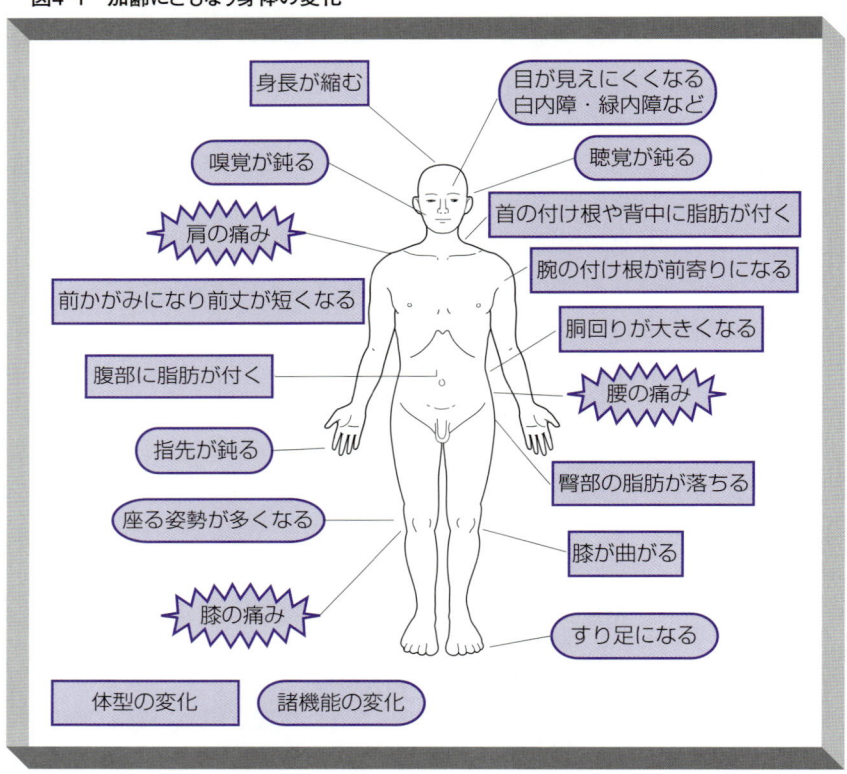

図4-1　加齢にともなう身体の変化

- 身長が縮む
- 目が見えにくくなる　白内障・緑内障など
- 嗅覚が鈍る
- 聴覚が鈍る
- 肩の痛み
- 首の付け根や背中に脂肪が付く
- 前かがみになり前丈が短くなる
- 腕の付け根が前寄りになる
- 腹部に脂肪が付く
- 胴回りが大きくなる
- 腰の痛み
- 指先が鈍る
- 臀部の脂肪が落ちる
- 座る姿勢が多くなる
- 膝が曲がる
- 膝の痛み
- すり足になる

体型の変化　　諸機能の変化

2）体の動きの変化

　足の筋肉が弱くなると歩幅が狭くなり，小さな段差にもつまずいて転ぶことが多くなる。また腕が上がらない，後ろに回らないなど，腕や肩の動きが悪くなることにより，衣服の着脱が不自由になったり，ボタンやスナップなど衣服の留め具の使用など，指先での細かい作業ができにくくなる。ズボンなどのウエストをゴムにした場合でも引き上げにくいなど，手の力も衰えてくる。

3）生理的な変化

体の諸器官（目，耳，鼻など）の機能が衰えてくる。老眼だけでなく，**白内障**や**緑内障**も加わると，色の見え方が変わってくるため，小さな留め具をかけ忘れたり，衣服の表と裏を間違えることも多くなる。

また，皮膚が弱くなり衣服素材に付加された**加工剤**や**染料**にかぶれたりかゆくなったりする。さらに嗅覚が鈍くなると汗の臭いや体臭に鈍感になり，洗濯しない同じ衣服を長く着ていても気にならなくなる。

高齢者は一般的に，産熱量が減少するので子どもや成人より皮膚温が低く，手足が冷えやすくなる。したがって，暑さには比較的強いが寒さに弱くなる。在宅と施設では室内環境温度が異なっている場合が多く，これらを考慮して，軽くて動作を妨げない保温性の高い衣服を準備するなど，高齢者の生理機能を考えた衣服の選択を心がけなければならない。

2 障害の種類と衣生活への影響

障害は，以下の３つに分類することができる。
① **身体機能面**からみた障害（impairment）。
② **日常生活動作上**で起こる不自由（disability）。
③ **社会的にみた不利益**（handicap）。

特に①と②による衣生活への影響は大きい。障害の原因は，病気や事故による後遺症，生まれたときからの病気など，さまざまである。そのうえ，同じ障害でもその程度や態様により衣生活の不自由さには個人差が大きい。

１）脳性まひ

アテトーゼタイプの場合，**不随意運動**が起こるため，体位を保つことが困難になる。そのため，サイズが合っている衣服でも着脱が困難になるが，自分で体を動かすタイミングを確認しながらひとつひとつの着脱動作を行う。

２）脳血管障害による片まひ

片手（まひがない方の手）で衣服の着脱をすることは，動作として不可能ではないが，まひ側に服のねじれが生じやすく，きちんと整えることが困難になる。また，小さなボタンや面ファスナーなどの留め具は片手では操作しにくい。

面ファスナーは片手でも留めることはできるが，きれいに合わせることが難しい場合もある。また動作に問題はないが，衣服の構造や着脱の手順がわからなくなる（**失認・失行**）症状もある。

3）脊髄損傷

　脊髄の損傷は事故によるものが多く，損傷の位置が悪く重度の場合は衣生活にも介助が必要になる。**運動機能のまひ**だけでなく**感覚まひ**もともなうため，衣服の着脱が難しくなるばかりでなく，体温調節も難しくなり，被服による保温や放熱調節が重要になる。また多くの場合，**排泄障害**をともなうため，程度に応じて導尿，膀胱瘻の造設，装着収尿器，パッド併用などの方法を助ける被服の工夫が必要となる。さらに多くの場合，車いすでの生活となるため，衣服の工夫は不可欠である。

4）関節リウマチ

　症状により痛みの場所や程度はさまざまであるが，上肢では肩や肘や手指の関節に痛みや変形の症状がでる場合が多く，衣服の着脱が困難になり，着たい服が制限される。

　着脱しやすい衣服の選択も大事だが，衣服を少し**リフォーム**することで着脱しやくなることも多い。また，人によっては着脱を助けるまごの手やリーチャー，ボタンかけを助ける**ボタンエイド**などの自助具を利用する人もいる。

5）筋ジストロフィー

　全身の筋肉が次第に衰えるため，着脱に上肢の筋力を使うセーターなどは，頭からかぶることが難しくなる。腕があがりにくいので，先に両袖を通してから肘をテーブルにつけて少しずつ頭をすぼめながら通していく。

　このように順序を考えながらゆっくりと着脱することができる。

3 高齢・障害に対応する衣服

1）対応への視点

　高齢者・障害のある人の被服は，加齢や障害による衣生活の問題点をいかに解決できるかという点が重要となる。具体的に考える場合に最も重要なことは「対象者を知る」ことである。高齢であっても全員に同じ衣服の問題があるわけではない。また障害の種類は多様であり，同じ障害でも個人差が大きいことは先にも述べたとおりである。

　老化や障害の知識を学び，対象者の要望に耳を傾けることも重要であるが，さらに可能ならば，対象者と食事や入浴や排泄などをともにして生活の状況を知ることによって改善点はより明確になる。対象者本人と直接向き合うことが衣生活の問題解決への近道である。

　また，体型や姿勢の変化，運動機能の低下や排泄の問題などに対応できる既製服は，きわめて少ないのが現状である。**リフォーム**などによる個別対応によっ

2．高齢者・障害のある人の被服

て対象者の身体に合った快適な被服の提供ができるよう工夫することも望まれる。

2）体型の変化への対応

　背や腰が曲がったり，骨盤の後傾などによって前方や足元がみえにくくなる。さらにコートやワンピースやスカートなどを着用している場合には**前丈**と**後ろ丈**に差ができて，丈が長い場合には前裾に足をひっかけて転びやすくなる。丈が長くなってしまう場合にはカットして前後を同じ丈にすることにより転倒を防ぐことができる。つまずきや転倒は高齢者の死因の上位にあげられている。安全に配慮した衣服の工夫は不可欠である。

　なお，体型の変化や筋力が衰える障害などによって身体の左右に差のある場合，身体に合わせて左右差をつけると，それを強調してしまうこともある。このような際には，左右は同じ丈にする。

3）運動機能の低下への対応

　神経まひや上肢関節の痛みや拘縮，筋肉疾患などさまざまな理由により，肩関節の**伸展**または**外旋**の可動域が小さくなり，袖に腕を通す作業が困難になる。

　袖通しが困難なために大きめの衣服を購入する人が多いが，肩部分が落ちたり，首まわりがだらしなくみえたり，上衣丈が長すぎる，など見た目にも美しくない場合が多い。**背幅**と**袖ぐり**を大きくするなどのリフォームが必要であろう。このようなリフォームによって，背幅と袖ぐりが大きくなり，肩幅は変えずに楽に袖通しができるようになる。ストレッチ素材を使うとさらに着脱しやすくなる。

（1）ボタン

　指先の動きが悪くなると**ボタン**や**ファスナー**は扱いにくい。健常な人でも，中高年になると留め具を使いにくいと感じる人は多くなる。縁のある，つまみやすいボタンに変えたり，**ボタン穴**をやや大きめにする，**糸足**を少し長めにして手指が入りやすいようにすることで扱いやすくなる。カフスボタンの場合は縫い糸をゴムにすることによりボタンを留めた状態で手を通すことができる。

（2）ウエストのゴム

　手指が不自由になると着脱のしやすさからウエストにゴムの入ったズボンが多くなる。しかし既製品は幅が広い伸縮性の強いゴムが入っていることが多く，ゴムのズボンでも着脱は力のいる作業となる。そこで細めの柔らかいゴム数本に入れ替えるとズボンの上げ下げが楽になる。使う人の手指の機能に合わせてゴムの太さや本数を調整する。

4）車いす姿勢への対応

既製服の上衣は，車いす使用時は長すぎてだぶつくため，丈は短めにする。また立位時に比べて座位時はウエストやヒップが大きくなるため，**後ろ身頃**の裾まわりは広くするのが好ましい。手動の車いすの場合は，車いすをこぐ動作のために胸幅と背幅にも十分なゆとりが必要となる（図4-2）。

既製服の下衣は，前がだぶつき，後ろの中心から衣服が引き下がりやすくなるため，**股上**を多めにとりたい。このような下衣の製作には座位姿勢での計測値を利用し，後パンツパターンのヒップラインの付近で適度な**切り開き**を入れて股上を長くする。素材には**ストレッチ**のきくものを使うと着脱も楽になる。

図4-2　車いす使用者の衣服のゆとりが必要な部位

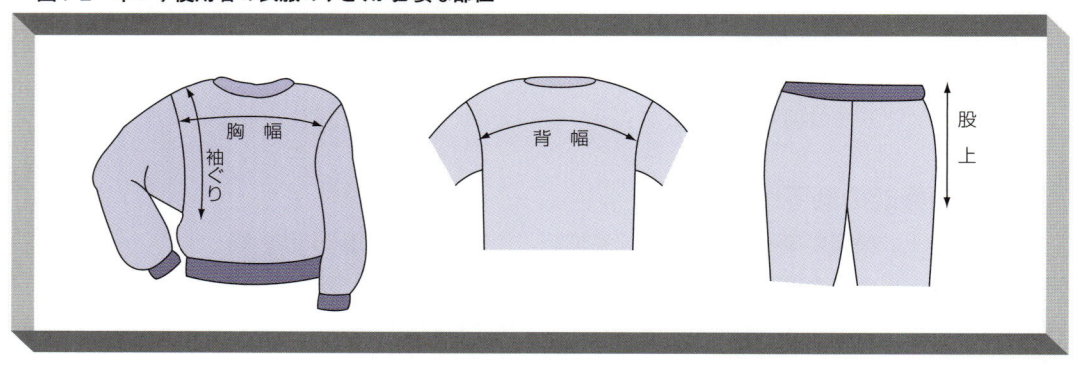

3　高齢者とおしゃれ―個性を活かした衣服―

「装い」には，"**装飾**"（かざり），"**整容**"（ととのえ），"**変身**"（ふりをする）という3つの意味があり，その**心理的効果**は高齢者にとっても大きいものがある。高齢者の場合でも，被服やおしゃれ用品は個人の幸福感に寄与するという報告もある（Belleau et al., 1992）。施設で生活する高齢者は，おしゃれに関心があっても社会とのつながりが少なくなり，「装い」を楽しむ機会を失っている場合が多い。**ユニバーサルファッション**の理念にもあるように，誰にでもおしゃれを楽しむ権利がある。被服の基本的な役割は健常者と同様である。被服によって社会参加への意欲や機会が増したり，日常生活を活発にするきっかけとなる例は多い。高齢にともなう支障や障害があっても**おしゃれ**をあきらめず，おしゃれを楽しむという視点は，本人だけでなく介護に携わる人も忘れてはならない。

3. 高齢者とおしゃれ—個性を活かした衣服—

1 日常着とタウンウェア

1）身だしなみ

　介護度が高くなると，朝起きてから寝るまで1日中スウェットスーツで過ごす人も少なくない。さらに，介護度が高くなるとほとんど寝間着に近い状態で終日過ごすこともある。

　しかし，朝起きたままの状態が終日続くということは，衣生活上の美意識の問題だけでなく，生活習慣や生活リズム，さらには身体の可動域の問題にもなりうる。着脱に必要な動作を行わないことで関節の可動域は狭くなりかねないし，生活リズムという点では，昼夜が逆転することもある。衣服の着脱は認知症の予防・着脱動作のリハビリテーションにもなる。朝晩必ず行って，生活にメリハリをつけ，生活リズムを維持することを心がけることが大切である。

　在宅の高齢者の場合，1日中家の中で過ごすことが多くなり，出かけるとしても近隣だけということが少なくない。それにともなって，身だしなみに気を遣わなくなる人が多くなる。男性にも女性にもいえることで，おしゃれをしなくなるきっかけが，近隣以外への外出をしなくなったことだということも多い。

　身だしなみを整えることは，心身の元気さを保つひとつの秘訣でもある。周囲の人びとが認知症に気づくきっかけが，衣服の乱れであった場合が多いことも報告されている。

　TPOをわきまえた衣生活を心がけ，おしゃれや身だしなみ・清潔に気を遣って，生活リズムの維持に努めることが大切である。

2）タウンウェアのおしゃれ－個性を活かした衣服－

　家から外へ出るとなるとそれなりの装いが必要となる。身だしなみだけでなく，**おしゃれ**の要素が加わってくる。衣服は装うものであり，隠すものではない。何でも着ていればよいという考えを脱し，その人の個性にあった**自己表現**の手段と考えるべきである。

　しばらく社会から遠ざかると，何を着てよいのかがわからなくなる。自分の所持している衣服がどのような状態にあるのかもわからなくなる。はじめはちぐはぐな装いになるかもしれないが，勇気を出して一歩外に出ることが重要だ。自分の装いが変わることにより「外に出て散歩したくなる」「誰かに会いたくなる」などといった形で，積極性が心の中に生まれてくる。これは高齢者や障害のある人に限ったことではない。子育てあるいは病気などでしばらく社会との接触がなくなってしまったような人にとっても重要なことである。

　ここでは，高齢者・障害のある人のおしゃれのための被服選びのポイントをいくつか考えてみよう。まず第一に重要なことは，身体に合うかどうか，着脱がうまくいくかどうかである。

第4章 衣 生 活

① **市場の状況を把握する**　どこに何があるのか調査（ウィンドショッピング）する。
② **サイズの合った衣服を探す**　「6．被服の選択と取り扱い」で詳述するが，中高年になるとサイズバランスが若年者と異なってくるため，自分に合ったサイズを探すことが困難になる。特に，家族が本人の代わりに買い求めてくると，着られない物を買ってきてしまうことが多い。丈はSサイズでもウエストはLサイズであったり，幅はLサイズでも丈はSサイズだったりというように，既製服の製作会社はまだまだ高齢者・障害のある人の体型の把握ができていない。
③ **試着する**　必ず試着する。しかし障害のある人の場合，試着するためのスペースが用意されていないことが多く，試着せずに購入して着られないことも多い。試着することによりどこを直せば着られるかもわかってくる。家へ持ち帰って試着するより，衣服の専門家がいる前で試着することがポイントである。直せば着られるのか，それも無理なのかが相談できる。細身の人でも，身体に変形がある場合には，サイズが足りず布が不足することがある。共布や組み合わせの良い布を用いることで着用できるようにリフォームすることができる。
④ **リフォームできるか相談する**　購入したその店で，あるいはリフォームショップに依頼する。その際，会話が困難な人の場合には介助が必要となったり，その人の身体の状態を詳しく説明できる人の支援が必要となる。

2 フォーマルウェア―冠婚葬祭のための衣服―

障害があったり高齢になったりすることで，結婚式などのお祝いの席に出席す

> **コラム**
>
> **座位姿勢にあったパンツ**
>   高齢者あるいは身体に障害のある人で車いす使用者のパンツ（ズボン）をみると背中（腰）がパンツのウエストからみえている人がほとんどである。背中（腰）が出てしまってもよいというわけではないが，出てもしょうがないとあきらめている人がほとんどではないだろうか。
>   ストレッチ性の布地を使用したパンツは少しのパターン操作で見た目の状況をよくすることができるが，縦に伸びのない生地のパンツは後股上が10cm前後引き下がってしまうことから，後股上を大きく伸ばす（パターンを切り開く）必要がある。対策として，股上の長いサイズの大きいパンツを購入するしかないのが現状である。脊髄損傷や頸髄損傷で車いす生活を余儀なくされている若い障害のある人たちのためにも，デザインのよい車いす使用者のパンツを安価で簡単に入手できるようにしたいものである。

るのに着る物がないから出席を断念したという話を聞くことがある。腰が曲がって着られる物がない，車いす使用，体型が変化しておしゃれができない，などが原因になることが多い。

普段はだぶだぶの衣服や前が垂れている衣服でも我慢できるが，それがフォーマルとなるとそうはいかない。このような機会に，それまで着ていた衣服が，我慢して仕方なく着ていたことが本人にも自覚されてくるわけである。

普段から我慢せずに身体に合った衣服を着られる環境が整っていないことに原因がある。デパートや専門店で勇気を出して相談してみよう。衣服についての**相談窓口**はあまりないが，少しずつではあるが，身体に合った衣服への対応をしてくれる店が出てきている。

3 和服のおしゃれ

1）高齢者と和服

近代以降のわが国の衣服の歴史からもわかるように，欧米文化がわが国に流入しはじめた幕末頃から明治維新になって，いわゆる**洋服文化**がもたらされた。軍隊，官吏，学生などの制服からはじまって一般に普及するようになった。

現在（2009年）90歳の高齢者は，明治末期生まれの人たちであるから，洋服文化が一般に普及しはじめてはいたが，まだまだ子ども時代の日常生活は着物（和服）で，靴ではなく下駄の時代に育った人たちである。昭和になり洋服が普及したが，いわゆるよそ行きは和服で，儀式の服装も和服が主であった。身体にも和服感覚があり，身体にフィットした衣服が苦手な人も多い。

80歳代・70歳代の人たちは，またそれとは異なり，生活歴の大半を洋服での生活習慣が占めている。若い介護福祉士が高齢者との会話の中で**着物用語**が伝わらないこともしばしば見受けられる。それがあたり前かもしれないが，その人を理解するために生活史の中での衣服習慣についても知識として学んでおく必要があるだろう。

2）和服の基礎知識

現在の**和服**の形式は，桃山時代から江戸時代初期にかけてほぼ完成していた。普段あまり着られなくなったとはいえ，生まれてすぐのお宮参り，七五三，成人式，結婚式，葬式など，儀式の際にはまだまだ和服は健在である。

和服を着る機会が非常に少なくなっているが，現在の高齢者の多くは明治・大正生まれである。子どもの頃から慣れ親しんだ和服に思い出をもっている人も少なくない。高齢者介護にたずさわる人たちは，和服についての基礎知識をもっておく必要があるだろう。

第4章 衣生活

コラム

和服の基礎知識

和服を着装する際には，基本的に男女とも「肌襦袢（はだじゅばん）」を着け，その上に「長襦袢（ながじゅばん）」を着，さらにその上に「長着（ながぎ）」を着る。一般的には「きもの」とはこの長着を指す。

1. 和服（着物）の縫製

洋服と大きく異なるところは，洋服はダーツをとったりギャザーを寄せたりして立体的につくられているのに対し，和服は平面構成であることである。

和服は男女とも右前に着る。これに対し，洋服は男性は右前，女性は左前である。和服を左前に着るのは，亡くなった人に着せる着物の場合だけである。他人の着物の着付けをする際には特に注意しなければならない。

2. 和服（女性）の格と種類

女性の和服にはいろいろな種類がある。さらに未婚者が着るもの既婚者が着るものなどの区別がある。

＊振り袖は独身の女性が着るものであり，留め袖の中では黒留め袖は既婚者が着るものだが，色留め袖は独身者も着ることができる。また，着物には格があり，その場に合った着物を用いる。

3. 男物の和服

男性の和服は女性物のように未婚者，既婚者の区別はなく，模様染め，素材などで，格式が異なってくる。

4. 紋

5つ紋，3つ紋，1つ紋がある。数が多いほどフォーマルである。紋は「染め紋」と「縫い紋」があるが，染め紋が正式であり，縫い紋は略式である。

5. 袴の種類

キュロット型の「馬乗り袴」とスカート型の「行灯袴」がある。

6. 男女の和服の違い

男物はお端折布を腰の位置でたくし上げることがないので着丈の調節ができない。そのため，必ずその人の身長に合わせてつくらなければならない。既製品の多くはS・M・Lで対応している。これに対し女物は腰で腰ひもを締め，お端折をとる。このとき，わずかな丈は調節することができる。

女物は脇に身八つ口というあきがあるが，男物は脇にあきがないなど。

7. 帯

「帯は着物より一段格上のものがよい。」というのが，上手な装いといわれている。単衣の帯は夏物に用いる。

8. 足袋

足袋には単，袷，綿ネル裏がある。一般的に単は足の形があらわになり，綿ネルでは品がないということで，おしゃれに装いたいときには袷を用いる。足が浮腫み拘縮してい

3．高齢者とおしゃれ—個性を活かした衣服—

るときは伸縮性の足袋を用いるとよい。また，これは正式ではないが，伸縮性の足袋カバーの使用も考えられる。

9．草履，下駄

　鼻緒の指壺が短いと窮屈で履けず，履いていて足が痛くなることがある。特に高齢者の足は浮腫んでいると草履が履けないことが多い。鼻緒の調節ができる物を用意し指壺を調節する。車いす使用者の場合は歩くことがないので，できるだけ長く調節する。下駄の場合も同様である。

10．浴衣（ゆかた）

　平安時代，お風呂（当時は蒸し風呂）に入るとき着た湯帷子（ゆかたびら）が元で，「ゆかたびら」を略して「ゆかた」という。それが江戸時代気軽な外出着として使われだした。当時は紺1色でつくられていたが，明治時代に東京で白と紺を使った「東京染め」が生まれた。これに対して大阪では多色染めが起こり「大阪染め」と呼ばれた。

3）車いす使用での着付け

　一般的に和服は立った状態で着付けを行う。そのため，立つことが困難になったり，車いすでの生活が主になると和服を着ることをあきらめる場合がほとんどである。

　かつて，和服を手早く着ることができるよう，上下に切り離した二部式の和服の考案があった。これが障害のある人に適するものとして解説され，それ以来，障害のある人（車いす使用）は二部式にしなければ着られないという思い込みが行きわたってしまった。

図4-3　車いす使用者の着付け

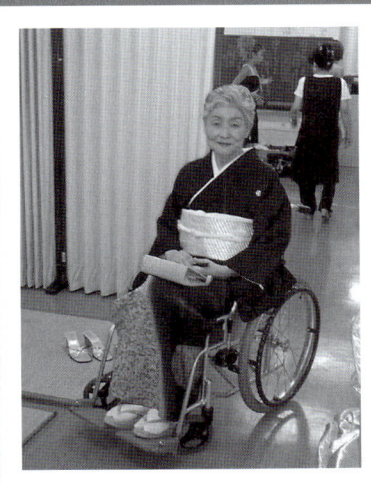

留め袖　　　振り袖

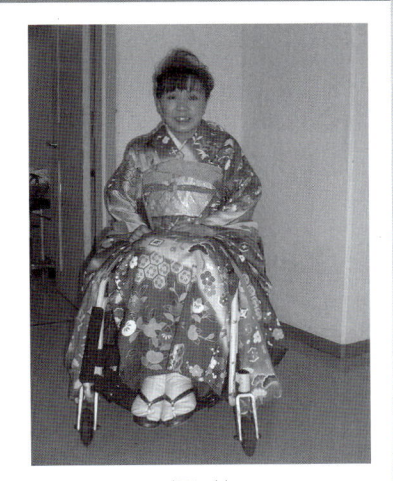

第4章 衣生活

　結婚式場での記念撮影の際にはまだまだ和服姿が多くみられるが，二部式の着物が貸衣装にあるわけでもない。車いす使用の高齢者にとっては，これは悲しいことであろう。このような状況を考慮し，車いすに座ったままで，かつ身体に負担をかけることなく着付けられる方法を考案した。車いすへの移乗方法はリフトを使用する場合もあり，さまざまである。

　このような車いす使用者への着付けの考案は，着物自体が，袖通しのしやすさなど，ユニバーサル・ウェアとしての可能性をもともと備えていることによっている。着物は，元来，障害のある人のフォーマルウェアとして適しているともいえる。

　成人式の振り袖はもとより，七五三の着付けにもこの方法は用いられるが，七五三の場合，子ども（障害があるなしにかかわらず）によっては動きの大きい子どもや，じっとして集中できない子どもが少なくない。何かの記念で着付けをするときは写真撮影のスタジオまで距離があると，排泄や，着くずれによる気分の問題も生じるので，写真スタジオの併設を考えるなど着付けと記念写真はセットにして考えておくとよい。

4 高齢者の美容―化粧療法―

1）化粧の心理的効用

　一般に女性は，その時どき・場所がら・目的にあった衣服を選択し，髪を整え化粧をして外出する。しかし，なんらかの理由（例えば入院したり，施設に入ったり）でそれらができないことがある。

　心理学者である日比野は，「年を取っても多少からだが不自由になっても，気に入った生活習慣が，誰もが『私はこうなのだ』と思っているスタイルが保てることによって，自尊心を持ち続けられ，安定した気持ちでそれまでの人生を振り返ったり，これからの自分を楽しむこともしやすくなると考える」と述べている。また，化粧（メイクアップ）については「家庭内を私的空間，家庭外を公的空間とすると，私たちはこの2つの空間を行き来して暮らしているが，化粧行為が営まれるのは私的空間から公的空間へ移動するとき（基礎化粧の後メイクアップ）と，公的空間から私的空間へ戻ってくるとき（化粧落とし，スキンケア）で，化粧は時空の内外の移動に合わせて，心の状態（緊張と弛緩）を切り替える効果的なスイッチであると考えられる。」とも述べている[1]。この指摘は，自宅や施設から外出するときばかりでなく，施設の中での私的な場である居室から，施設の中での公的な場である食堂や談話室などへ行き来する際にも当てはまる。化粧を含む装いの介護を充実させ，本人の心の状態を切り替え，活性化することが，今後の介護には求められるだろう。

2）美容―化粧―のポイント

ここでは，簡単に美容に関する基礎的な知識を述べることにする。

（1）高齢者のメイク

高齢者のなかには，日常的に化粧をする生活習慣のある人とない人がいる。わが国では従来，高齢者のおしゃれや化粧に対して，「年甲斐もなく」とか「歳相応に地味にすればいいのに」とか，あるいは「施設に入所しているのに」といった批判的な意見をもつ人が少なくなかった。

しかし，装いや化粧も自己表現のひとつであり，高齢者や障害のある人の心と身体を活性化させる有効な方法のひとつでもある。化粧をする生活習慣のある人には，生活をともにする支援者・介助者，介護福祉士が，その習慣を積極的に認め，装いや化粧による本人の喜びをより豊かにするような言葉かけなどを行って，装いや化粧を奨励するようはたらきかけたい。

化粧をする習慣のない高齢者や障害のある人に対しては，「眉を描く」「口紅をひく」など，日常的な装いの基本となる部分から化粧の習慣をつくっていけるよう援助を行い，また，本人が自分でできない場合は，適切な補助をするなどしていくことが重要であろう。

（2）リラクゼーション

リラクゼーションは，**ストレスコントロール**をし心身の緊張をほぐす方法のひとつである。具体的には，横になってリラックスする，温泉に入ってリラックスする，などをはじめ，深呼吸，楽しい想像，エアロビクス，ヨガなどがこれに当たる。お茶を飲みおしゃべりをするのもそのひとつかもしれず，個々人の性格でストレスコントロールの方法は一様ではない。本人に合ったリラクゼーションの方法を見つけ出すことが重要である。

リラックスすると血圧・脈拍が下がり，皮膚の温度が上昇し身体の血液循環が良くなり，心身の健康につながる。化粧の前に行う顔の**マッサージ（フェイシャルエステ）**はリラクゼーションの方法として広く行われている。

（3）アロマテラピー

アロマテラピーは，香りによるリラクゼーションのひとつである。ハーブなどの植物から摘出した**精油（エッセンシャルオイル）**の香りと成分が，心身のリラクゼーションに効果をもたらすという，ヨーロッパに生まれた自然療法である。生活の中のストレスや身体の疲れを心地よい香りでリラックスさせる。

方法としては，ただ香りを楽しむものから，マッサージオイルにエッセンシャルオイルを1～2滴落として，マッサージの際その香りが効果をもたらすものや，顔や肩だけでなく足浴，手浴などにも用いるものなどがあり，それぞれに効果を上げる。

エッセンシャルオイルとしては，ラベンダー，カモミール，ローズマリー，マージョラム，ゼラニウムなど多くのハーブが用いられている。

> **アロマテラピー**
> アロマセラピーともいう。芳香療法のこと。

第4章 衣生活

図4-4 高齢者のメイク

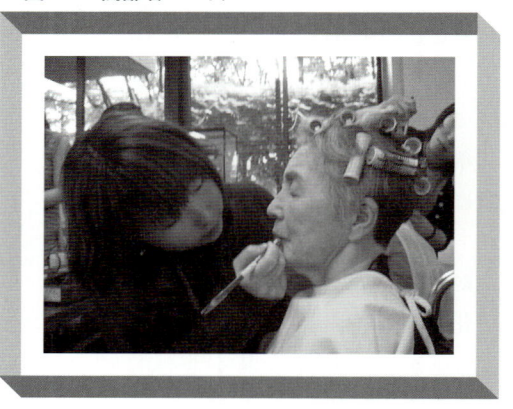

図4-5 高齢者のネイル

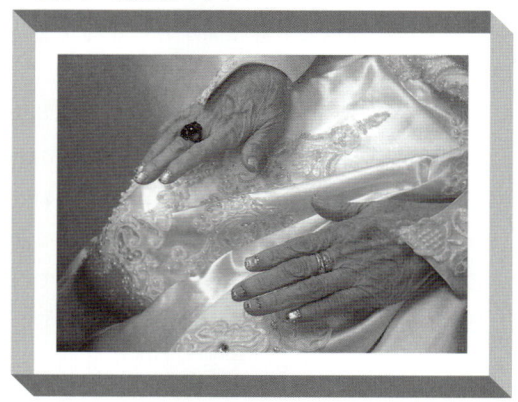

（4）ネイル

① **爪の手入れ**　風呂上がりの爪が柔らかいときに，爪切りではなく爪ヤスリで爪の先をこすると，爪が割れずにきれいに整えられる。甘皮は硬くなった物は爪用の小さなはさみで切り取るが，甘皮を傷つけると細菌感染が心配されることから，高齢者の場合は，甘皮の形を整えず自然なままにしたほうがよい。加齢にともなって出てくる爪の筋も削らずに，表面はそのままにしておくのが望ましい。

② **マニキュア**　顔の皮膚にほどこす化粧と違い，毎日落とす必要がないため，長く（1～2週間）楽しめる。ベースコート（下地液）を塗ることにより爪を保護し，ネイルカラーを塗った後，トップコート（仕上げ液）を塗ることによりカラーが落ちにくくなる。カラーは濃い目の方が高齢者の目に映りやすい。本人の肌の色や衣服に合わせて選択し，楽しんでほしい。ただし，白癬など爪の病気があるときは避ける。

コラム

老人ホームでのファッションショー

「装い」と「化粧」をきっかけにして本人のイメージチェンジを図り，おしゃれを楽しむきっかけづくりをした高齢者のファッションショーの実践を紹介しよう。

1．ショーまでの経過

近年，おしゃれや身だしなみの大切さを重視する高齢者施設は増えている。筆者が依頼を受けたのは，利用者のおしゃれに対して積極的な杉並区にある高齢者施設（特別養護老人ホーム）であった。介護福祉士と美容師の両方の資格取得を目指す学生がかかわった。

化粧やネイル（爪の手入れ）などについては，施設でのボランティア活動ですでに多くの学生が経験していたが，衣装のアレンジやファッションショーの舞台づくり，音楽，進

3．高齢者とおしゃれ―個性を活かした衣服―

行などについては経験がなく，それなりの準備が必要であった。ショーの開催日程に合わせて毎週授業の中で内容の検討を進めた。

　施設職員が利用者の中から選出した12名のモデルさんにお目にかかって話し合い，本人の希望によって衣装を決めると同時に病気や介護状況の確認も行った。衣装は，ドレス，着物，派手なおしゃれ着などを数多くハンガーに吊るしてそのなかから選んでいただいた。ほとんどの方が，赤やピンクなどの色彩鮮やかな衣装を選ばれたのには驚かされた。サイズが合わない方についてはリフォームも必要となった。

　授業ではメイクや装飾用の小物をアレンジしたり，舞台イメージや各モデルさんに合わせた音楽をつくったり，スポットライトを準備するなどを行った。学生も熱心に取り組んだが，多忙な業務を日々遂行している職員の方々の理解と協力は不可欠であった。

2．ファッションショーとその効果

　ヘア，メイク，衣装を準備していく段階で，モデルさんたちの表情は生き生きと変化し，おしゃべりもはずむようになった。ある人は「私にやらせて」とばかりに，カラーパレットを嬉しそうにのぞき込みながら，ご自分で口紅をひかれた。普段，杖をついていらっしゃる方が本番では杖なしで歩かれたり，ウエディングドレスを着た100歳になられたばかりのモデルさんは，美しくネイルアートされた指を嬉しそうに披露して下さった。また，観客として観にいらした利用者から，「次は私もモデルになりたい」という声をたくさんいただいた。

　こうしてファッションショーは，モデルにとっても，また観客として参加した利用者にとっても刺激的な楽しい1日となった。何よりも，利用者の普段とは違うさまざまな変化に，実施した学生や教員そして職員の誰もが「装い」や「おしゃれ」の効果を実感させられた。施設においても，在宅であっても，多くの高齢者が忘れかけているおしゃれへの意欲を引き出すことによって，より豊かで活発な日常生活のきっかけをつくることができる。日常に「装い」をとり入れることは，リハビリテーションや医療・薬と同様かそれ以上に効果的である。

施設でのファッションショー　　　　　　　　　施設での夏祭り

4 介護にかかわる被服―寝具・寝間着・おむつ・靴―

1 寝 具

　安眠できる環境をつくるには，寝具への配慮が必要である。這ったりして移動できる場合，認知症により**ベッド**からの転落の可能性が高い場合，などにはふとんを利用することもあるが，座ったり立ったりしやすく，ポータブルトイレや車いすへの移動もしやすいことや，介護する人の立場から考えるとベッドの使用が好ましい。

　動ける人の場合はベッドに腰かけた際に足底が床につく高さ（35～45cm）であると移動しやすく，寝たきりの人の場合には介護者の作業しやすい高さ（60～65cm）が適切である。背上げや足の高さの調整ができる高機能な**ギャチベッド**が工夫されており，使用者の自律神経への刺激や，褥瘡予防，介護者の介護のしやすさの面からも有効である。

　介護用ベッドは介護保険で利用できる**福祉用具貸与**サービスの対象にもなっているが，民間にも介護ベッドのリサイクルやレンタルがあるので，状況に合わせてうまく利用するとよい。

　マットレスや敷布団は硬さに注意し，体を動かしやすく，背中が曲がって腰痛になりにくい硬さが好ましい。シーツは**吸湿性**がよく，よれたりしわができないよう，マットレスや敷布団を十分に被うことのできる大きさが必要である。抗菌や防臭，防水など特殊加工されているものも増えているので状況に合わせてとり入れるとよい。また，かけ布団は軽さ，吸湿性，保温性のよいことが大切であるため**羽毛**が適している。合成繊維製でも軽くて保温性のよいものもあるが，羽毛に比べて吸湿性は劣る。

　寝具を使用する際には，こまめに干し，汗や排泄物などで汚れやすい部分にはタオルや小さいシーツなどをあてがって，清潔を保つ工夫が必要である。また糊のききすぎたシーツは褥瘡の原因となるので注意しなくてはならない。

2 寝 間 着

　1日のほとんどをベッド上で過ごす人にとって，寝間着は体温調節や身体を外界から守るといった保健衛生上の役割を担っており，重要である。身体を圧迫しない，ゆったりとしたものであることは当然であるが，素材への配慮も必要である。汗や皮脂や垢などの分泌物を吸収し，吸湿性，透湿性ともに優れ，皮膚にも優しい**綿**素材が最も望ましいが，繰り返しの洗濯に耐えるために，混入比率が低くければ**合成繊維**との混紡でもよい。

また，介護を要する人のために，ファスナーや面テープなどが使用された改良寝間着も工夫され市販されている。褥瘡(じょくそう)の可能性のある場合には背面部のしわができにくいことや，ファスナーだけでなくフリルやギャザーやタックなどの装飾の有無や位置にも配慮が必要である。

被服の機能には，おしゃれや身だしなみの意識を失わず，めりはりのあるくらしを維持するという面もある。1日中あるいは何日も同じものを着ることは避け，1日の生活リズムをつくるためにも，寝間着から日常着，日常着から寝間着，あるいは寝間着どうしでも着替えること。さらに本人の好みの色柄やデザインをとり入れることも大切である。

3 おむつ

排泄の自立が不可能な場合には，やむを得ずおむつを使用することになる。しかし，的確なトイレ誘導や着脱しやすい衣服の選択，部屋にポータブルトイレを設置するなどの失禁対策によって排泄の失敗を減らすよう努め，排泄の自立を諦めてはならない。おむつを着けることにより，自尊心が傷ついたり，認知症が進むきっかけとなってしまうことがあるのは，よく知られている。

しかし，排泄がどうしてもうまくいかない場合には，体型や身体能力に合わせたおむつを選択することで，排泄物を外に漏らすことなく衛生的に過ごすことができるようになる。最近の紙おむつは，吸湿性や通気性だけでなく消臭加工などの工夫もされている。そして汚れたらすぐに取り替え，皮膚を乾燥した状態に保つことも大切である。表4-1に紙おむつの種類と特徴について示した。

表4-1 紙おむつの種類と特徴

パンツタイプ	座ったり歩いたりすることのできる場合に使用。ウエストにギャザーが付いていて，自分の力で上げ下ろしができる
テープタイプ	寝ている状態の多い場合に使用。吸収力が高く背中や足回りにギャザーが付いていて漏れを防ぐ。おむつカバーの必要がなく，粘着テープで止める
フラットタイプ	さまざまな症状，体格に応じて使用。おむつカバーにあてて使用する
パッドタイプ	軽い失禁症状の場合に使用。パンツタイプやテープタイプの補助パッドとしても使うことができる

4 靴—選択と購入—

老化によって足腰が弱くなると，小さな段差で転んだりつまずきやすくなったりする上，骨折によって寝たきりになることも少なくない。高齢者にとって，軽くて歩きやすく，保温性のよい靴の選択はとても重要である。また，好みに合ったデザインや色を選ぶことで，歩くことが楽しくなる効果も期待したい。

近年，機能的なウォーキングシューズや健康靴が多く開発・市販されている。介護の必要な高齢者や，一般の高齢者向けのリハビリテーションシューズも増えてきている。

（1）靴の選択

靴を選ぶときの注意点として，以下のようなものがある。

① 底は柔らかい素材で滑りにくい工夫がされているか。
② サイズは合っているか。
③ 圧迫されている部分がないか。
④ 土踏まずやかかとが合っているか。
⑤ つま先は太く丸く反っていて1cm程度のゆとりがあるか。
⑥ 通気性や保温性はよいか。

（2）購入時の注意

購入に当たっては，両足とも履いてみる必要がある。靴ひもは，結ぶためにしゃがんだり手指を使う手間がかかるうえ，ほどけると足をひっかけて転倒する危険性もあるので，着脱が楽なマジックテープやファスナーのついたものを選ぶとよい。

また，朝よりも足が膨張している夕方に選ぶ方が好ましく，**外反母趾**や魚の目などの足のトラブルがある場合には**シューフィッター**に相談するなどして部分的に調整してもらうことも可能になってきている。

なお，靴のサイズは，JIS規格に基づいて，**足長**（足の長さ）と**足囲**の寸法により決められているが，メーカーによって差がある。靴選びに際しては衣服以上に実際に履いてみることが大切である。

5　被服の機能・性能と素材

1 被服とは

被服とは着る目的で人体を覆い包むものの総称である。したがって，帽子，靴下，靴などのかぶりもの，履きものも含む。広義には，寝具・化粧等も含めて論ずることもある。

衣服は，かぶりもの，履きものを含まない被服とされている。**衣裳**は，しきたりによって慣用された被服のことである。**制服**は，規則によって決められた被服である。**服飾**は，被服に装身具を含む場合である。

被服の起源としては，①気候に適応するため，②ケガなどから身体を保護するため，③身体を装飾するための装身具として，などの機能を求めてであろうと考えられている。

現代でこそ，どの国・どの地域でも冷房や暖房などのエアーコンディショニ

ングが普及し，同じような衣服が売られそして着られて特色が失われつつあるが，世界各国の人びとや各民族は，本来その国の気候風土に適した衣服を着用していた。日本の場合，夏は湿度が高いので，開きの大きい平面的な構成の和服が適していたのである。

2 被服の目的・機能と性能

被服には役割と機能がある。人が着てその性能・機能を活かしてはじめて被服としての役割が果たせる。被服の目的・機能と求められる性能には，以下のようなものがあげられる。

1）生理衛生上の機能

外界温度の変化を内部に伝えないように防護するはたらき，すなわち，防寒・防暑，雨風をしのぐことなどである。衣服は遮温機能によって体温調節などの生理機能を補助し，**産熱**と**放熱**のバランスを保っている。

人間の体温が外気温の変化にもかかわらず常に一定に保たれているのは産熱と放熱のバランスが保たれているからである。外気温が高くなると，体表面の血管拡張により体温の放熱がなされ，さらに汗をかくことにより，蒸発による放熱が盛んになる。高齢期に**体温調節機能**が衰えると，衣服がこの機能を大幅に代替することになる。

その他，皮膚表面の皮脂膜が刺激や細菌などに抵抗したり，またケガなどによって傷つくことから身体を保護する役目も担っている。

2）生活活動上の機能

衣服は，労働・作業・運動などの生活活動あるいは就寝・療養などの休養のための機能も担っている。

（1）動作の適応

働きやすさ，運動しやすさ，などの性能である。和服は動作適応に欠けるが，洋服は適しており，仕事着として使用されている。高齢期には就寝時においても身体の動きを妨げない衣服が重要となる。

（2）生活適応性能

社会生活においては，その時どきの状況にあった衣服の着用が求められる。適応性については世代間で感覚にズレを生じる場合がある。"服装の自由"という感覚と"衣服の乱れ"という感覚は紙一重である。周りの人たちに不快感を与えない配慮が必要である。主に高齢者と接することとなる介護福祉士にとっては十分な配慮が必要とされる事柄である。

3）装飾・審美上の機能

衣服の着用によって，着る人の外観から受ける印象を左右する機能がある。その内容としては以下のようなものがあげられる。

① 身体に合っている。
② 着くずれ，型くずれしない。
③ 美しさ。
④ 被服に現れた品格，服装の上品さ立派さ。

上述の生活適応性能同様，服装の品格などについては，若者と中高年・高齢者との間には感覚の差がある場合もあり，相互に違和感を抱くこともある。

上記の他，道徳儀礼上の目的（社交や結婚式・葬式などをはじめ，入学式，卒業式のような儀式などのため），標識類別上の目的（制服・職業服によって着装者の社会的身分・職階などを表示する），扮装擬態上の目的（変装，仮装，擬装などがこれに当たる）のような機能を担っている。

また，耐久性も被服の性能を評価するうえで重要な項目である。耐久性能は，以下の3つの観点がある。

① 材質の耐久性。
② 保健・装身・適応の耐久性：保温性の維持，収縮・伸張（しわ）に対する耐性など。
③ 構造の耐久性：縫製，型くずれに対する耐性など。

3 被服の素材

快適な衣生活を過ごすには，被服素材の種類や性能などについて十分に理解し，その知識に基づいて，衣服の選択・取り扱いを考えていく必要がある。ここでは，衣服の基本となる被服材料について解説する。

被服材料には布や糸だけでなく，その他，用途によって皮革，プラスチック，ゴムなど実にさまざまな材料がある。しかし，われわれの身の回りでは繊維製品の使用が大半を占めており，そのなかでも布類の使用が最も多いことから，繊維およびその製品に絞って説明する。

1）繊維の種類とその特徴

被服としての繊維の利用は約1万年前の石器時代，定住農耕生活をするようになってはじめられたとされている。麻・絹・羊毛・綿などを採取し，毛や綿のような**短繊維**は紡績技術の発明によって糸とし，同時に織る技術の発明によって衣料に用いられてきた。

繊維はまず天然繊維と化学繊維に大きく分けられる。さらに天然繊維は植物性繊維，動物性繊維に，化学繊維は天然の素材を原料にしてつくられる再生繊

図4-6 繊維の分類

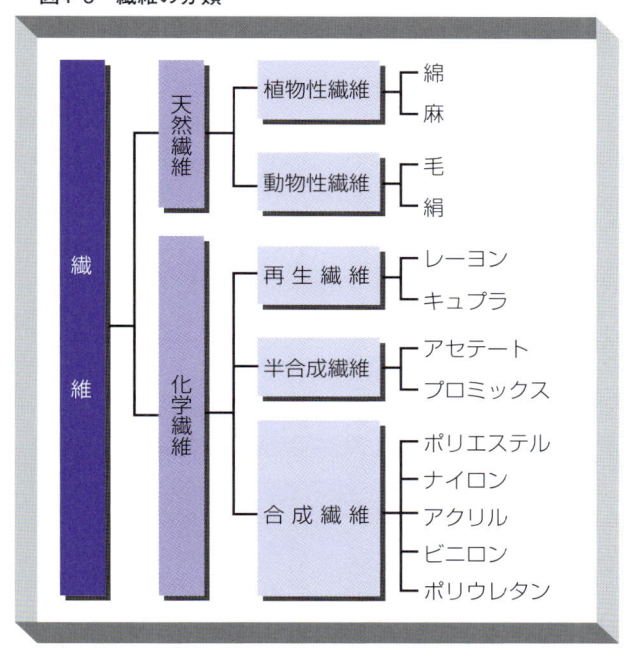

```
繊維 ─┬─ 天然繊維 ─┬─ 植物性繊維 ─┬─ 綿
      │            │              └─ 麻
      │            └─ 動物性繊維 ─┬─ 毛
      │                           └─ 絹
      └─ 化学繊維 ─┬─ 再生繊維 ─┬─ レーヨン
                   │            └─ キュプラ
                   ├─ 半合成繊維 ─┬─ アセテート
                   │              └─ プロミックス
                   └─ 合成繊維 ─┬─ ポリエステル
                                 ├─ ナイロン
                                 ├─ アクリル
                                 ├─ ビニロン
                                 └─ ポリウレタン
```

維と半合成繊維，合成高分子を紡糸して製造される合成繊維に分けられる。図4-6に主な繊維の分類を示す。

（1）天然繊維

① **綿**　綿花（コットンボール）から得られる繊維で，主成分は**セルロース**である。外観は図4-7に示すように，側面は天然のよじれがある偏平なリボン状で，断面はそら豆あるいは馬蹄形のような形をしておりルーメン（中空）がみられる。綿はしわになりやすい，洗濯収縮しやすいなどの欠点もあるが，吸湿性に富み，丈夫で水に濡れると強度が増すという特徴があり，アルカリに強く洗濯や漂白がしやすい，熱に強くアイロン適正温度が高いなど，たいへん

図4-7　綿繊維の表面と断面の走査型電子顕微鏡像

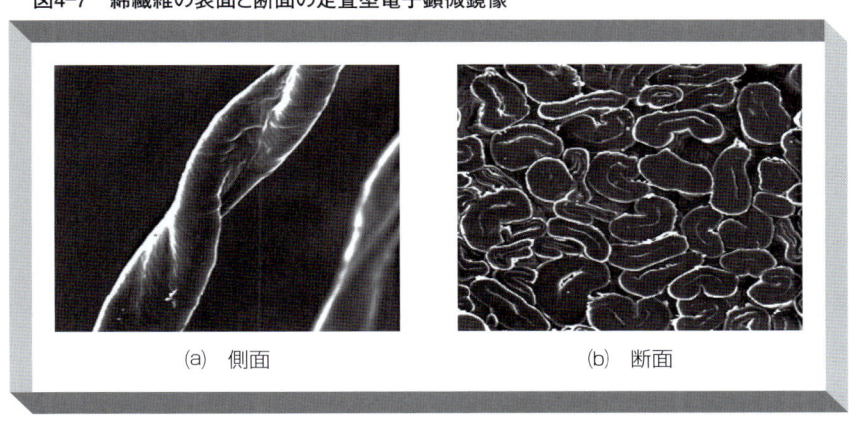

(a) 側面　　　(b) 断面

扱いやすい素材である。
　したがって，快適性と取り扱いやすさの点から，高齢者や障害のある人，子どもやアレルギー体質の人などにとって優しい素材である。用途としては，服地，シャツ地，肌着，シーツ，ハンカチ，タオルなど幅広く用いられている。
　② 麻　　衣料用として使われているのは，**苧麻**（ラミー）と**亜麻**（リネン）である。麻の側面はたて筋とよこ節があり，断面は図4-8に示すように5～6角形あるいは楕円形をしており，綿と同様に繊維の真ん中にルーメンがある。綿と同じく**セルロース**が主成分で，吸湿性に優れる。
　繊維が堅くしわになりやすい素材ではあるが，肌にまとわりつかず，触ると冷たい感じがするので夏用の衣料に適している。

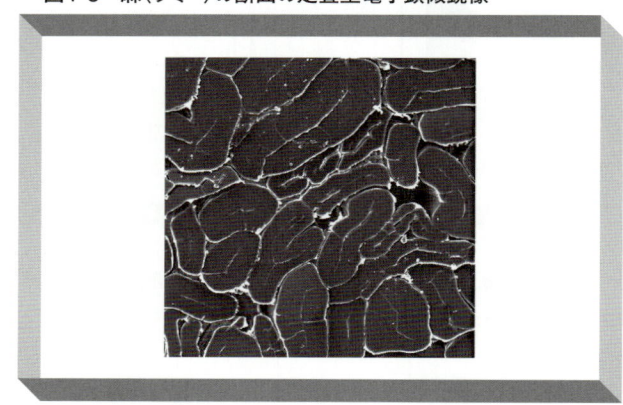

図4-8　麻（ラミー）の断面の走査型電子顕微鏡像

　③ 毛　　羊毛は**ケラチン**というたんぱく質の繊維で，形状は図4-9に示すように側面にうろこ状の鱗片（スケール）があり，**フェルト化**（**縮絨**）を起こす原因となっている。天然のちぢれ（クリンプ）があるため，毛製品は弾力性があり，かさ高で暖かい。羊毛は非常に高い吸湿性を示すが，繊維表面は撥水

図4-9　羊毛（64番手メリノ）の側面の走査型電子顕微鏡像

図4-10　絹の断面の走査型電子顕微鏡像

性がある。また，アルカリに弱く洗濯でフェルト化し縮む，ちくちくする，かびが発生したり虫害を受けたりしやすいなどの欠点もある。

羊毛製品は**含気率**が高く保温性に富むため，アンダーウェアからアウトウェアまで幅広く用いられている。また，吸湿性が高くかつ水をはじく撥水性を併せもつので，おむつカバーや防水シーツとしても適している。

④ **絹**　蚕の繭（かいこ）から採取される繊維で，たんぱく質からなる繊維である。絹は図4-10からわかるように三角形に近い断面をもつため，繊維に当たった光が屈折・分光し美しい光沢をもつ。感触が柔らかく，吸湿性に優れ，染色性もよい。毛と同様にアルカリに弱く，虫に食われやすい。また，耐光性が悪く日光に長時間当たると黄変する。

和服地や洋服地，ネクタイ，スカーフなどの高級衣料に用いられている。

（2）化学繊維

① **再生繊維―レーヨン・キュプラ―**　木材パルプや**コットンリンター**などを溶解してつくられる。主成分はセルロースで，吸湿性，染色性などに優れている。**レーヨン**はしわになりやすく，湿潤時の強度低下が大きいという欠点がある。**キュプラ**は絹に似た光沢や風合いをもち，ランジェリーや裏地として用いられている。

> **コットンリンター**
> 綿花から綿をとったあとの，短い繊維。

② **半合成繊維―アセテート―**　リンターパルプに酢酸を反応させて酢酸セルロースをつくり，溶剤に溶かしてから繊維にしたもので，適度な吸湿性があり**熱可塑性**である。美しい光沢をもち，ブラウス，ドレスなど婦人用衣料に多く用いられている。

> **熱可塑性**
> 繊維を加熱することによって軟化変形し，冷却するとその形状のまま固化する性質。

（3）合成繊維

合成繊維は，その製法，性質などがさまざまである。代表的な合成繊維であるポリエステル，ナイロン，アクリルを**三大合成繊維**という。

① **ポリエステル**　最も生産量の多い合成繊維で，耐熱性や弾性に優れており，しわになりにくく**ウオッシュアンドウェア性**がよい。また，じょうぶで軽く，熱可塑性をもつのでプリーツ保持性があり，取り扱いやすい繊維である。しかし，吸湿性がほとんどない，毛玉ができやすい，摩擦帯電しやすい，洗濯時に再汚染しやすいなどの欠点もある。このような欠点を補うため，新素材やさまざまな加工などが開発されている。

洋服地として幅広く用いられているが，綿，麻，毛などと混紡して使用されるケースも多くみられる。

② **ナイロン**　伸縮性に富む柔らかい繊維で，摩擦にも強い。しかし，耐光性が悪く黄変しやすいという欠点がある。ストッキング，ランジェリー，スポーツウェア，靴下などに使われている。

③ **アクリル，アクリル系繊維**　アクリルはかさ高の**紡績糸**（バルキーヤーン）をつくることができるのが特徴で，柔らかな触感があり風合いが羊毛に似

ている。アクリルはセーター，靴下などの他，難燃性であるため，カーテンやカーペットなどによく使われている。

　④　**ポリウレタン**　　ポリウレタンは非常に大きな伸縮性を具えた繊維で，5～7倍にまで伸びる。単独で用いられるのではなく，他の素材と混紡して使用される。

　ストレッチ素材，下着，水着，レオタード，ストッキング，靴下，サポーター，伸縮包帯など伸縮性素材に用いられている。

2）布の種類とその特徴

布はその製造法によって，大きく織物，編物，不織布に分けられる。

（1）織　物

織物はたて糸とよこ糸を一定の規則（**織物組織**）にしたがって，交錯させて形成した布で，主な組織には平織，斜文織（綾織），朱子織があり，これらの組織は<u>三原組織</u>と呼ばれる。

　①　**平織**　　たて糸とよこ糸が1本ずつ交互に交錯した組織で，織物組織のなかで最も単純な組織である。交錯点が多く丈夫な布で，天竺，シーチング，ブロード，ローン，ギンガム，ちりめん，タフタ，モスリンなどがある。

　②　**斜文織（綾織）**　　斜文織の完全組織はたて糸，よこ糸それぞれが3本以上で構成され，斜めの方向にうね（綾筋）が見える組織である。ギャバジン，ツイード，サージ，デニムなどがある。

　③　**朱子織**　　たて糸とよこ糸との組織点をなるべく少なくして，その組織点を連続させないように分散させ，織物表面にたて糸（あるいはよこ糸）を長く浮かせた組織である。朱子織は組織点が浮き糸に覆われてほとんど表面に現れないため，表面がなめらかで光沢をもつ美しい外観となる。綿サテン，アセテートサテン，シルクサテン，ドスキン，綸子（りんず），緞子（どんす）などがある。

（2）編　物

編物は糸をループにしてこのループを連結させて形成された布で，よこ編みとたて編みに分類される。

　①　**よこ編み**　　一般に織物と比較して伸縮性が大きく，柔らかでしわになりにくく，含気率が高いため保温性や通気性に富む。しかし，型くずれや洗濯収縮が起こりやすい，毛玉ができやすい，伝線が生じやすいという欠点がある。メリヤス下着，Tシャツ，セーター，靴下などに用いられる。

　②　**たて編み**　　よこ編みと比較して伸縮性が小さく，ほつれにくい。ランジェリーなどによく用いられる。

（3）不織布

不織布は繊維から直接布として製造された布で，繊維を集めてシート状にし，それを機械的，化学的，熱的に固定化して製造される。

不織布の用途としては,衣料用としては芯地,中入れ綿,パットなどに用いられる。また,シーツ,枕カバー,マスク,おむつ,生理用品,手ふき,フィルターなどの医療用,衛生用品,あるいは,カーペット,壁紙などのインテリア用などにも多く使用されている。

4 被服材料の性能

快適な衣生活を営むために,衣服素材は身体から出る液体(汗など),水蒸気,熱などを**吸収**し,さらに衣服素材を介して外部に**放出**させる必要がある。すなわち,**水分**と**熱**に関する性質が衣服着用時の快適性に大きく影響をおよぼす。

1)保温性

われわれは深部体温を37℃前後に保つために衣服を着用しており,その温度を保つ性質を**保温性**という。保温性は被服材料の熱伝導率,含気率,通気性などと密接に関係している。

物質の**熱伝導率**は熱の伝わりやすさを表すもので,繊維の熱伝導率は金属や水と比較するとかなり小さい。空気の熱伝導率はさらに小さい。布などの被服材料は繊維と空気が複合されたもので,空気の割合が増えれば保温性は高くなる。キルティング布や羽毛素材の保温性が高いのは,中綿や羽毛の含気率が高く空気を多く含むためである。

2)吸湿性と吸水性

吸湿性と吸水性はよく混同されがちであるが,両者は異なる性質である。**吸湿性**は気体の水分(水蒸気)を吸収する性質で,**吸水性**は液体の水分を吸収する性質をいう。

(1)吸湿性

吸湿性は,水蒸気を繊維表面や繊維内部に吸収する性質である。繊維内部の非結晶部分に水分子が吸着する。この吸湿量の程度は水分率によって表される。水分率は繊維の種類によって大きく異なる。綿,麻,レーヨンなどのセルロース繊維や羊毛や絹などの動物性繊維は水分子と結びつきやすい**親水基**をもつため吸湿性が高い。ポリエステル,アクリル,ナイロンなどの合成繊維は吸湿性が低い。

(2)吸水性

吸水性は,液体の水分を繊維間や糸間隙などに毛細管現象により吸い上げる性質で,身体からの発汗などによる水分を被服が適度に吸収し放散することにより快適性を得ることができる。この性質は繊維表面の性質や布の構造の影響を大きく受ける。例えば,羊毛は吸湿性が非常に高い繊維であるが,吸水性は

*☞ p.64

悪い。これは，羊毛の繊維表面にはスケール＊があり撥水性をもつためである。

3）透湿性

水分は衣服に吸収されるだけでなく，布を通って外部に放出される。湿度に差がある場合，水蒸気は湿度の高い側から低い側へ透過するが，このように布を介して水（水蒸気）が移動する性質を**透湿性**という。一般に通気性がよく薄地の布ほど透湿性は大きくなる。

4）通気性

空気は繊維間や糸隙間を通って移動するが，このような空気を通す性質を**通気性**という。一般に，織り糸密度が粗く，含気率が高く厚さの薄い布地は通気性が大きい。繊維の種類にはよらず，布の構造によって通気性の大小は決定される。

5）保健衛生的性能の改善

高齢者などの介護を受ける人たちは，免疫力が低下していたり，入浴の頻度が低かったり，おむつをしていたり，健康面，衛生面，快適性の面で問題を抱えていることが多い。介護される側の視点に立って，衛生面や快適性を求めるために繊維業界ではさまざまな**ヘルスケア素材**の開発が行われている。

健康，衛生的効果や快適性を付与するために行われる加工・素材には，制菌加工，消臭加工，抗菌防臭加工，低アレルギー性素材，防ダニ加工，透湿防水加工，撥水加工，遠赤外線加工，紫外線（UV）カット加工，速乾性素材，芳香付与繊維などがある。

6 被服の選択と取り扱い

1 被服の選択—安全で体に合った被服を選ぶために—

1）既製服のサイズ

日本の既製服の多くは若者中心につくられ，市場には若者向けの商品があふれている。女性の衣服のサイズを例にとると，最も需要の多い9号サイズを主要客層として，下は7号，上は11号までしかないなど，サイズ展開が少ないブランドが多い。そのため，加齢や障害により体型や姿勢が変化すると，体に合う衣服が少なくなるうえに，デザインや価格を考えると，欲しいと思う衣服を探すのがとても難しくなってしまう。実際に，中高年への衣生活調査を行うと，おしゃれに関心はあっても，「体型に合う服がない」「気に入ったデザインがない」など，既製服に対する不満をもっている人が非常に多い。

コラム

体温調節と被服

人間は恒温動物であり，外部の環境が変化しても深部体温は約37°Cに保たれている。人間の体温が一定に保たれているのは，体内でたんぱく質，脂質，糖質が燃焼して絶えず熱が生産されるのと同時に体外へ熱が対流，伝導，放射，蒸発により放散され，生産される熱（産熱）と放散される熱（放熱）のバランスを保っているためである。下図に産熱と放熱の関係を示す。

図　産熱と放熱のバランス

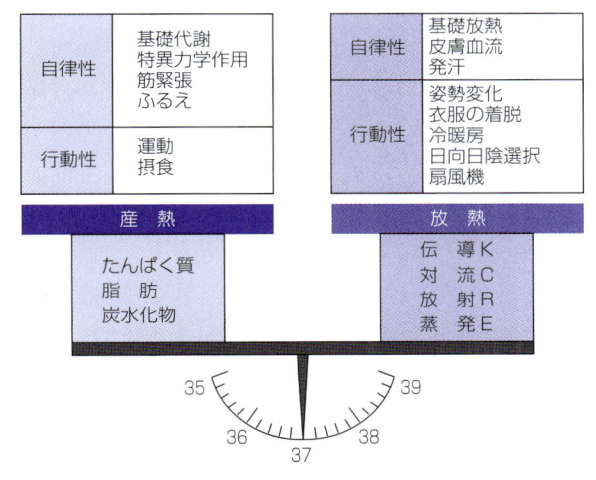

自律性	基礎代謝 特異力学作用 筋緊張 ふるえ		自律性	基礎放熱 皮膚血流 発汗
行動性	運動 摂食		行動性	姿勢変化 衣服の着脱 冷暖房 日向日陰選択 扇風機

産　熱：たんぱく質　脂肪　炭水化物

放　熱：伝導 K　対流 C　放射 R　蒸発 E

35　36　37　38　39

出典）田村照子編著：『衣環境の科学』建帛社，2005．

産熱と放熱のバランスが，気温や風などの外的な環境条件によって調節できなくなった場合には，被服による体温調節が必要となる。

夏の暑いときには，熱が放散しにくいので熱を逃がしやすくするために，襟ぐりや袖ぐりなどの開口部が大きい衣服，通気性，吸湿性，透湿性の高い素材を選ぶとよい。

逆に寒い冬は熱を外界に逃がさないよう，夏の場合とは逆に被服で皮膚をできるだけ覆うようにすればよい。また，空気を多く含む保温性の高い素材，例えばかさ高いセーターなどを身につけ，一番外側には風を通しにくい素材の衣服を着用するとよい。衿元，袖口などの開口部は小さくし，襟元にはマフラーやスカーフ，さらに手袋やレッグウォーマーなどを着用すれば高い保温効果が得られる。

第4章 衣生活

既製服には **JIS（日本工業規格）** による **サイズ表示** が義務づけられている。着用区分は，①成人男子用，②成人女子用，③少年用，④少女用，⑤乳幼児用，に分かれている。成人の着用区分は，成人男子および成人女子に統一されており，若者と中高年あるいは高齢者の加齢による体型や姿勢の変化への対応はされておらず，高齢になると体に合う服が少なくなるというのが現状である。

同じサイズでもメーカーやブランドにより違いがあることが多い。また，特にフィット性を要しない"S・M・L・LL"などの表示のあるものや，外国製のものの表示はサイズ設定がゆるやかなため，はじめて購入する際には必ず試着してみる必要がある。

図4-11は，サイズ・体型の特徴・姿勢の関係を成人女子のサイズを例に示したものである。一般の既製服は婦人服ならば9号が中心サイズであり，立位の人を基準としてつくられている。前述のように，中高年になると体型や姿勢は変化する。また，病気や障害によって立位よりも座位が多くなったり，車いすが必要になる場合には，衣服の前丈がじゃまになったり，ウエストの後ろ部分が下がって背中が出てしまうなど，衣服の着脱の問題や着くずれの問題がでてくる。それらの問題を解決できる既製服は少ないが，着る人の状況や生活場面の違いに合わせて衣服を選ぶことが大切である。

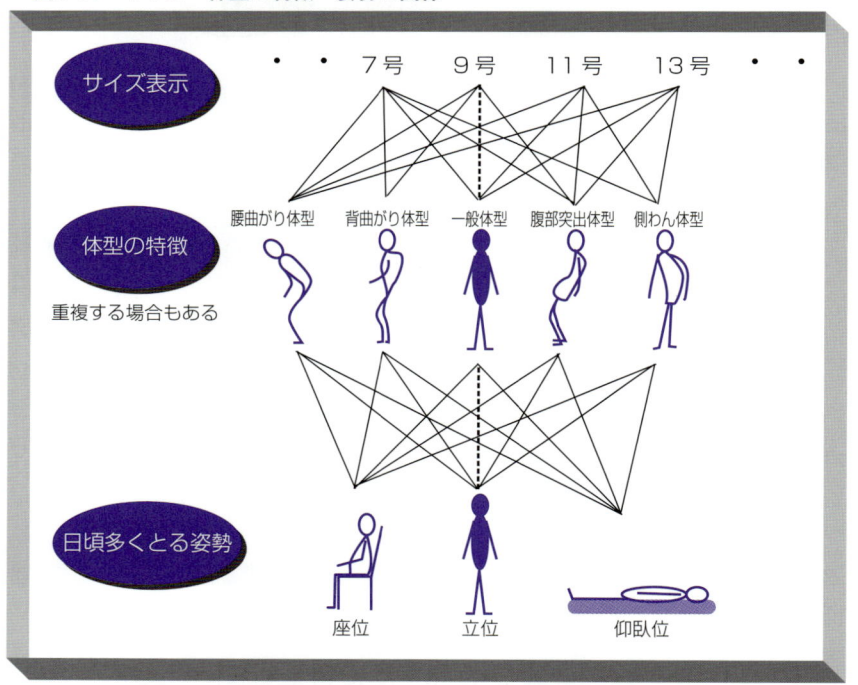

図4-11　サイズ・体型の特徴・姿勢の関係

サイズ表示　　7号　9号　11号　13号

体型の特徴　　腰曲がり体型　背曲がり体型　一般体型　腹部突出体型　側わん体型
重複する場合もある

日頃多くとる姿勢　　座位　立位　仰臥位

2) 被服の安全性

被服は外界からの刺激から身体を保護する役割をもっている。しかし，その被服が原因で，逆に皮膚へ障害を与えてしまう場合があり，そのような場合を衣料障害という。

(1) 衣料障害の原因

① **物理的刺激**　羊毛のセーターがちくちくしてかゆくなった，麻のシャツで首筋などが擦れて痛くなった，ゴムなどの締めつけがきつい下着を繰り返し着用したことによって擦れてかゆみや炎症が起こった，などという経験をした人は多いであろう。物理的刺激には，固い繊維，縫製の糸，縫い代，ファスナーやボタンなどの付属品，糊付けによる布の硬化などの接触刺激，ガードルやボディースーツなど下着による圧迫刺激などがある。

このような皮膚障害は着用を止めれば改善するが，高齢者や障害のある人など車いす生活や寝たきりの人は床ずれの原因になるので特に注意が必要である。

② **化学的刺激**　樹脂加工剤（ホルムアルデヒド），蛍光増白剤，染料などの化学物質による刺激である。特に，ホルムアルデヒドは毒性が高く，乳幼児用の繊維製品では検出されないことが基準となっている。その他，主な有害物質の検出基準を表4-2に示す。

③ **その他**　アレルギー体質の人はアレルギー性皮膚炎にも注意する必要がある。その原因は繊維，加工剤，洗剤，金属などがあげられる。

(2) 衣料障害への対策

購入する際にまず素材を確かめ，高齢者をはじめ皮膚の弱い人の場合は，直

表4-2　繊維製品における有害物質の検出基準

有害物質	主な用途	基準	対象家庭用品
ホルムアルデヒド	樹脂加工剤	乳幼児用には検出しないこと	おむつ，おむつカバー，よだれ掛け，下着，寝衣，手袋，くつ下，中衣，外衣，帽子，寝具
		その他75ppm以下	下着，寝衣，手袋，くつ下および足袋
有機水銀化合物	防菌・防カビ剤	検出しないこと	おむつ，おむつカバー，よだれ掛け，下着，衛生バンド，衛生パンツ，手袋およびくつ下
APO	防炎加工剤	検出しないこと	寝衣，寝具，カーテンおよび床敷物
ディルドリン	防虫加工剤	30ppm以下	おむつカバー，下着，寝衣，手袋，くつ下，中衣，外衣，帽子，寝具および床敷物，家庭用毛糸
トリス(Tris)ホスフェイト	防炎加工剤	検出しないこと	寝衣，寝具，カーテンおよび床敷物
トリフェニル錫化合物	防菌・防カビ剤	検出しないこと	おむつ，おむつカバー，よだれ掛け，下着，衛生バンド，衛生パンツ，手袋およびくつ下
トリブチル錫化合物	防菌・防カビ剤	検出しないこと	寝衣，寝具，カーテンおよび床敷物
ビス(2・3-ジブロモプロピル)ホスフェイト化合物	防炎加工剤	検出しないこと	おむつカバー，下着，寝衣，手袋，くつ下，中衣，外衣，帽子，寝具および床敷物，家庭用毛糸

接身に着ける肌着などは**綿素材**を選ぶとよい。新品は着用する前に，一度洗濯をすることも大切である。

また，最近では繊維製品に付加価値をつけるため，さまざまな衛生加工も施されている。抗菌防臭加工や制菌加工製品の品質と安全性を保障する**SEKマーク**が付いている製品を選ぶことも重要である。

3）品質表示

家庭用品品質表示法で製造業者または販売業者は繊維の組成，取り扱い絵表示，表示責任者の連絡先，収縮率，難燃性，撥水性などの項目について表示しなければならない。

（1）繊維の表示－組成表示・原産国表示・表示責任者－

組成表示はその衣料品に用いられているすべての繊維の名称と混紡率（使用割合）を示す。責任の所在を明らかにするため**表示責任者**あるいは会社名および住所と電話番号を明記することが定められている。衣料品は**縫製を行った国名**を表示する。

（2）家庭洗濯等取り扱い絵表示

洗い方はどうすればよいのか，アイロン温度はどのくらいが適当かなど，繊維製品の取り扱い方が絵柄によって表示されている。絵柄はJIS（**日本工業規格**）で規定されている。表4-3に絵表示マークを示す。

なお，「手洗い」や「ドライクリーニング」の表示が付いた衣類でも，洗濯ネットに衣類を入れ中性洗剤を使用して「手洗いコース」や「ドライコース」など，弱い水流のコースを選択し洗濯機で洗うことも可能である。

（3）防炎製品ラベル

「防炎規制」では燃えにくい性質を「**防炎性能**」といい，消防法に定められた防炎性能基準の条件を満たしたものを「**防炎物品**」と呼ぶ。

不特定多数の人が出入りする商業施設，遊興施設，集団施設，および高さ31m以上の高層建築物などで使用するカーテン，カーペット，緞帳などや，工事現場に掛けられている工事用シート等は，「防炎物品」の使用を義務づけられている。

また，防炎物品が一般の家庭にも普及すれば，火災による被害の軽減につながる。そこで，消防庁の指導により，寝具，テント，衣類，防災頭巾，布張家具等の防炎性能を，「**防炎製品認定委員会**」において認定している。この委員会において認定されたものを「**防炎製品**」という。

（4）自主表示

自主表示とは，業界や各種団体が独自の品質基準を設け，その基準に適合した製品に付けられるマークで，確かな品質であることを保証するものである。繊維製品を購入する際の参考にするとよい。ウールマーク，コットンマーク，

6. 被服の選択と取り扱い

表 4-3 取り扱い絵表示

(1) 洗い方（水洗い）

101	液温は 95℃を限度とし，洗濯機による洗濯ができる
102	液温は 60℃を限度とし，洗濯機による洗濯ができる
103	液温は 40℃を限度とし，洗濯機による洗濯ができる
104	液温は 40℃を限度とし，洗濯機の弱水流または弱い手洗いがよい
105	液温は 30℃を限度とし，洗濯機の弱水流または弱い手洗いがよい
106	液温は 30℃を限度とし，弱い手洗いがよい（洗濯機は使用できない）
107	水洗いはできない

(2) 塩素漂白の可否

201	塩素系漂白剤による漂白ができる
202	塩素系漂白剤による漂白はできない

(3) アイロンのかけ方

301	アイロンは 210℃を限度とし，高い温度（180℃から 210℃まで）でかけるのがよい
302	アイロンは 160℃を限度とし，中程度の温度（140℃から 160℃まで）でかけるのがよい
303	アイロンは 120℃を限度とし，低い温度（80℃から 120℃まで）でかけるのがよい
304	アイロンがけはできない

(4) ドライクリーニング

401	ドライクリーニングができる。溶剤はパークロルエチレンまたは石油系のものを用いる
402	ドライクリーニングができる。溶剤は石油系のものを用いる
403	ドライクリーニングはできない

(5) 絞り方

501	手絞りの場合は弱く，遠心脱水の場合は，短時間がよい
502	絞ってはいけない

(6) 干し方

601	吊り干しがよい
602	日陰の吊り干しがよい
603	平干しがよい
604	日陰の平干しがよい

付　記

中　性	水洗いは中性洗剤を使用する
〜〜〜	アイロンがけの際はあて布をする

SEK マークなどがある。

2 被服の取り扱い

1）洗　　　濯

（1）被服の汚れ

① **衣服の性能低下**　　被服に汚れが付着すると見た目が汚らしいだけでなく，吸水性，保温性，通気性など**快適性能**が低下し，衣服の機能が低下する。

さらに汚れを放置すると，細菌やカビの増殖，臭気の発生，繊維の劣化などが生じることになる。衣服が汚れたらこまめに着替え，洗濯をして汚れを取り除くことが重要である。このことからも，特に肌に直接触れる肌着や寝間着は，快適性能に優れ，洗濯しやすい綿素材が適している。

② **汚れの種類**　衣服に付着する汚れには，汗，皮脂，表皮からの剝離物(はくり)，血液，糞尿など人体から出る汚れと，粉塵，泥，煤煙，排気ガス，繊維くず，食べ物，化粧品，インク，油など外界や生活環境からの汚れがある。これらの汚れを性状で分類すると次のようである。

水溶性汚れ：水に溶解する汚れで，果汁，糖類，汗，血液などがある。水洗いするだけでも比較的簡単に除去できる。

油溶性汚れ：皮脂や食品に含まれる油脂，機械油などで，一般に有機溶剤に溶解する。また，洗剤中の界面活性剤のはたらきで，乳化，分散作用により除去できる。

固体汚れ：粘土，煤煙，鉄粉，セメント，粉塵などで，空気中の塵埃から検出される固体の微粒子で，水にも有機溶剤にも不溶性である。ブラッシングや叩くことによりある程度除去できるが，固体汚れが油性成分を含む場合には除去が難しい。油性汚れに準じて処理する。

（2）湿式洗濯－家庭洗濯－

① **洗剤の種類**　家庭洗濯用の洗剤には，洗濯石けんと合成洗剤とがある。石けんは天然油脂から，合成洗剤は石油を原料としてつくられる。洗剤は界面活性剤を主成分としており，洗浄補助剤（ビルダー）や蛍光増白剤，酵素，香料などが配合されている。石けんは弱アルカリ性であるが，合成洗剤は弱アルカリ性のものと中性のものがある。ウールや絹製品はたんぱく質が主成分でアルカリに弱いため，中性洗剤を使用する。

② **洗濯の手順**　洗濯の流れを図4-12に示した。以下にそれぞれの手順中での留意点を記す。

表示の確認・洗濯方法の決定：衣服には組成表示や取り扱い絵表示が，服の裏側の縫い代の部分に必ず付いている。その表示に示されている衣服の素材，取り扱いに関する注意事項をよくみて（読み），事前に洗濯方法，使用する洗剤の種類などを確認する必要がある。

仕分け・点検・部分洗いなど：色移りなどを避けるためにも，洗濯物の仕分けは大切である。汚れの程度，白いものと色の濃いもの，ウール製品やおしゃれ着などで分ける。必要に応じて汚れのひどいもの，あるいは汚れのやひどい部分は，部分洗いなどの前処理を行うとよい。

本洗い・すすぎ・脱水：全自動洗濯機の場合，洗濯物の重量を自動的に測り，水量や洗濯時間が決定される。自分で時間を設定する場合は，水量は洗濯物の重量に対して12～20倍程度が適切であるとされている。洗剤量はその水量に

図4-12 洗濯の手順

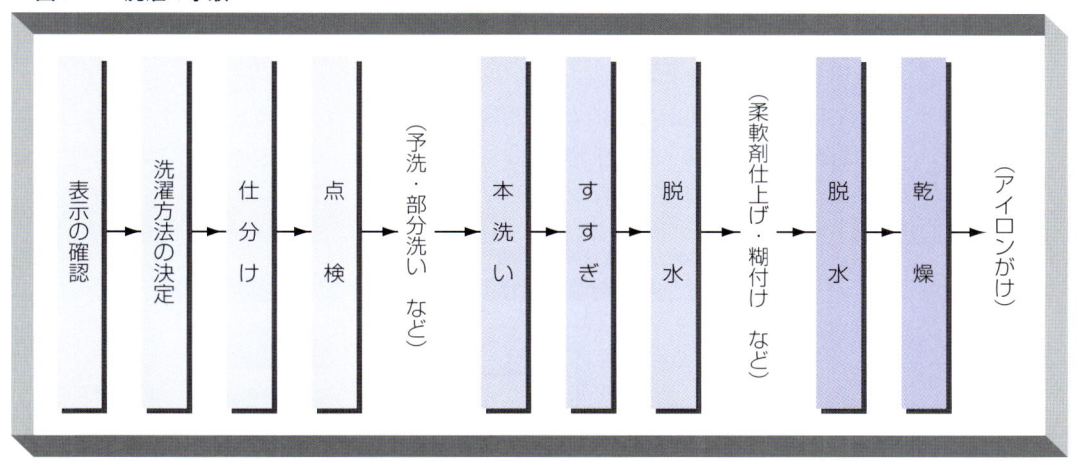

表示の確認 → 洗濯方法の決定 → 仕分け → 点検 → (予洗・部分洗い など) → 本洗い → すすぎ → 脱水 → (柔軟剤仕上げ・糊付け など) → 脱水 → 乾燥 → (アイロンがけ)

対して決めるが，洗剤容器の表示を見て規定量を守る。必要以上に洗剤を投入しても，洗浄効果は上がらず，すすぎの時間と水が無駄になる。

　洗濯時間は5～10分程度でよい。それ以上長く洗濯しても汚れ落ちの程度は変化せず，生地を傷めるだけである。**洗濯温度**は高いほど汚れはよく落ちるが，最近はたんぱく質汚れを落としやすくするために**酵素**を配合した洗剤が多く流通しており，この酵素は高温になると効果が低下する。したがって，一般の衣料は40℃程度で洗うとよい。ウールは洗濯温度が高いと衣服が縮む原因にもなるので30℃以下のぬるま湯がよい。風呂の残り湯を使う場合，すすぎは水道水を使う。ためすすぎで2回，脱水時間は1，2分程度で十分である。

　乾　燥：脱水が終わったら，洗濯物をすぐに取り出して，振りさばいたり，たたいたりして，シワをのばしてから乾燥する。乾燥には自然乾燥と乾燥機による乾燥がある。**自然乾燥**の場合，ニット製品は吊り干しにすると生地が伸びてしまうので，平干しが基本である。スペースの問題などで平干しができない場合は，竿やハンガーに二つ折りで掛け，袖も二つ折りにして掛け，できるだけたれ下がりを防ぐ。**乾燥機**の使用は天候に左右されず短時間で乾燥でき，また，排気ガスが多い場所や花粉が飛ぶ時期などにも便利である。乾燥機には**電気乾燥機**と**ガス乾燥機**がある。ガス乾燥機の方が供給熱量が高く短時間で乾燥できて便利であるが，排気のための配管が必要なため，電気乾燥機の方が普及している。乾燥機を使用できない衣類もあるので，よく表示を確認する必要がある。

（3）乾式洗濯－ドライクリーニング－

　ドライクリーニングは，**パークロルエチレン**などの有機溶剤を用いて油性汚れを落とす。水溶性の汚れが落ちにくいという欠点があるが，少量の水を加えて洗浄する**チャージシステム**という方法もある。色落ち，縮み，型崩れを起こしにくいので，毛や絹のスーツ，ワンピース，その他おしゃれ着などは，ドラ

第4章 衣生活

イクリーニングに出すのが望ましい。

2）漂　白

漂白剤は，化学反応によって繊維についた汚れの色素を分解する。漂白剤には酸化型漂白剤・還元系漂白剤の2種類があり，酸化型漂白剤は塩素系と酸素系に分かれる（図4-13）。

図4-13　漂白剤の分類

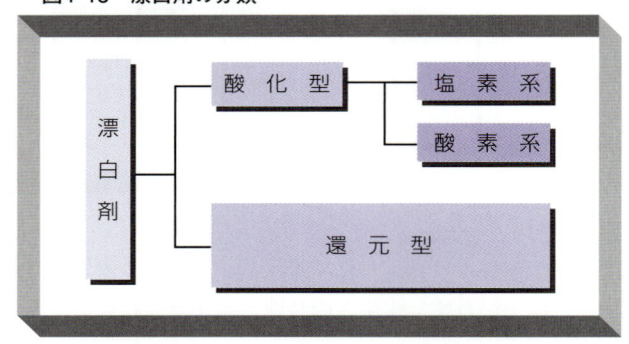

```
              ┌─ 酸化型 ─┬─ 塩素系
漂白剤 ─┤          └─ 酸素系
              └─ 還元型
```

漂白剤は白物・色柄物，繊維素材で使い分ける。**塩素系漂白剤**は綿・麻・ポリエステルの白物専用，**酸素系漂白剤**は水洗いができる繊維で色柄物に用いる。**還元系漂白剤**は水洗いできる白物衣料の，鉄分などが原因で生じた黄ばみや樹脂加工された白物衣料の塩素系漂白剤による黄変に用いる。

3）仕上げ

（1）糊付け

生地に適度なハリとコシをもたせるために行う。汚れを付着しにくくさせる効果もある。糊剤は洗濯機や洗い桶に溶かして糊付けするタイプと，洗濯後に使うスプレータイプがある。**スプレータイプ**は手軽であるが，ムラなく仕上げることは難しく，部分的に糊付けしたいときに適している。

糊付けは布を固くする仕上げなので，皮膚がすれてかゆみや痛みなどの皮膚障害につながることもあるので，皮膚の弱い高齢者や障害のある人の衣服や寝具の場合は注意が必要である。

（2）柔軟仕上げ

その名のとおり，衣服をふんわりと柔らかく仕上げる。静電気を防ぎ，まとわりつきや埃の吸着による黒ずみを防ぐ効果がある。繊維同士のすべりをよくするので，衣類の毛玉やケバ立ちを防ぐ。

洗剤と一緒に使うと効果が落ちるので，必ずすすぎの段階で入れる。

以前は柔軟剤の使用は吸水性を低下させたが，最近の製品はその点が改善されており，おむつには柔軟仕上げは効果的である。

（3）アイロンがけ

しわを伸ばし，折り目をきちんと付け，外観をよくするために行う。綿，麻などのセルロース繊維は，霧を吹いてからアイロンがけするとしわがよく伸びる。毛はスチームを利用してあまり加圧しないようにし，ニットや起毛素材はアイロンを浮かせてかけるとよい。アイロンをかける際の適正温度は布地によって異なるので，取り扱い絵表示で必ず確認する。

4）しみ抜き

新しいしみは家庭で洗える衣服であれば，洗濯前にしみの部分に部分洗い用洗剤や漂白剤をつけて洗濯すれば，かなり落とすことができる。しかし，しみがついてから時間が経てば経つほど落ちにくくなるので，まずは水で濡らしたティッシュやタオルなどで汚れを吸い取ることが重要である。しみのついた衣類は，しみとタオルが接するようにタオルの上に置き，しみの裏側から綿棒に水（あるいは洗剤，ベンジン）を浸み込ませ，叩いてそのタオルに移し取る。しみの種類としみ抜き方法を表4-4に示す。

表4-4 しみ抜きの方法

しみの種類		処理1	処理2
水溶性のしみ	醤油，果汁，茶，コーヒー，血液など	水で叩く	洗剤液で叩く。落ちない場合は漂白剤を使う
油溶性のしみ	口紅，ファンデーション，油，チョコレート，ドレッシング，ボールペン，襟垢など	ベンジンで叩く	洗剤液で叩く
不溶性のしみ	墨汁	水の中で歯磨き粉でもむ	処理1を繰り返す
	チューインガム	氷で冷やしてはがす	色素は洗剤液でとる
	泥はね	泥が乾燥した後，ブラシでとる	洗剤液でもみ洗い。赤土の場合は還元型の漂白剤を用いる

5）被服の保管と廃棄

（1）保　管

コート，ジャケット，スカート，パンツ，ワンピースなどは**ハンガー**に掛けて保管する。しわになるので，詰め込み過ぎないように掛ける。

たたんで保管する場合も詰め込み過ぎないように，ゆとりをもたせて保管する。特にセーターやしわになりやすいものは，圧力がかからないようにあまりたくさん重ねずに収納する。

毛や絹製品は虫害やカビを防ぐため，**防虫剤，防カビ剤，除湿剤**などを使用する。種類の異なる防虫剤の併用を禁じている場合があるので注意する必要がある。

第4章 衣生活

（2）廃　棄

　被服は繰り返し着用の結果，汚れや傷みが生じ性能が低下する。また，体型の変化にともなってサイズが合わなくなったり，流行遅れになったり，さまざまな理由で着用されなくなる。着用されなくなった被服は，そのままたんすの中で眠っている場合と，ゴミとして廃棄する，あるいは廃品回収に出す場合がある。

　不要衣服をゴミとしないために，各自治体で回収を行っている例もある。回収された衣服は，主に以下の3通りの方法で**リユース**，**リサイクル**されるが，これらの用途だけでは使い切れずに残りは廃棄される。

　① 中古衣料として国内あるいは海外の市場に再出荷する。
　② 工場などで機械の油汚れを拭き取る「ウエス」にされる。
　③ 反毛（布を機械でほぐして綿状にする）して軍手やフェルトに再生する。

　最近は，**リサイクルショップ**や**フリーマーケット**などの利用も増えてきている。古着の流行もともなって，今後はこのようなリユースの方法が盛んになっていくと思われる。

引用文献

1）西本典良：個と向きあう介護，誠信書房，2006

5章 食生活

1 食生活と食文化

1 食生活とは

食生活とは，単に食べ物を摂取することだけではなく，食料の生産から食物を食べることにまつわる行動すべてを包括した概念である。食生活は，食料の生産・流通，食品の選択・購入，調理・加工，食物摂取などさまざまな人の手が加わって，はじめて成り立つ。食生活のもつ機能には大まかにいって，次の3つがある。

第一に食物中に含まれる**栄養素**を体内に摂り込み，成長し，体を維持し，健康を確保する機能があげられる。食物から摂った栄養素の分解と人体成分の合成がほぼ同じ速度で進行している。人体成分は一定の周期で替わる。特に高齢者や障害のある人には，生命の危機につながる場合もあるため，十分な配慮が必要である。

第二に，**食欲**や**嗜好**を充足する機能である。食物の味，色，香り，テクスチャー（食感）など総合的な感覚の刺激が食欲につながる。嗜好には，個人差，地域差，人種差などがあり，嗜好が満たされるかは，個々人の心理的，精神的な状況によっても影響される。

第三として，人間関係を媒介し，心を豊かにする**コミュニケーションツール**としての機能である。**共食**は，社会における人間関係を取り結ぶ手段であり，その集団の絆を強化する手段となりうる。また，介護する場面での食生活は，高齢者や障害のある人の生きがいや自立支援にもつながる。

2 食事とは

1）食事の意義

食事とはものを食べる行為を指し，人間の基本的行為のひとつである。人間は，一生の間におおむね約8万回食事をし，100万トンの飲食物を体内に摂り込み，6,000万kcalのエネルギーを消費するといわれている。**食事**のもつ意義には栄養や水分摂取とともに「食べる楽しみ」「生きる喜び」がある。食べるという行為は，人間として当然の行為であり，日常生活の中で習慣化され，

QOLに大きく関与する。その背景には，その人それぞれの**食習慣**，**食文化**（地理的影響，年齢的影響，個人の嗜好など）があり，食事に対して取り組むときは，これらに配慮することが必要となる。

一方，食べるという行為は，種々の認知・感覚運動機能などを総合的にはたらかせて行われる。例えば，食物の味，温度，固さ，香り，色などは認知・**感覚機能**に関係する。また，手指・上肢を使い食物を口まで運ぶ，咀嚼する，送り込む，飲み込むなどは**運動機能**が関係する。食べ物を経口摂取することは，これらの機能を刺激し，脳の活性化，脳機能の維持・回復にも関係してくる。

2）高齢者，障害のある人の食生活

高齢者，障害のある人にとって，三度の食事は健康の源であると同時に，リハビリテーションの機会でもあり，生きる意欲を高め，自立するための重要な手段でもある。豊かな食事には，料理の味だけでなく，美しく盛りつけられた料理を眺め，その香りを楽しみ，食器の触れ合う音を聴き，口に運んでその食感を楽しむという要素が不可欠である。残存する機能を積極的に活用できる食材料の選択，調理法の工夫，料理の盛りつけや彩り，添え物や食器の選択，季節感のある献立に配慮した食事づくりが重要となる。

（1）食生活の改善

食事の改善，特に味覚の改善には，歯磨き，口すすぎ，舌苔の除去などで口腔内を清潔にする一方，本人の目の前で調味料をかけるなど，視覚刺激を介した効果も必要である。また，食品の香りの効果的な使用は，嗅覚の低下を補い食欲を刺激して食事摂取量を高める。

咀嚼・嚥下能力が低下すると，摂取食品の種類が限定され，糖質など比較的柔らかい食品の摂取量が増す。このことは，栄養素密度の低下をもたらし，たんぱく質，ビタミン，ミネラルの摂取不足による低栄養状態を引き起こす。これを防ぐため，歯の治療や義歯の装着で咀嚼機能の改善をするとともに，食べ物を一律に刻んだり柔らかくしたりせず，それぞれの咀嚼・嚥下能力に合わせた個別調理が原則となる。

福祉施設では**ケースカンファレンス**を行い，介護にかかわる全職種の職員からの視点を変えた観察の結果をまとめ，意見を統合して**ケアプログラム**が形成される。疾病の重度化，機能低下の複雑化，食欲不振，嚥下困難などで，全身衰弱，ADL低下をきたしている場合でも，できるだけ**経口的栄養補給**ができるように食事介助の工夫を心がける。

（2）食事づくりへの配慮

高齢者夫婦のみや一人暮らしの世帯においては，買い物の不自由さや調理労作の不便さなどから，食事の偏り（食事の簡素化，惣菜や弁当のみの食事，インスタント食品の利用，外食の利用など）がみられる。**配食サービス**を利用す

コラム

寝たきり予防のための食事

　寝たきり予防は「命の量」のみならず「命の質」も高い水準で保つことにつながる。下図は，高い水準の能力である余暇活動や創作など，知的な活動能力を低下させる危険率を食事パターンごとに比較したものである。数百名の高齢者を2年間追跡調査し，肉，牛乳，油脂をよく食べる食事パターン群の危険率が最も低いことがわかった。寝たきり予防のためには，肉，牛乳などの動物性たんぱく質食品と油脂類の摂取が重要となる。長寿（命の量）と寝たきり予防（命の質）の食事のポイントは共通している。

図　高次生活機能「知的能動性」の変化と食品摂取頻度パターンの関連

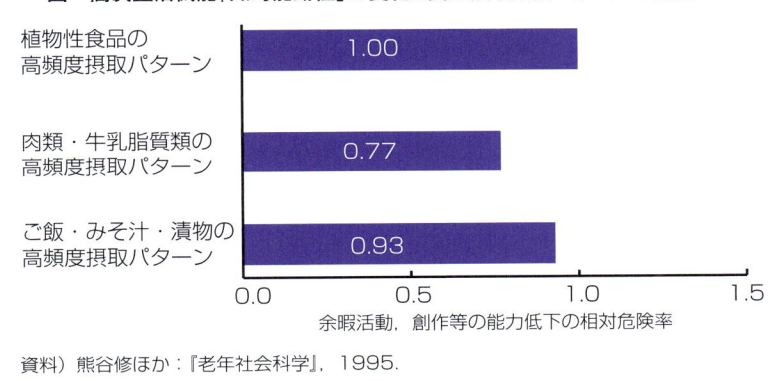

食品摂取頻度パターン	余暇活動，創作等の能力低下の相対危険率
植物性食品の高頻度摂取パターン	1.00
肉類・牛乳脂質類の高頻度摂取パターン	0.77
ご飯・みそ汁・漬物の高頻度摂取パターン	0.93

資料）熊谷修ほか：『老年社会科学』，1995.

る場合にも，高齢者の嗜好を重視することが大切である。また，地域ケアの場合，専門家の意見を参考にするとともに，担当のケースワーカーおよび身近で世話をしている家族などとの意見調整をよく行ってから対応することが大切である。

3 食　文　化

1）日本の食の歴史と特色

　日本の食文化の歴史的変遷をみると，縄文時代までは，狩猟・漁猟が中心であった。弥生時代に入ると稲作の技術の導入で，一定の土地に定着して食の安定をもたらす稲作農耕により，地域での稲作中心の祭文化や食文化がはじまった。稲作文化とともに誕生したのが箸を使う習慣である。平安時代に入ると，唐文化とは異なった和風文化が育ちはじめ，本膳料理や刺身などがみられるようになり，食事回数も二食から三食になった。江戸時代になると，量り売り，屋台，居酒屋，料理屋，そば屋，茶屋といった外食産業が盛んになってくる。

第5章 食生活

明治維新後は、欧米の文化をとり入れる一環で、西洋料理、パンなどが普及しはじめた。特に第二次大戦後は、学校給食の普及や、ハンバーガーやフライドチキンといったファストフードの登場などによって食の西洋化が顕著となった。

国土が南北に長く温暖で湿潤な気候をもつ日本は、四季がはっきりしており、季節ごとにさまざまな農作物が収穫される。また、四方を海に囲まれているために、魚介類を多く利用してきた。養豚が盛んだった沖縄文化圏や、鮭とともに鹿をよく利用したアイヌ文化圏を除いて、獣肉よりも魚を多く食べてきた。料理法も、煮る、焼く、酢でしめる（鮨）、生（刺身）等さまざまである。鯨もよく食べられていたが、現在は捕鯨禁止のあおりを受け、鯨肉食の伝統が根強く、文化的に強い執着をもつ西北九州など一部地域を除き、ほとんど流通しなくなった。

日本人は主食と副食の区分の意識が強く、米や麦や雑穀類を炊いたものを主食とし、地方によっては、そば、うどんといった麺類やさつまいもなど芋類を主食としてきた。日本の代表的食品として、納豆、豆腐、しょうゆ、味噌などの**大豆加工食品**がある。その系譜は東アジアおよび東南アジア全域と非常に共通性が高い。

日本の食文化は、各地で採れる食材を使って長い間に培われた地域独特の伝統食と、正月や諸節句（桃の節句、端午の節句、七夕など）にお祝いする行事食とに分けて考えることができる。

2）行事食と伝統食

(1) 行事食

毎年一定の時期に恒例として行われる行事の日に食べる料理のことである。正月や諸節句などのいわゆる**ハレ**の日の食事は、地域によってさまざまな特色を有しながら今なお引き継がれてきており、それらには、稲作を中心とした農耕作業の季節的な区切に対応したものが多い。古来の行事は五節句が中心になり、節日に供する食べ物を**節供**といった。これが後に節句と言い習わされたもので、行事と食べ物は切り離せない。時代とともに行事も料理もいくらか姿を変え、新しいものも加わってきている。地方によって特有のしきたりが伝承されているものもあり、地域文化の象徴となっているものもある（表5-1）。これらの行事食は、家族や親戚などと一緒に食べて祝われるとともに、鎮守や神社での祭りなどにも残っている。

(2) 伝統食

日常食として受け継がれてきた**ケ**の食事は、その地域の生産物からいかに合理的に栄養を摂取していくかを考慮しながらつくられ伝わってきたものである。例えば、その地域で採れる野菜などをふんだんに入れた汁物や煮物などの郷土料理、ぬか漬け・味噌漬けなどの漬物、乾物など地域の名産等があげられ

ハレとケ
民俗学・人類学の分野で用いられる概念。ハレ（晴）は非日常、ケ（褻）は日常を指す。

1. 食生活と食文化

表5-1 季節の行事食

月	日	行事名	料理	その他
1月	1日～7日	正月	おせち料理	
	7日	人日の節句	七草粥	
	11日	鏡開き	鏡餅のおしるこ	
	15日	小正月	小豆粥	
2月	3日	節分	節分大豆・丸干し	
3月	3日	ひな祭り	菱餅・白酒・蛤・ちらし寿司	
	春分の日	春の彼岸	草餅・ぼた餅	
4月		花見	桜餅	
5月	5日	端午の節句	柏餅・ちまき	しょうぶ湯
6月		夏至	田楽	
7月	7日	七夕の節句	そうめん・枝豆・うり	
	27日前後	土用の丑	うなぎ蒲焼き	
8月		処暑	冬瓜	
9月	旧暦8月5日	十五夜	月見団子・きねかつぎ	
	秋分の日	秋の彼岸	おはぎ・いなり寿司	
10月	31日	ハロウィン	かぼちゃ料理	
11月	15日	七五三	千歳飴	
12月		冬至	冬至かぼちゃ	ゆず湯
	24日・25日	クリスマス	ローストチキン・クリスマスケーキ	
	31日	大晦日	年越しそば	

※ 上記の他，地域的な行事（祭り等），個人的な誕生日，記念日等の行事食がある。

コラム

米食文化と肉食文化

　米食文化は，米が毎年連作できることから，米を主食とし，おかずを副食とする食事体系が古くからでき上がった。これに対してヨーロッパなどでは，麦の連作ができず，収量も米に比べると少ないことから主食となりえず，むしろ，畜産物をおいしく食べるための引き立て役になった。したがって，肉食文化では，米食文化のような主食，副食という区別がない。

　麦類や畜産物を主体とする肉食文化と，米を中心に野菜や魚などを主体とする米食文化がそれぞれ歴史とともに進展していく中で，世界の交流の起点となる大航海時代に，香辛料の発見と世界各地への伝播がはじまった。マルコ・ポーロの『東方見聞録』に刺激され，コロンブスやマゼラン，ヴァスコ・ダ・ガマが，インドネシアやフィリピン，中南米から，胡椒，丁子（ちょうじ），唐辛子などの高価な香辛料を肉食文化圏に持ち帰った。野菜や果物などさまざまな食材の交流が行われたが，米や麦類などの主食は，その土地で採れるものが，ずっと中心食材であり続けている。

る。これらはいずれも，保存が効く，栄養成分がバランスよく豊富に入っているなど，地域の農水産物を賢く使ってつくった物といえる。しかし，これらの伝統食を調理し，伝える人が年々減ってきており，いかにしてこうした食文化を残していくかが今後の課題となっている。

2 高齢者・障害のある人の食生活と自立支援

1 加齢・障害と食生活

1）加齢による身体機能の変化

加齢にともない，身体の各組織や臓器が萎縮あるいは，機能低下することを**老化**という。老化の程度やスピードは個人差が非常に大きく，遺伝要因，環境要因（地理的環境，居住環境），生活要因（食生活，喫煙・飲酒習慣，仕事，ストレスなど）に大きく影響される。

感覚機能の低下は，高齢者の栄養状態や免疫機能に大きな影響を与え，食欲低下の一因ともなる。視覚は，加齢にともない老人性白内障が増加し，嗅覚では閾値が上昇し，濃度差識別能力が低下する。味覚においても，塩味の識別能力が，甘味や酸味に比べ顕著に低下する。また，投薬や疾病の状態が影響する場合もある。

食事をするためには，上体を起こして座る，テーブルにつく，食品をとる，それを口に運ぶという食事摂取動作が必要となるが，腕力の低下や手のふるえ，手指の変形拘縮，機能低下などによって食べにくくなる。

体力測定項目では，バランス能力（開眼片足立ち），敏捷性（ステッピング），脚力（脚伸展パワー）が，**口腔健康状態**と有意な関連をもつことが示された。このうち，バランス能力と口腔の関連については，咬合支持の得られない顎口腔系の状態が平衡機能を障害し，姿勢制御機構になんらかの悪影響をおよぼしていることが推測され，口腔健康状態を良好に保つことが高齢者の転倒防止につながる可能性を示唆している。また，口腔健康状態が「視力」と「聴力」に有意に関連しており，口腔健康状態が良好な人たちは視力と聴力が良好であることが示された。すなわち，「よく噛めている」人たちは，視聴覚機能以外にもQOL（生活の質）と運動・活動能力が優れていると解釈できる（表5-2）。

2）加齢・障害に対応した食事

（1）高齢者の食事内容

高齢者の栄養素量については，加齢にともなう身体的・生理的状態の変化を十分に考慮する必要がある。少しの栄養素不足でもむくみ（浮腫），貧血，骨の異常を起こし，少し過食すると肥満となり，高血圧や動脈硬化症などの疾患

表 5-2　全身健康状態を示す各指標と口腔健康状態

		口腔健康状態	
		現在歯数	咀嚼能力
QOL（フェイススケール）		○	○
老研式活動能力指数		△	○
体　格	身　長	○	×
	体　重	×	○
	ＢＭＩ	×	○
血液化学検査		?	?
血　圧		×	×
視　力		○	○
聴　力		△	○
骨密度		×	×
体　力	握　力	×	×
	脚伸展力	×	×
	脚伸展パワー	×	△
	ステッピング	○	×
	開眼片足立ち	○	○

○：関連あり，△：弱い関連あり，×：関連なし，?：関連はあるが説明困難
資料）財団法人 8020 推進財団：『8020 データバンク調査』．1999．

を引き起こす。健康を維持し増進するためには，適切な量とバランスのとれた食事への配慮が大切である。また，個人差や身体的・心理的状況や家族構成，経済状況，過去の食歴などを十分に考慮する必要がある。

（2）障害のある人の食事内容

　人が健康を保つためには，食生活管理が大切であるが，障害のある人の場合，障害の程度や状況が違うため，個々人にあった管理が大切で，目標量を決定し，それにそった栄養補給が必要となる。基礎代謝は，体表面積で計算して，個々人の身体活動レベルにより計算する。

　障害の程度によってたんぱく質の栄養吸収率は低下する。エネルギー比を 15 〜 20％，動物性たんぱく質比を 40％ 以上とする。障害が重度になるほど，高エネルギーを維持しなくてはいけないので，脂肪エネルギー比は年齢に関係なく 20 〜 25％ にする。

表 5-3　摂食機能区分と給与方法・給与量

区　分	状　況	給与方法	給与栄養量	エネルギー	たんぱく質
Ⅰ 摂食機能障害（重度）	舌の運動・嚥下筋力の極度低下・水分の鼻腔からの逆流	経口・経管などによるチューブ栄養	濃厚流動Ⅰ 濃厚流動Ⅱ 濃厚流動Ⅲ	1,200kcal 1,600kcal 1,800kcal	60g 80g 90g
Ⅱ 摂食機能障害（中等度）	口腔麻痺・頸振・歯の欠損および口腔障害	食形態の配慮および補助器具の配慮により摂取	ミキサー食 〜 刻み食	1,300kcal 〜 1,400kcal	45g 〜 55g
Ⅲ 摂食機能障害（軽度）	スプーンおよび箸がもてない	食形態の配慮および補助器具の配慮により摂取	粗刻み食 おにぎり食	1,600kcal 〜 1,800kcal	70g 〜 75g

障害のある人には骨の正常な発育のためと，骨の変形を防ぐためにも十分なカルシウムが必要だが，薬の服用や消化器官障害のため，健常者より吸収率が低下する場合が多い。1日600mg以上摂取することが望ましい。鉄の吸収を高める良質のたんぱく質が不足しないように気をつける。食事が偏って，野菜，果実，海藻類などが不足すると，ビタミン欠乏症が起こりやすくなる。また，咀嚼困難や嚥下障害で軟らかいものに偏ると，食物繊維摂取量が不足するので調理の工夫が必要となる（表5-3）。

（3）認知障害のある人の食事内容

認知障害のある人の症状には，①拒食；食事を嫌がる，②過食；食べ過ぎる，③異食；食べ物以外のものを食べてしまう，などの他さまざまなものがある。認知障害に限らず，精神障害のある人の場合，ちょっとした食生活の変化が心身の状況に重大な影響をおよぼすことがあるため，早めの対応が重要である。特に拒食の場合は，身体の異常や精神症状が，原因として陰に隠れている場合があるので十分注意する。

認知障害の初期は，細かい動きが障害され，しだいに歩行のような大きな運動がぎこちなくなる。さらに進行した場合，食べ物を飲み込んだり，誤って気管に入ってしまった食べ物や痰を吐き出すといった，今まで無意識にしていたことができなくなってくる。認知障害の末期では，誤嚥性肺炎が死因になることもある。認知障害が進行した場合には，こうした機能低下を頭に入れた介護が必要となる。

また，認知障害が進行してくると，身体の異常を感じにくかったり，感じているにもかかわらずそれを言葉で表現できないということが起こる。排尿・排便の頻度や性状は，身体の異常のバロメータになる。同時に，尿意が頻繁にあることは睡眠の妨げになり，わずかな便秘や下痢がイレウス（腸が動かなくなってしまうこと）や脱水などの重篤な身体的トラブルにつながりやすい。様子が変わったときは，早めに医師のアドバイスを求めることが大切である。

2 安全な喫食

1）安全な食事形態

一般に身体的な病気や障害に関しては，病気・障害の回復とともに，経管栄養食 → 流動食 → 軟菜食（かゆ食）→ 常食へと食事形態が変わっていく。咀嚼・嚥下障害などの摂食障害には，ミキサー（ブレンダー）食，刻み食，とろみ食，ゼリー食などの形態を用いる。特に，調理時には，食材の密度（大きさ・硬さ）の均一化，適度な粘度と凝集性（まとまり），飲み込むときの変形しやすさ，すべりやすさ，口腔粘膜や喉への付着性を低くするなどの配慮を行う。

2）安全な食事介助（援助）

食事介助では，ゆっくりあわてずに食べてもらうことが重要である。可能な限り座位（座って）で食べてもらう。寝たままの場合は枕を高くしてできるだけ上体を起こす。基本は，食事がおいしく食べられること。多少不自由でも自

図5-1 食事のための自助具

ハンドルスポンジ付スプーン　　フィーデングスプーン　　ニューケンジースプーン

フォーク・スプーン固定用ホルダー　　ピンセット型箸　　つかみやすい箸

ストロー付カップ　　ノージーカップ　　取っ手の大きなカップ　　すくいやすく安定した皿

滑り止めマット　　食器用バンパー　　食事用エプロン

分で食べるのが一番おいしいということを知っておくことが大切である。

　まひのある人の自力食事援助は，食べやすい食器（蓋付きコップ，すくいやすい皿など），器具（握りやすいスプーンやフォーク，すべりにくい素材の箸）などの**自助具**（図5-1）を利用し，さらに，食品の配列，テーブルの高さなどに工夫が必要である。食事をこぼしてもかまわないように，ナプキン，エプロンなどを用い，できるだけ自分で食べてもらうようにする。

　歩行困難であっても車いすを利用して移動し，食堂で食事をする習慣をつけ，食について自立してもらうことが重要である。寝たきりの場合にも車いすや一般のいすなどに座位してもらい，食べる姿勢を正しくすると，誤嚥防止になると同時に離床の習慣もついてくる。

　視覚障害のある人の食事は，香りや温度に注意し，料理の並べ方は時計の文字盤のように丸く並べるのもよい（**クロックポジション**）。一般に少食気味の傾向があるので，その人に見合った消費エネルギーにするために残存機能を活かし，活動量を増やすようにする。

3 嚥下と誤嚥

　通常は，食事が喉を通る（**嚥下**）とき自然に気管にフタがされ，食塊が食道へ行く仕組みになっているが，加齢により食塊が喉を通ったときにフタをする

コラム

咀嚼力と口腔健康状態―8020運動より―

　平成17年度の「歯科疾患実態調査」では，80歳以上の1人平均現在歯数は8.87本，8020（80歳になっても20本以上自分の歯を保つ）達成者は21.1％という結果であった。歯の欠落は咀嚼能力を著しく低下させるため，摂取食品の種類を狭め，摂取栄養素にも偏りが生じる。また，唾液の分泌量が減少しはじめるため，スムーズな嚥下が困難になり，咽頭でのつかえや誤飲を起こしやすい。

　全国の80歳高齢者を中心に行われた口腔および全身健康状態に関する疫学調査の結果から，咀嚼能力と最も強い関連を示した要因は現在歯数であり，20歯以上群では「全部噛める」と回答した者の割合が歯が1本もない者に比して約4倍高いことが確認された。また，唾液分泌が低下している者は咀嚼能力も低い傾向にあることが認められた。QOL評価と咀嚼能力の関連が，他の諸要因から独立して有意であったことから，「よく噛めることはQOLを高めている」ことを実証したものといえる。

2. 高齢者・障害のある人の食生活と自立支援

図5-2　摂食・嚥下運動および誤嚥

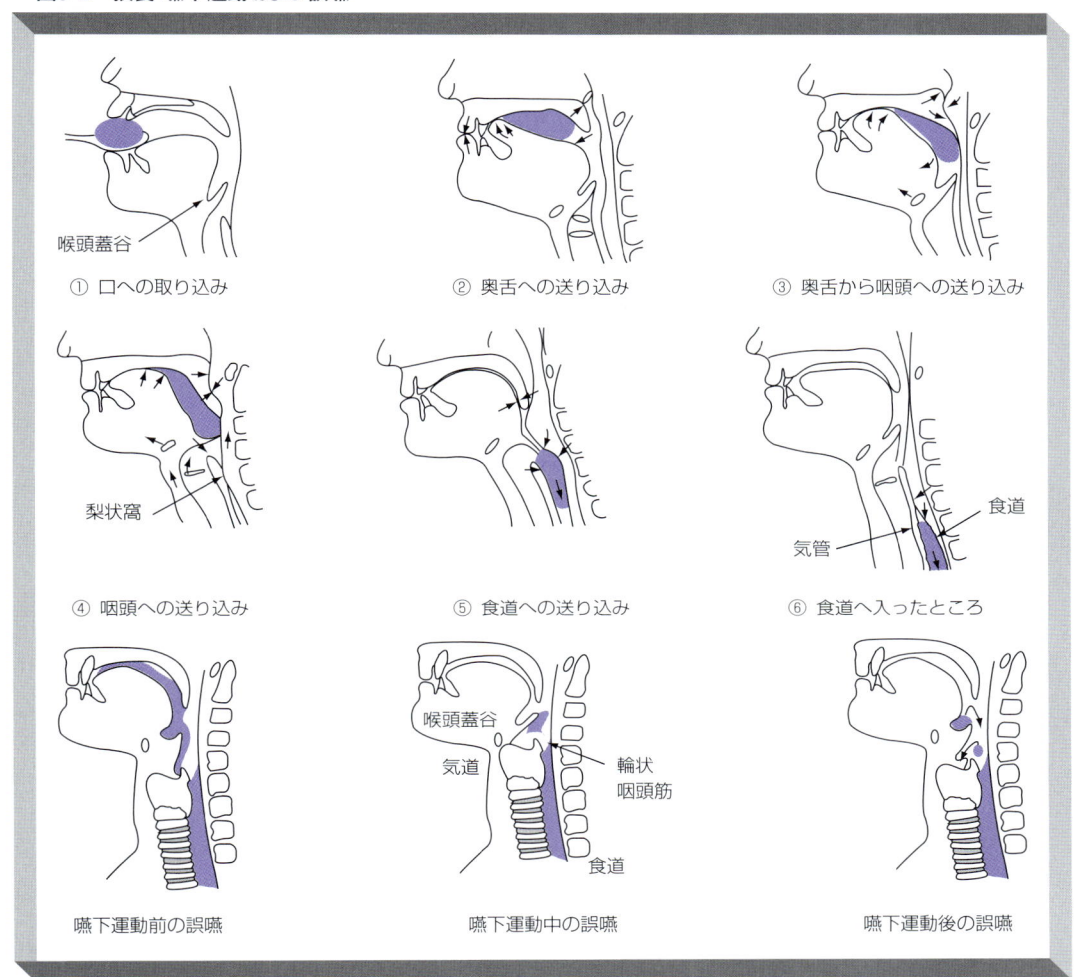

① 口への取り込み　（喉頭蓋谷）
② 奥舌への送り込み
③ 奥舌から咽頭への送り込み
④ 咽頭への送り込み　（梨状窩）
⑤ 食道への送り込み
⑥ 食道へ入ったところ　（食道／気管）

嚥下運動前の誤嚥
嚥下運動中の誤嚥（喉頭蓋谷／気道／輪状咽頭筋／食道）
嚥下運動後の誤嚥

引用）Logemann JA：『脳卒中の摂食・嚥下障害』，1983 より改変

　反射運動のタイミングのずれから，むせたり，重度になると窒息する場合もある。また，口腔の汚れを放置すると，細菌が気管や肺に入り，**誤嚥性肺炎**の原因となる（図5-2参照）。

　上体を起こした姿勢で食事をしていればそれほど心配はないが，寝たままの状態や30度以下に寝た姿勢での摂食では，気管に行ってしまう例が多くみられる。なるべく30度位まで体を起こすことと，食事後すぐ寝ると食べたものが胃から逆流してしまうので，食事後もしばらく上体を起こしておくなどの注意が必要となる。摂食は食べる人のペースに合わせリラックスした状態で行い，誤嚥を防ぐためにも意識のはっきりしているときに行う。また，食後は口腔内の食べかすの除去，細菌繁殖防止のため**口腔ケア**を行う。

4 食生活の自立支援

1）自立支援の必要性

　平成25年「国民生活基礎調査」によれば，**日常生活に影響**がある者の割合は，65歳以上では258.2（人口千対，以下同様），70歳以上では300.3，75歳以上では353.1であった。

　65歳以上について内容別にみると，「日常生活動作（起床，衣服着脱，食事，入浴など）」が119.3，次いで「外出」118.4，「仕事・家事・学業」が94.4であった。男女別では，男性は「日常生活活動」（107.6），女性は「外出」（134.1）が最も高くなっている。高齢者の多くが，身体的な要因による日常生活上の不便を感じているわけである。

　「高齢者の日常生活に関する意識調査」では，「食事の用意をする人」については，「自分」という回答が約半数近くであり，大都市ほどその割合は高くなっている。外食や弁当，給食サービスの利用状況では，「まったくない」約41％，「月に1～3回」が約24％と予想外に少なかった。食事の用意ができなくなったり用意してくれる人がいなくなった場合の食事サービス利用の意向（複数回答）については，「公的な配食サービス」が約34％と一番多く，「ホームヘルパーや家政婦による食事の用意」約22％，「民間による多様な配食サービス」約17％の順であったが，「特にない」人も約33％いた。この結果からは，**公的な配食サービス**の利用を望んでいる高齢者が多いことが推測される。

　高齢者は，食材入手困難や調理技術不足（特に男性）と咀嚼力低下による栄養不足や偏食に陥りやすく，在宅介護者の約30％に低栄養がみられたという報告もある。食事づくりが困難になり，外食，弁当・惣菜，配食サービスを利用したいが，高齢者向けの献立が少なかったり，調理形態，分量などが高齢者向きでないなど，地域における高齢者の食生活の自立支援へのニーズが大きくなっている。そこで，高齢者の健康寿命の延伸，QOLの向上を目的とした，地域全体で高齢者の食生活を支援する体制整備づくりが必要となってくる。

2）行政や地域による取り組み

　2002（平成14）年より，**介護予防・地域支え合い事業**として，高齢者が寝たきりなどの要介護状態にならず，住み慣れた地域の中で自立した生活をおくれるよう，各市町村などが行っている介護予防サービスや生活支援サービスに補助が行われている。「食」に関する生活上の支援が必要な高齢者に対しては，市町村の一般財源（国1/2，都道府県1/4補助）から行われている。配食サービスは安否確認も兼ねて行っている事例が多く，1人当たり年間100回程度の利用状況となっている。

　各市町村の保健所や福祉事務所，在宅介護支援センターによる高齢者の食生

2005（平成17）年の介護保険制度一部改正によって，施設給付の食費や通所系サービスの食費などが保険給付の対象外とされた。

コラム

　北欧では，民間による配食サービスが一般的であり，公費は用いられていない。在宅を可能にするため，配食サービスが完全実施されており，自宅から通える範囲内でデイサービスなどのカフェテリア（会食サービス）があり，食事サービスを自由に利用することができるようになっている。配食，会食サービスが充実しているため，ヘルパーの調理が廃止され，配食の温めのみとなっているところも多い。

活を支援する取り組みでは，高齢者の食生活改善を支援する人材のスキルアップを目的として，在宅栄養士・食生活改善推進員・ボランティアへの研修の実施，介護予防のための食生活に関する教室などを開催している。

　また，食生活改善推進員などが直接高齢者宅を訪問して，日ごろ食べているメニューを検討し，正しい食生活の指導を行うなど，食生活上の留意点などに関する普及・啓発も行われている。具体的な例としては，下記のような活動があげられる。

- 高齢者が利用しやすい飲食店（食べやすいメニューなど）を展開する。
- 高齢者および高齢者の食生活をサポートする人たちの知識や技術の向上を支援する（研修会の実施，ガイドブックの作成，配布など）。
- 高齢者自身が自分にあった食事量や料理，食材が選べるように関係機関の取り組みを支援する。
- 体制づくりとして，地域の健康推進課など関係機関，社会福祉協議会，商工会議所，NPO法人などによるワーキングおよび検討会の開催。

　地域活動を中心とした取り組みとしては，地域の社会福祉協議会が，住民参加型のホームヘルプサービスや配食サービス，移送サービスなどの在宅福祉サービス，ボランティア活動など，それぞれの地域に根ざした地域福祉の実践を進めている。

　さらに，地元商店街の活性化の一環として高齢者の食生活自立を支援したり，地域の自治会やNPO法人による，近所付き合いの活性化や仲間づくり支援を通しての食生活自立支援活動が近年盛んになりつつある。その一例として下記のような活動があげられる（図5-3）。

- 飲食店マップの作成。
- 商店街で一括受注，商品の宅配サービス。
- 高齢者単身世帯への訪問給食サービス，安否確認。
- 食生活支援のための相談窓口の開設。
- インターネットを利用したホームページによる地域全体へ情報提供。
- 情報提供を目的としたパンフレットの作成。

第5章 食生活

図5-3 地域の高齢者を取り巻く食生活自立支援の輪

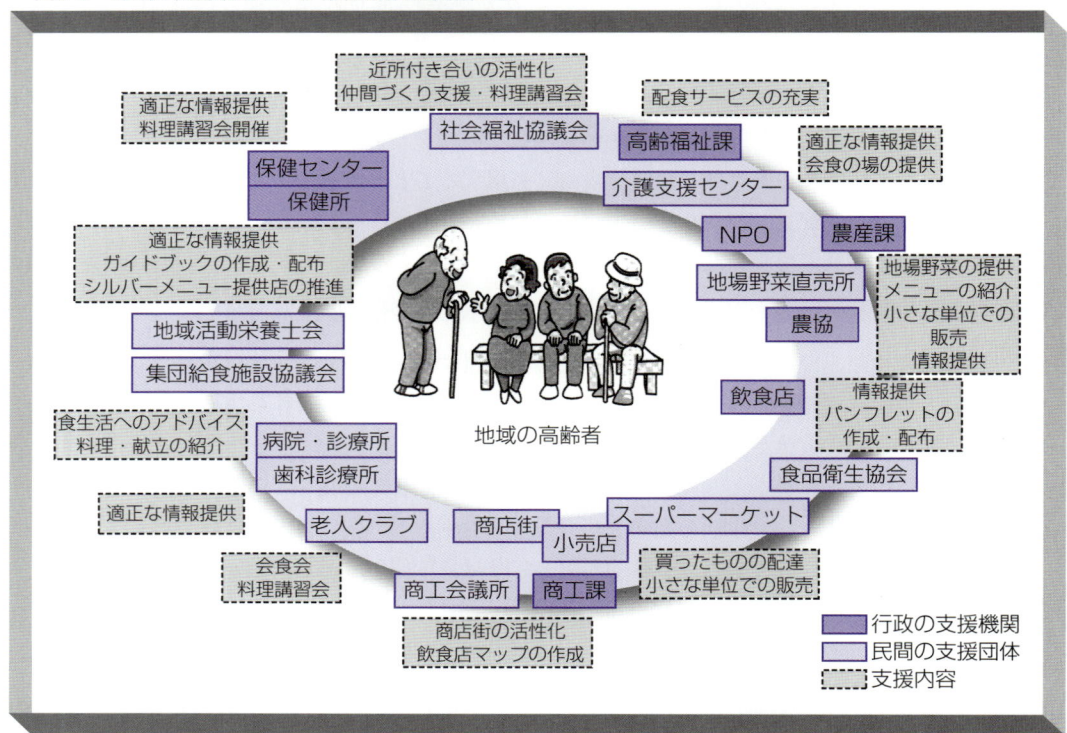

資料）多摩立川保健所保健サービス課資料より作成

3 食生活と栄養

1 栄養素のはたらき

　体組織を構成する栄養素は，たんぱく質，無機質，脂肪，水であり，身体の生理的機能の調節に関与する栄養素はビタミンと無機質である。
　たんぱく質（protein）・**脂肪**（fat, lipid）・**炭水化物**（糖質）（carbohydrate）を**三大栄養素**（三大熱量素）という。生命の維持・成長に必要なエネルギーを供給し，身体の構成素となる栄養素である。これらに**ビタミン**と**ミネラル**（**無機質**）を加えたものを**五大栄養素**という。体重の50〜60％を占める水分をこれらに加えて考える場合もある。

（1）たんぱく質

　体組織を構成する細胞の主成分として重要な栄養素であり，体重（水分を除いた乾燥成分）の30〜40％を占めている。筋肉・爪・皮膚・臓器・毛髪・血液・酵素・インスリン・脳下垂体ホルモン・免疫抗体・遺伝子など，さまざまな部分を構成している。

> **コラム**
>
> 　地震，台風など自然災害時に一番支援を必要とするのが，高齢者や障害のある人たちである。健康状態全般の悪化，認知症状の悪化，身体ならびに精神的活動性の低下，精神的ストレスの増大など，避難所などの生活の長期化が心身に与える影響は大きい。
>
> 　食生活においては，摂食状態の悪化が消化器系疾患など体調不良および精神的なものによるものなのか，義歯の喪失などにより「食行動」が起こせないことによるものなのかなどの原因を見極めることが重要となる。
>
> 　食生活面からの自立援助としては，栄養状態のアセスメント（食事摂取状態のチェック，義歯も含めた摂食嚥下に関するチェック），脱水症状のアセスメントなどを行い，食事摂取の自立援助を行う。具体的には，配給食品のアレンジ（柔らかく，摂食・嚥下しやすい食形態へのアレンジ），温かい麺類や汁物などの用意，などがあげられる。
>
> 　特に，糖尿病や消化器系疾患など，食生活が病状を左右する場合は，摂取量とその内容を聴き取り，必要に応じて食事配給元に「療養食」対応を要請する。脱水の危険性の高い高齢者については，巡回時に水分摂取の声かけや配布を行う必要がある。また，情報孤立になりやすいので，巡回時に情報が伝わっているかどうかの確認を行ったり，配布物を配るなどのサポートも必要である。

　また，エネルギー源としても利用され，1g当たり4kcalのエネルギーを生じる。たんぱく質は20種類のアミノ酸の結合によってつくられているが，体内では合成できず，食品等から摂取しなければならないアミノ酸が9種類あり，これを**必須アミノ酸**という。これらも生体を維持するために重要な役割を担っている。

（2）脂　質

　細胞膜・血液・ホルモンなどの原料となり，ビタミンA・D・Eなどの脂溶性ビタミンの吸収を助ける。また，1g当たり9kcalと高カロリーで，エネルギー源として使われる。脂肪の主成分は，**脂肪酸**とグリセリンである。脂肪酸には**飽和脂肪酸**，**一価不飽和脂肪酸**，**多価不飽和脂肪酸**があり，バランスよく摂取することが望ましい。体内では合成されない必須脂肪酸には，リノール酸，リノレン酸などがある（表5-4）。

　不飽和脂肪酸であるエイコサペンタエン酸（**EPA**），ドコサヘキサエン酸（**DHA**）は，さばやいわしなどの青皮の魚に多く含まれ，血中コレステロールを低下させ，血栓や動脈硬化を予防するはたらきがある。

表5-4　脂肪酸の分類

分類		所在	常温での状態	血中コレステロール濃度
飽和脂肪酸		バター，やし油，らっかせい油，大豆油，ラード，綿実油など	固体	上げる
不飽和脂肪酸	一価	動・植物油，魚油，ラード，バター，菜種油など	液体	下げる
	多価	魚油，肝油，ごま油，大豆油，菜種油など		

（3）炭水化物

単糖が多数結合したもので，**糖質**と**食物繊維**に分類される。摂取された炭水化物は，消化酵素のはたらきにより単糖類へ分解された後，小腸から吸収される。小腸より吸収された単糖類は，血液によって肝臓や筋肉組織に摂り込まれ，グリコーゲンとして貯えられたり，アミノ酸の合成材料となったり，ブドウ糖（グルコース）として脳をはじめ身体全体に運ばれる。糖質はエネルギー源としては1g当たり4kcalだが，余分に摂ると脂肪として体に蓄積する（表5-5）。

（4）ビタミン

たんぱく質・脂肪・炭水化物をエネルギーや身体の構成分として利用するための代謝を促進する役割を果たすのが**酵素**である。ほとんどのビタミンは，酵素のうち体内で合成できない**補酵素**であり，不足すると代謝が滞る。体内で合成できないため，食事から摂取する必要があり，ビタミン相互の作用によってはたらくのでバランスよく摂取する必要がある。ビタミンA，D，E，Kは脂

表5-5　炭水化物の種類とはたらき

		所在と特徴
単糖類	ブドウ糖（グルコース）	動植物界に広く含まれる。果物，はちみつには遊離の形で高濃度含まれる。
	果糖（フラクトース）	果物，はちみつの主な甘味成分，しょ糖の構成糖として含まれている。
	ガラクトース	乳汁ではブドウ糖と結合して，乳糖の形で含まれる。
少糖類	しょ糖（シュクロース）	サトウキビの茎，てんさいの根に含まれる。一般に砂糖ともいう。
	麦芽糖（マルトース）	大麦を発芽させた麦芽で，でんぷんを糖化させるときにできる主な糖。
	乳糖（ラクトース）	人乳，牛乳に含まれる。
多糖類	でんぷん（スターチ）	穀類，いも類，多くの豆類などの主成分。日本人のエネルギー摂取量の約40％を供給する。
	デキストリン	でんぷんの加水分解の中間物質。水あめなどに含まれる。
	グリコーゲン	動物の肝臓，筋肉，かき（牡蠣）に含まれる。
食物繊維	セルロース	高等植物の細胞膜の主成分。
	ペクチン	果皮，植物の果実，茎中にプロトペクチンとして存在。
	ガラクタン	寒天の主成分。
	グルコマンナン	こんにゃくの主成分。

溶性ビタミンであり，ビタミン B_1，B_2，B_6，B_{12}，ナイアシン，葉酸は水溶性ビタミンである（表5-6）。

（5）無機質（ミネラル）

体内で合成されない微量元素である。カルシウムとリンは骨の構成成分となり，鉄は血液の成分として酸素の運搬にかかわっている。カリウムやナトリウムは陽イオンとなって体液の浸透圧の調節を担っており，その他の元素は，酵素の要素などとしてはたらいている（表5-7）。

（6）栄養素の消化と吸収

食物として消化器管内に摂り込まれた栄養素を消化管の壁を通過可能な大きさに分解することを消化という。咀嚼，嚥下，蠕動，撹拌，排便などによる機械的消化，消化酵素による化学的消化，腸内常在菌による生物的消化などがある。

吸収は，摂取した食物を消化管粘膜を通じて体内に摂り込むことである。胃ではアルコール，小腸ではブドウ糖，果糖，ガラクトースなどの糖質，アミノ酸，ビタミン，カルシウム，マグネシウム，グリセロールなど，大腸では水，回腸ではナトリウム，カリウム，ビタミン B_{12} を吸収する。腸粘膜から吸収された大部分は血中に，一部がリンパに摂り込まれる。脂質は，胆汁酸のはたらきで分解消化が促進され，吸収される。

2 加齢による栄養素等摂取の変化

（1）エネルギー

加齢にともない基礎代謝量や日常生活活動量が低下し，エネルギー消費量は低下する。60歳代のエネルギー必要量は，身体活動レベルⅡ（ふつう）で，男性が2,450kcal，女性1,900kcal，70歳以上では，男性2,200kcal，女性1,750kcalとなる（表5-8）。

高齢者は，ごはんや甘いものを好むので糖質の過剰摂取による生活習慣病になりやすく，副食の量が減り，栄養のバランスが悪くなる傾向がみられる。

（2）たんぱく質

日々失われる組織の補充のために毎日適正量を摂取することが大切である。たんぱく質は，成人と同量必要で，18～70歳以上まで，男性60g，女性50gである（推奨量）。加齢や寝たきりにより，血液中のアルブミン，グロブリン濃度が低下し，栄養不足を起こし，むくみなどの原因となる。肉類を好まなくなり，あっさりしたものを好み，動物性たんぱく質の摂取量が低下するので，たんぱく質所要量の40％以上を動物性たんぱく質にするように心がける。

（3）脂　質

加齢による嗜好の変化から，脂肪の多いものを好まなくなるとともに，脂肪

第5章 食生活

表 5-6 主なビタミンの種類とはたらき

	名称	性質	生理作用	欠乏症状	主な給源
脂溶性ビタミン	ビタミンA（レチノール）	・紫外線により分解。酸素により酸化分解されやすい。熱に安定。 ・プロビタミンA（β-カロチン）は動物体内でカロチナーゼによりビタミンAに変化。	・発育を促進する。 ・上皮組織（皮膚・粘膜）の生理に関係し健康を維持。 ・それにより細菌に対する抵抗力を増す。	・発育が遅れる。 ・伝染症、呼吸器病などに対する抵抗力が弱くなる。 ・乾燥性眼炎・角膜軟化・夜盲症	緑黄色野菜、レバー、卵黄、うなぎ、うに
	ビタミンD（カルシフェノール）	・加熱や酸化によって分解しにくい。 ・プロビタミンDとしてエルゴステロールや7-デヒドロコレステロールがあり、紫外線により、D_2やD_3に変化する。	・カルシウムとリンの吸収をよくする。 ・血液中のリン量を一定に保つ。 ・骨や歯にリン酸カルシウムの沈着を促し、丈夫にする。	・小児ではくる病、成人では骨軟化症になる。 ・骨粗しょう症 ・虫歯ができやすくなる。	肝油、レバー、卵黄、バター、青身魚
	ビタミンE（トコフェノール）	・熱、光、酸素により分解されやすい。 ・水に溶けず、油脂に溶けやすい。	・筋肉の萎縮を防ぎ、はたらきをよくする。 ・ビタミンAと共存するとその酸化を防ぐ。	・胎児の栄養吸収の悪化。 ・肝壊死、脳軟化症など	小麦胚芽油、綿実油、卵黄、バター、豆類
	ビタミンK（フィロキノンなど）	・光により分解されやすい。 ・水に溶けず、油脂に溶けやすい。	・血液の凝固に必要な血液中のプロトロビンが肝臓でつくられるとき、必要である。	・血液の凝固性が減じ、出血しやすくなる。	キャベツ、ほうれんそう、レバー
水溶性ビタミン	ビタミンB_1（チアミン）	・加熱によって、中性・アルカリ性で分解しやすく、酸性では安定。紫外線で分解。	・糖質代謝に関係。消化液の分泌を促進し、食欲を増進させる。神経のはたらきを調整。	・食欲減退、消化不良、体重減少 ・心臓肥大、血液異常、かっけ	大豆、らっかせい、レバー、卵黄、魚卵、豚肉
	ビタミンB_2（リボフラビン）	・油脂には溶けず、水に溶けにくい。アルカリ性では壊れやすい。 ・中性、酸性では熱に強く、酸化剤に安定。	・発育に不可欠。 ・細胞内の物質代謝に関係する。	・舌炎、口唇炎、口角炎（皮膚粘膜移行部の炎症） ・脂肪の吸収低下	イースト、レバー、卵、チーズ、粉乳、葉菜類
	ナイアシン	・温湯に溶ける。熱に強く、酸や酸化にも強いが、アルカリに不安定。	・細胞内の物質代謝に関係する。	・ペラグラ（その症状は皮膚炎、下痢、認知症である。）	イースト、レバー、肉類、魚介類、豆類
	ビタミンB_6（ピリドキシン）	・酸で安定、中性・アルカリ性では光によって分解。水・アルコールに溶けやすい。	・体内のたんぱく質や必須脂肪酸の利用。 ・中枢神経のはたらきに必要。皮膚の健康維持。	・皮膚炎、虫歯ができやすい。 ・貧血 ・小児の場合、けいれん	レバー、貝類、卵黄、チーズ、肉類
	ビタミンB_{12}（シアノコバラミン）	・水やアルコールに溶けやすく、アセトン・エーテルには溶けない。熱には壊れにくい。	・抗貧血作用がある。たんぱく質や核酸の体内合成に関係。成長促進、肝臓疾患予防効果。	・貧血	レバー、チーズ、貝類、肉類、卵黄
	葉酸（プテロイルグルタミン酸）	・水や有機溶媒に溶けない。熱湯にわずかに溶ける。酸やアルカリに溶ける。	・ヘモグロビンや核酸の生成に不可欠。 ・腸内粘膜の機能を正常にす。	・貧血 ・舌炎、口内炎、腸炎、下痢	レバー、小麦、チーズ、卵黄
	パントテン酸	・水、アルコールに溶け、エーテルに溶けにくい。 ・酸、アルカリ、熱で分解しやすい。	・エネルギー代謝に関係する。 ・解毒作用あり。 ・性ホルモンの生成に関係する。	・栄養障害、四肢の激痛、動悸 ・悪心、頭痛	イースト、レバー、卵、チーズ、豆類、葉菜
	ビタミンC（アスコルビン酸）	・水に溶けやすい。熱に不安定、酸性液でやや安定。紫外線など貴金属イオンで分解しやすい。	・コラーゲンの生成を増し、細胞間の結合組織を強化。病気に対する抵抗力を増す。	・壊血病、皮下出血・骨形成不全 ・貧血、成長不良	野菜、果物、いも類

表 5-7 主な無機質（ミネラル）の種類とはたらき

名　称	人体内の所在	生理作用	欠乏症状	主な給源
カルシウム（Ca）	・99％はリン酸カルシウム・炭酸カルシウムとして骨，歯の成分となっている。残りは血液，筋肉，神経などの組織にイオンとして含まれている。	・骨・歯などの硬組織をつくる。 ・血液の凝固作用に関係する。 ・心筋の収縮作用を増す。 ・刺激に対する神経の感受性を鎮静する。 ・酵素作用を活性化する。	・十分に成長しない。 ・骨・歯が弱くなる（ビタミンDが不足すると，カルシウムの利用が悪くなり，欠乏症を起こしやすくなる）。	・鰯丸干し，煮干し ・脱脂粉乳 ・牛乳（乳・乳製品に含まれるカルシウムは利用率が高い）
リン（P）	・80％はリン酸カルシウム・リン酸マグネシウムとして骨，歯をつくる。 ・残り20％は，体液，組織中に含まれる。	・骨・歯などの硬組織をつくる。 ・血液のpHや体液の浸透圧を調節する。 ・シン脂質・核酸の成分としてはたらく。 ・補酵素となる。 ・糖質代謝を円滑に進める。 ・ATPなどをつくり，エネルギーを蓄える。	・歯が弱くなる。 ・骨折を起こしやすくなる（リンは日常食品中に十分含まれており，欠乏したり不足したりすることはない）。	・粉乳・卵黄 ・肉・魚・小魚 ・胚芽・ぬか
鉄（Fe）	・主に赤血球のヘモグロビン，筋肉のミオグロビンに含まれ，一部は全身の細胞に広く分布する。	・ヘモグロビンの鉄は酸素の運搬に，ミオグロビンの鉄は血中の酸素をとり入れることに関係する。 ・ヘム酵素の合成に関係する。	・貧血になる。 ・疲れやすく，忘れっぽくなる。 ・乳児では発育が遅れる。	・レバー・卵・貝類 ・きな粉・酵母・のり ・ほうれんそう・煮干し
ナトリウム（Na）	・食塩・重炭酸塩・リン酸塩として体液中に含まれる。	・筋肉・神経の興奮性を弱める。 ・細胞外液の浸透圧を一定に保つ。 ・体液のアルカリ性を保つ。 ・筋肉の収縮や神経の興奮伝達にかかわる。 ・胆汁・腸液の材料となる。	・長期におよぶ欠乏の場合は，食欲が減退し，筋力は脱力し，倦怠，精神不安をきたす。 ・急激な欠乏の場合は，倦怠，めまい，無欲，失神などの状態となる。	・食塩・味噌・しょうゆ ・塩辛・佃煮・ハム ・パン
カリウム（K）	・リン酸塩として，あるいはたんぱく質と結合した形で細胞中にある。	・心臓機能，筋肉機能を調整する。 ・細胞内液の浸透圧やpHが一定に保たれるように調節する。	・筋力が低下し，筋無力症またはまひ状態になる。 ・知覚が鈍くなり，反射が低下する。	・動植物組織中に含まれる。特に，種実類等に多い。
ヨウ素（ヨード）(I)	・甲状腺ホルモンの成分。	・成長期にある者の成長を促進する。 ・成人では基礎代謝を高める。	・甲状腺腫を起こす。	・海藻類・海産物 ・乳製品・野菜
マグネシウム（Mg）	・70％は骨に含まれる。 ・残りは血液，筋肉，脳，神経に存在する。	・刺激による筋肉の興奮性を高める。 ・刺激による神経の興奮性を低める。	・血管が拡張して心悸亢進を起こす。 ・神経が興奮しやすくなる。 ・痙攣，混迷などを起こす。	・穀物
マンガン（Mn）	・肝臓・脾臓・毛髪に特に多い。	・骨・肝臓の酵素の作用を活性化する。 ・骨（リン酸カルシウム等）の生成を促進する。	・骨が十分に発達しない。 ・中枢神経障害を起こす。	・牛乳・肉類・豆類・酵母
銅（Cu）	・筋肉・骨・肝臓に多い。	・骨髄でヘモグロビンをつくるときに鉄の利用をよくする。 ・腸管からの鉄の吸収を助ける。	・ヘモグロビンが減少し，貧血になる。 ・骨異常や脳障害を起こす。	・レバー（生）・ココア・チョコレート

第5章 食生活

表 5-8 高齢者のエネルギー・栄養必要量：日本人の食事摂取基準（2015 年版）

栄養素	（単位／日）	年齢（歳）	男性 身体活動レベルⅠ	男性 身体活動レベルⅡ	女性 身体活動レベルⅠ	女性 身体活動レベルⅡ	備考
エネルギー	(kcal)	50～69	2,100	2,450	1,650	1,900	推定エネルギー必要量
		70 以上	1,850	2,200	1,500	1,750	
たんぱく質	(g)	50～69	60		50		推奨量
		70 以上	60		50		
脂質	(％エネルギー)	50～69	20～30 (25)		20～30 (25)		目標量（ ）内は中央値
		70 以上	20～30 (25)		20～30 (25)		
炭水化物	(％エネルギー)	50～69	50～65 (57.5)		50～65 (57.5)		目標量（ ）内は中央値
		70 以上	50～65 (57.5)		50～65 (57.5)		
ビタミン B₁	(mg)	50～69	1.3		1.0		推奨量
		70 以上	1.2		0.9		
ビタミン B₂	(mg)	50～69	1.5		1.1		推奨量
		70 以上	1.3		1.1		
ビタミン C	(mg)	50～69	100		100		推奨量
		70 以上	100		100		
ビタミン A	(μgRAE)	50～69	850		700		推奨量
		70 以上	800		650		
カルシウム	(mg)	50～69	700		650		推奨量
		70 以上	700		650		
鉄	(mg)	50～69	7.5		6.5		推奨量
		70 以上	7.0		6.0		

> ### コラム
>
> **高齢者が陥る栄養失調**
>
> 　栄養失調が原因で寝たきりになる高齢者が意外に多い。厚生労働省の調査によれば，高齢外来患者の8.5％，介護を必要とする高齢者では約 30％ がカロリーやたんぱく質が不足する低栄養状態であった。栄養失調とは，たんぱく質エネルギー低栄養状態（PEM）を指し，血清アルブミン（血中のたんぱく質の一種）が 3.5g/dL 以下の状態である（正常値は 3.8～5.3g/dL）。
>
> 　栄養失調は，死亡率を 2.7 倍に高めるため，早期の自己診断（家族診断）が大切で，1 年間に 5％以上の体重減少，歩行困難，握力の低下，うつ状態などの症状で判断する。

分解酵素の分泌が減少し消化に時間がかかるため，脂肪の摂取量が減る。逆に過剰摂取は，生活習慣病の原因になるため，脂質の適正量は総エネルギーの 20～30％にする。

3. 食生活と栄養

> **コラム**
>
> **日本人の食事摂取基準**
>
> 　厚生労働省は，国民の健康の維持・増進，エネルギー・栄養素欠乏の予防，生活習慣病の予防，過剰摂取による健康障害の予防を目的として，どのような栄養素をどのくらい摂取したらよいのかを「日本人の栄養所要量」として示してきた。5年ごとに改定されるが，平成16年に公表された第7次改定からは「日本人の食事摂取基準」と名称を変更し，基準量についても，確率論の考え方に基づくいくつかの指標を設け各栄養素摂取量の範囲を示すことで，その範囲内であれば生活習慣病のリスクが低いとした。本稿記載の必要量もこれに拠っている。設定された指標は以下のとおりである。
>
> 　推定エネルギー必要量……不足のリスクおよび過剰のリスクの両者が最も少なくなる量。
> 　推定平均必要量……健康の維持・増進と欠乏症予防のための量。当てはまる性・年齢階級に属する人びとの50%が必要量を満たすと推定される1日の摂取量。
> 　推奨量……健康の維持・増進と欠乏症予防のための量。ある性・年齢階級に属する人びとのほとんど（97～98%）が必要量を満たすと推定される1日の摂取量。
> 　目安量……推定平均必要量，推奨量を算定する科学的根拠が十分でない場合に，ある性・年齢階級に属する人びとが良好な栄養状態を維持するのに十分な量。
> 　目標量……生活習慣病の一次予防のために，当面の目標とすべき摂取量（範囲）。
> 　上限量……ある性・年齢階級に属するほとんどすべての人びとが，過剰摂取による健康障害を起こすことのない最大限の量。

（4）ビタミン

　ビタミンCは，皮膚や筋肉，骨や血管を結合するコラーゲンをつくり，寝たきりの場合の床ずれなど皮膚の結合組織の損傷の予防や治療に大切なビタミンである。酸化防止のはたらきをするビタミンEは，体内の過酸化脂質の生成を抑制するので，老化予防には望ましいビタミンである。

（5）無機質（ミネラル）

　骨粗しょう症を予防し，活動指数を向上させるためにも，カルシウムは重要な役割をする。加齢とともにカルシウムの吸収が悪くなるため，男性では1日700mg以上，女性では650mg以上の摂取が必要となる。ビタミンDはカルシウムの小腸からの吸収をよくする効果がある。また，貧血予防のため，鉄は男性50～69歳7.5mg，70歳以上7.0mg，同様に女性6.5mg，6.0mgの必要量である。高齢者の味覚障害は，味蕾機能低下と食事の偏りからくる亜鉛不足が原因のひとつとされる。

（6）食物繊維

　便量を増やし，腸の蠕動運動を活発にして便の出をよくするので，高齢者に多い便秘予防のため，食物繊維の摂取を心がける。しかし，低栄養の場合には，逆に食物繊維の摂取によってより低栄養状態になるため注意が必要となる。

第5章 食生活

> **コラム**
>
> **長寿を目指す食生活**
>
> 　老化防止には，なによりも「いつも若く！」を心がけて生活することが大切であるが，加齢にともなう身体機能の低下は，精神力だけではカバーしきれず，若い頃からの生活習慣も老化に拍車をかける。老化抑制には，ビタミンE，Cやポリフェノール，イソフラボンなどの抗酸化作用が関与している。食事のカロリー制限は寿命を延ばし，魚の消費量が多いと認知症状の発症率が減少するという報告（米国 ロッテルダム研究）もある。
>
> 　長寿の秘訣は，野菜・果物・海藻および魚，肉，乳製品のような良質のたんぱく質を適量摂取し，食べたいものを楽しく食べることである。食事を，単に身体機能を維持するためだけでなく，家族，友人，社会と交流するための共食の場とし，食事が生き甲斐のひとつになるように心がける。たまには外での食事，適量のお酒（日本酒で1合，ビールでコップ2杯以下）も気分転換になる。

4　食生活と安全

1 食の安全とは

　国内外の多彩な食品が市場に出回るなか，食品の安全性確保は重要な課題である。特に高齢者や障害のある人にとって，食生活の安全性への配慮は大切なことである。生産・加工・流通などの各段階での安全性だけでなく，購入後の家庭での保存や調理，その後の食品の食べ方も影響する。

　食品の安全性に対する**危害要因**（ハザード）としては，**生物学的要因**（食中毒菌，ウイルス，寄生虫など），**化学的要因**（農薬，添加物など），**物理的要因**（異物，放射線など）がある。危害要因を摂取することにより，どのくらいの確率で健康にどの程度の悪影響が起きるかのリスク評価を行い，行政，事業者，消費者の間で，情報および意見を相互に交換することができる**リスクコミュニケーション**が重要となってくる。

　生産者・流通業者の安全への取り組みとしては，生産・加工・流通の各段階で，原材料の出所や製造元，販売などを記録，保管し，食品とその情報とを追跡・遡及する**トレーサビリティシステム**がある。国産牛肉では義務化され，その他の食品では生産者・流通業者などが自主的に導入している。また，**HACCPシステム**による食品衛生管理も，食肉・乳製品などの製造工程で取り入れられている。

HACCPシステム
　hazard analysis and critical control points. HAは「危害分析」，CCPは「重要管理点」と訳されている。米国で宇宙食の微生物学的安全性の確保を目的として開発され，現在では食品衛生管理の基準として国際的に広く採用されている。

4. 食生活と安全

2 食品の選択と管理

1) 食品の選択

(1) JAS法による食品表示

食品購入時のひとつの目安となるのが，**JAS法**（農林物資の規格化及び品質表示の適正化に関する法律）によって定められている**食品表示**である。

JAS法により，一般消費者向けのすべての食品に，生鮮食料品については原産地が，加工食品には①名称，②原材料名（食品添加物を含む），③内容量，品質保持期間（賞味期間），④保存方法，⑤製造業者（輸入者）の表示が義務づけられている。さらに遺伝子組換え食品については，遺伝子組換え農産物とその加工品についてJAS法に基づく品質表示が2001（平成13）年から実施された。同時にこの改定で，有機食品についてはその生産または製造方法を登録認定機関が検査・認証したもののみ，「有機」表示ができることとなった（表5-9）。

表5-9 JASマークと特別用途食品マーク

名　称	マーク	説　明
JASマーク		品位,成分,性能等の品質についてのJAS規格(一般JAS規格)を満たす食品や林産物。
特定JASマーク		特別な生産や製造方法,特色のある原材料(生産の方法)についてのJAS規格(特定JAS規格)を満たす食品。
有機JASマーク		有機JAS規格を満たす農産物などにつく。このJASマークを付してある食品には「有機○○」などと表示。
生産情報公表JASマーク		生産情報公表JAS規格に定められた方法により，給餌情報や動物用医薬品の投与情報が公表されている牛肉。
特別用途食品マーク		疾病用,乳児用,妊産婦用,高齢者用など特別の用途に適するという表示を消費者庁が許可した食品。
特定保健用食品マーク		食生活において特定の保健の目的で摂取する者に対し,その摂取により当該保健の目的が期待できる旨の表示をする食品。
健康食品認定マーク		健康食品につけられている，(財)日本健康・栄養食品協会の審査済み証票。

（2）特殊栄養食品と特定保健用食品（トクホ）

栄養改善法が1995（平成7）年改正され，特別な栄養目的にそって調整された食品を**特殊栄養食品**と呼び，乳児・幼児・妊産婦・病弱者を対象とした**特別用途食品**と，**強化食品**に分けられる。なかでも病弱者用食品は，食事療法に大きな影響をおよぼすことから，摂取量や使用上の注意の表示が義務づけられている。

特定な疾病に予防効果のある**特定保健用食品**の位置づけが明確化され，加工食品の栄養成分の表示についても基準が設けられ，「低カロリー」や「減塩」「ビタミンCが豊富」といった表現は，この基準に従って表示することとなった。

（3）加工食品

加工食品とは，食品の付加価値，貯蔵性を高めるために加工した食品のことである。加工の方法としては，物理的（分離，粉末化，こねたり練ったりする方法），化学的（分解，合成），生物的（微生物による）方法などがある。

加工食品の選別は，表示項目の確認によるが，最も重要な表示は**原材料名**である。原材料名は，重量割合の多い順に書かれており，主原料以外の原料が少ない製品ほど添加物の少ないものといえる。消費期限や賞味期限，栄養成分，エネルギー量の表示にも注意を払い，添加物の少ない食品を選択する。また，新鮮な食品の見極めも重要となってくる。

2）食品の保存・管理

（1）保　存

食品は，購入・仕入れ時に鮮度・品質をチェックするとともに，購入後，最適な状態・方法で保存し，新鮮な材料を適正に使うことが重要となる。

食品を**保存**するときには，食品の変敗や腐敗に十分配慮する必要がある。**変敗**や**腐敗**の原因として，酵素，微生物，物理・化学的原因，動物などによる**食品の劣化**があげられる。これらの劣化を防ぐ方法として，冷凍（－20℃以下）・冷蔵（10℃～－2℃），加熱，乾燥，塩蔵・糖蔵，酢漬け，封入（缶詰・瓶詰・レトルトパウチ食品など），くん煙，化学薬品（添加物）による保存，ガス貯蔵などの保存方法がある。冷凍に向かない食品としては，こんにゃく，豆腐，卵類がある。野菜類は茹でて（ブランチング）から冷凍する（表5-10）。

（2）添加物と残留農薬

近年，問題になっているのが食品中に含まれる添加物や**残留農薬**（ポストハーベスト）である。

使用できる**添加物**は，①食品衛生法施行規則別表第2に収載されている指定添加物，②既存添加物名簿に収載されたもの，③天然香料，④一般に飲食に供されているもので添加物として使用される一般飲食物添加物，とされている。

残留農薬基準や食品添加物基準の設定は薬事・食品衛生審議会において，催

表 5-10　食品保存の適温・適所

温度		保管場所	素材食品			加工食品		
			生鮮食品	準生鮮食品	乾燥品	調味料	缶・瓶詰	調理済み食品
常温	室温	キャビネット			干し椎茸等乾物 米等穀物 乾麺・パン	卓上用 調理用 ストック 液体油 乾燥ハーブ	酒類・ジャム 飲料・缶詰類	レトルトパウチ 漬物
	室温 室温より低い	パントリー 床下収納庫	バナナ・桃　等 玉ねぎ	漬物 漬物				
	外気温	屋外パントリー	泥付野菜（じゃがいも・里芋・玉ねぎ　等）					
	外気温光線	キッチン，ガーデン	泥付野菜を埋める ハーブ・香味野菜類					
冷蔵	3〜7℃ 7〜10℃ −2〜2℃ −3〜0℃	冷蔵庫 野菜室 チルド室 パーシャル室	野菜・果物・卵 洗浄済み野菜・野菜・果物 生肉・生魚(短期)・魚干し物	牛乳 漬物 乳製品・豆腐 納豆・練り物	バター・味噌			ゼリー 菓子類
冷凍	−18℃	冷凍庫	生肉・生魚（長期)・魚干し物・冷凍食品・長期保存品		茶・コーヒー・紅茶・海苔			調理冷凍食品 パン

奇性・変異原性・毒性・発癌性などの試験データにより，人間が一生食べ続けても安全な基準値を定めている。国際的に流通している食品の残留農薬の安全性に関しては，**コーデックス委員会**の残留農薬部会で検討されているが，日本もこの活動に積極的に取り組んでいく必要がある。

3 食品と衛生

1) 食中毒とその予防

食品に起因する健康障害を未然に防止するためには，食品衛生に関する知識をもつとともに，食品を衛生的に取り扱うことが必要である。一般に，生の魚介類や肉類には食中毒の原因となるものが多く付着している。**食中毒**は，その原因になった因子・物質によって，**細菌性食中毒**（感染型，毒素型），**自然毒食中毒**（動物性，植物性），**化学性食中毒**，その他に大別される（表5-11，12）。

梅雨など高温多湿な夏期が，最も細菌性食中毒の発生件数が多いが，冬期にも牡蠣が原因とみられるノロウイルスによる食中毒が多く発生する。また，キノコやフグなどによる自然毒食中毒は秋から冬にかけて多発する。近年，腸管出血性大腸菌O157やノロウイルスによる食中毒は，患者から患者へ感染する食感染症とされ，伝染病として対処している。

食中毒予防の3原則は「菌をつけない」「菌を増やさない」「菌を殺す」である。そのためには，こまめな手洗い，調理器具の食品別使い分け，調理してから喫食するまでの時間と温度の管理，食品の十分な加熱などが必要である。

> **コーデックス委員会**
> 消費者の健康の保護，食品の公正な貿易の確保などを目的として，1962年に設置された国際的な政府間機関。日本は1966年より参加。

第5章 食生活

表5-11 原因となる細菌による食中毒の種類

種類	感染型細菌性食中毒						毒素型細菌性食中毒	
	腸炎ビブリオ	サルモネラ	病原大腸菌	カンピロバクタージェジュニー	ウェルシュ菌	エルシニアエンテロコリチカ	ブドウ球菌	ボツリヌス菌
汚染源	海水(5〜11月に多い)	保菌者・保菌動物(家畜、鶏、ねずみ、犬等)の糞尿、下水や河川水	保菌者・保菌動物の糞尿	汚染食品	人・動物の糞尿、土壌、水 等	汚染食品	人・動物の化膿巣、自然界(空気・水 等)	土壌、まれに海水、湖水
主な原因	魚介類、折詰弁当、漬物 等	食肉、魚介類およびその加工品、複合食品	汚染を受けた食品	鶏肉、汚染した牛乳や飲料水	食品、魚介類の加熱調理食品	保菌動物から飲食物を介して感染、加工乳によることもある	穀類およびその加工品、複合調理食品、菓子類、魚介類	いずし、ハム、ソーセージ、缶詰 等
潜伏期間	6〜18時間(平均12時間)	12〜24時間(平均18時間)	10〜30時間(平均12時間)	1〜7日	8〜20時間(平均12時間)	2〜3日ときに10日	30分〜6時間(平均3時間)	12〜36時間(毒素により不定)
症状	激しい腹痛、下痢、嘔吐、発熱(38℃前後)	発熱(38〜40℃)、全身倦怠、頭痛、食欲不振、腹痛、下痢、嘔吐	下痢・腹痛、頭痛、発熱	腹痛、下痢、発熱	腹痛、下痢、まれに嘔吐、発熱	腹痛、発熱、頭痛をともなって集団発生することがある	頭痛、下痢、吐き気、嘔吐、腹痛、通常無発熱	視力低下、口渇、腹部膨張感、四肢運動麻痺、呼吸麻痺
備考	2日内外で回復。死亡もときにある	2〜3日で回復するが、症状は重い。致死率0.1%	O-157はベロ毒素産性大腸菌に分類される	年間発生率20〜30件であるが多数の患者が発生することもある	耐熱性芽胞菌である。1〜2日で症状回復	65℃以上30分の加熱で死滅	24〜48時間で回復、経過軽い	4〜8日以内に死亡することがある。80℃30分加熱で死滅する

表5-12 原因となる食品による食中毒の種類

原因食品	動物性自然毒			植物性自然毒		化学物質による食中毒			アレルギー様食中毒
	ふぐ	有毒化した貝	毒かます	毒きのこ	じゃがいも	メチルアルコール	農薬	有害金属化学物質	ヒスタミン
原因物質	ふぐの内臓(卵巣、肝臓等)、皮に存在するテトロドトキシン	い貝、帆立貝、あかざら貝等に蓄積された麻痺性貝毒	毒かます(シガテラ毒魚)に存在する各種のシガテラ毒	つきよ茸、いっぽんしめじ、にがくり茸、かきしめじ、天狗茸等に含まれるファリン、アマニタトキシン 等	じゃがいもの芽等に含まれるソラニン	不良酒類の飲用、過飲	食品との誤用	不良器具、食器からの溶出	まぐろ、さば、いわし、かつお 等
潜伏期間	20分〜3時間	5〜30分	30分〜3時間	2〜10時間	30分〜3時間	6時間〜3日	数分〜1時間	急性中毒1時間以内慢性中毒長時間	5分〜5時間
症状	知覚麻痺、運動麻痺、発声不能、呼吸麻痺、チアノーゼ	知覚麻痺、運動麻痺、ときに呼吸困難	口唇麻痺、顔面麻痺、言語障害、歩行困難	胃腸障害、コレラ様症状、神経系障害、脳症状、溶血性障害	腹痛、胃腸障害、虚脱、めまい、ねむけ	頭痛、めまい、腹痛、下痢、視神経炎	胃痛、嘔吐、下痢、失神、痙攣、呼吸困難	急性(悪心、嘔吐、腹痛、下痢、痙攣、呼吸困難)、慢性(肝臓障害、腎臓障害、骨・神経組織の変化)	顔面紅潮、蕁麻疹、酩酊感、頭痛、悪寒、発熱
備考	致死率は高く40〜60%	赤潮が原因。致死率は10%	1〜2日で回復	毒性の強いものと弱いものとがある	新芽のでるところや病変部を取り除いて皮を剥く	戦後中毒が多かったが、近年はほとんど発生しない	器具、容器ならびに食品関係の包装に注意を払う		抗ヒスタミン剤によって軽快、治療できる

2）衛生的な環境

栄養価の高い食品であっても，食品衛生上の不備があれば健康上の危害をもたらす。食品の衛生的な取り扱いとともに，調理器機・食器の衛生的取り扱い，調理室（厨房）の内外，特に冷蔵庫，冷凍庫，シンク（流し），下水溝（排水溝）などの清潔保持，清掃・採光・換気など，食品を汚染しないための調理環境の衛生管理が大切である。

また，食品関係者（生産・加工・流通・販売・調理・供食などにかかわる者）の衛生的対応が重要となり，自身の健康管理，身辺の衛生に心がけ，食品の安全性の確保に対処しなければならない。

3）安全な食事の提供

安全な食事の提供には，調理後，喫食するまで食事の管理が重要である。食事の従事者は，清潔な手で，清潔な器具，食器を使用し，温かい料理は65℃以上，冷たい料理は10℃以下の適温で供食する。腸管出血性大腸菌O 157は室温放置15〜20分で5倍に増殖するので，室温に長く放置しておかないこと。残った食事は清潔な器具，容器を使って保存し，時間が経ち過ぎたら，思い切って捨てる。残った食品を温め直すときも75℃以上に十分に加熱することが重要である。

5 食事づくり

Ⅰ 食事構成と献立

1）食事構成と食事バランスガイド

健康的で望ましい食生活のためのガイドとして「食事バランスガイド」が，2005（平成17）年に厚生労働省・農林水産省合同で公表された。全体が「コマ」の形で表現され，コマの本体は1日の食事構成のバランス，軸は必要な水分，そして，コマを回転させるのが適度な運動とし，「何を」「どれだけ」食べたらよいかをわかりやすくイラストで示している。

従来のような食品単品の組み合わせではなく，料理（主食，副菜，主菜，牛乳・乳製品，果物）の組み合わせを中心に表現することを基本としている。料理区分ごとに，1日に摂る料理の組み合わせとおおよその量を表し，単位は，「1つ（SV）」と表記している（図5-4，表5-13）。食事バランスガイド利用の手順は図5-5のとおりである。

第5章 食生活

図5-4 食事バランスガイド

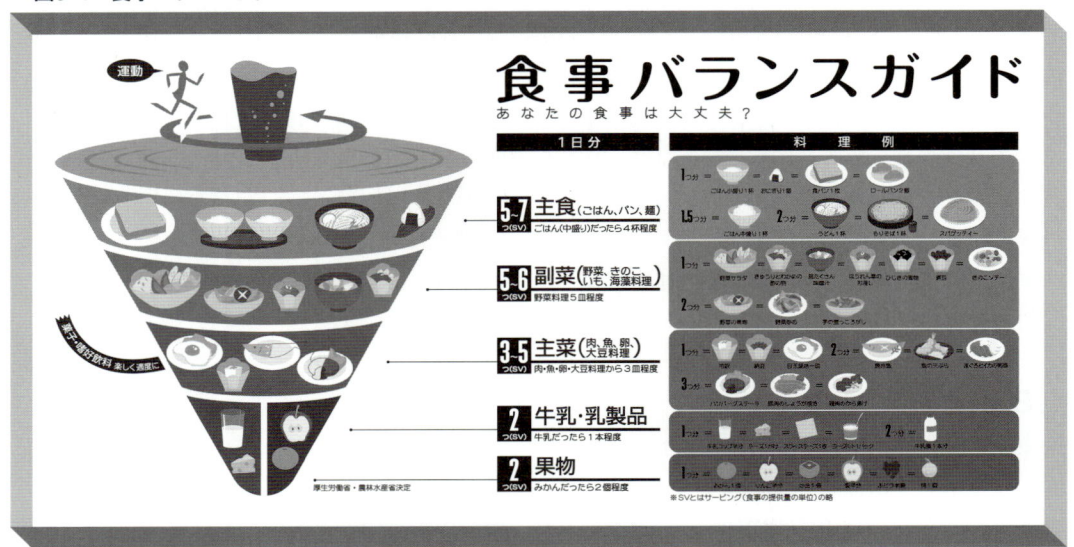

表5-13 1日の適量の把握（対象別，料理区分別）

エネルギー	主食	主菜	副菜	乳類	果物
1,600kcal	4～5	3～4	5～6	2	2
1,800kcal	4～5	3～4	5～6	2	2
2,000kcal	5～7	3～5	5～6	2	2
2,200kcal	5～7	3～5	5～6	2	2
2,400kcal	5～7	3～5	5～6	2	2
2,600kcal	7～8	4～6	6～7	2～3	2～3
2,800kcal	7～8	4～6	6～7	2～3	2～3

エネルギー区分ごとの対象者
1,600―1,800kcal：6～9歳の子ども，身体活動量の低い女性，高齢者の女性
2,000―2,400kcal：ほとんどの女性，身体活動量の低い男性，高齢者の男性
2,600―2,800kcal：12歳以上のほとんどの男性

2）高齢者，障害のある人のための食事計画

（1）食事計画の立案

　高齢者や障害のある人，一人ひとりに合った食事を提供するためには食事計画の立案が必要となる。**食事計画**の立案は以下の①～④の手順に従って行う。

① 栄養アセスメントを実施する：栄養アセスメントは，対象者の健康を維持・増進，回復，治療し，より良い栄養状態にするために栄養状態を総合的に評価する方法である。

② できるだけ多くの情報をもとに，対象者の全体像をつかみ，問題を分析し，栄養状態を総合的に評価する：対象者や介護者とコミュニケーションをとり，他職種と連携して，できるだけ多くの情報を収集することが必要となる。特に他職種から得られる情報には，食事計画を作成する際の問

5. 食事づくり

図5-5 食事バランスガイド利用の手順

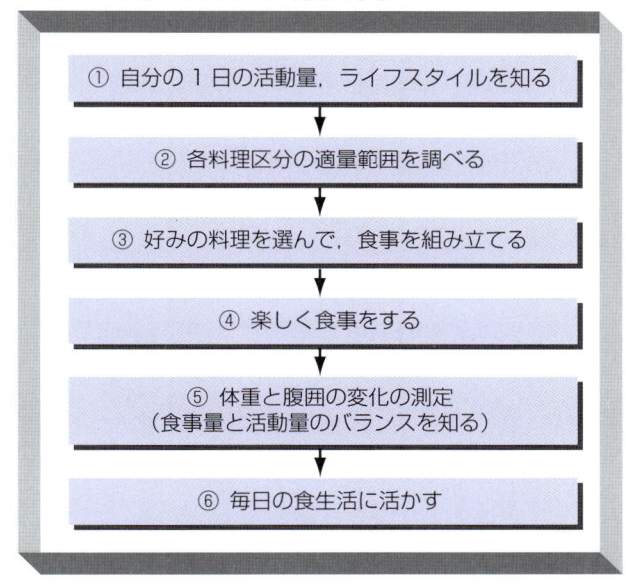

```
① 自分の1日の活動量，ライフスタイルを知る
        ↓
② 各料理区分の適量範囲を調べる
        ↓
③ 好みの料理を選んで，食事を組み立てる
        ↓
④ 楽しく食事をする
        ↓
⑤ 体重と腹囲の変化の測定
  (食事量と活動量のバランスを知る)
        ↓
⑥ 毎日の食生活に活かす
```

題解決のヒントが隠されていることが多い。
③ 問題解決についての目標を設定する。
④ 目標に向かっての食事計画を多方面から検討し，作成する。

(2) 栄養アセスメント

栄養アセスメントの具体的な項目には図5-6に示すようなものがある。これらの項目を総合的に評価し，食事計画を立てるときの情報とする。

3) 献立作成

献立は，いくつかの料理の組み合わせをいい，食事計画の一部を成す。食事バランスガイドをもとに，1日を単位として料理の組み合わせとおおよその量を決めるが，その際，年齢，健康度，社会的環境を踏まえて考える必要がある。また，日常食，客膳食，行事食，病人食などの用途により，その献立の内容を考える。よい献立の条件としては，以下に示す事柄などが考えられる。

> ① 喫食者の嗜好，食習慣が加味されている。
> ② 栄養のバランスがとれている（食事構成のバランスがとれている）。
> ③ 季節の食材（旬）を利用している。
> ④ 経済的である。
> ⑤ 喫食者に期待感をもたせられる。
> ⑥ 調理条件（調理時間・調理器具・調理能力など）を満たしている。

献立作成の手順は図5-7のとおりである。

献立作成後，使用する食品・分量を決め，在庫の確認，食品の購入を行う。調理作業全体の流れを見定め，喫食時刻に合わせてつくることが重要である。

第5章 食生活

図5-6　栄養アセスメントの項目

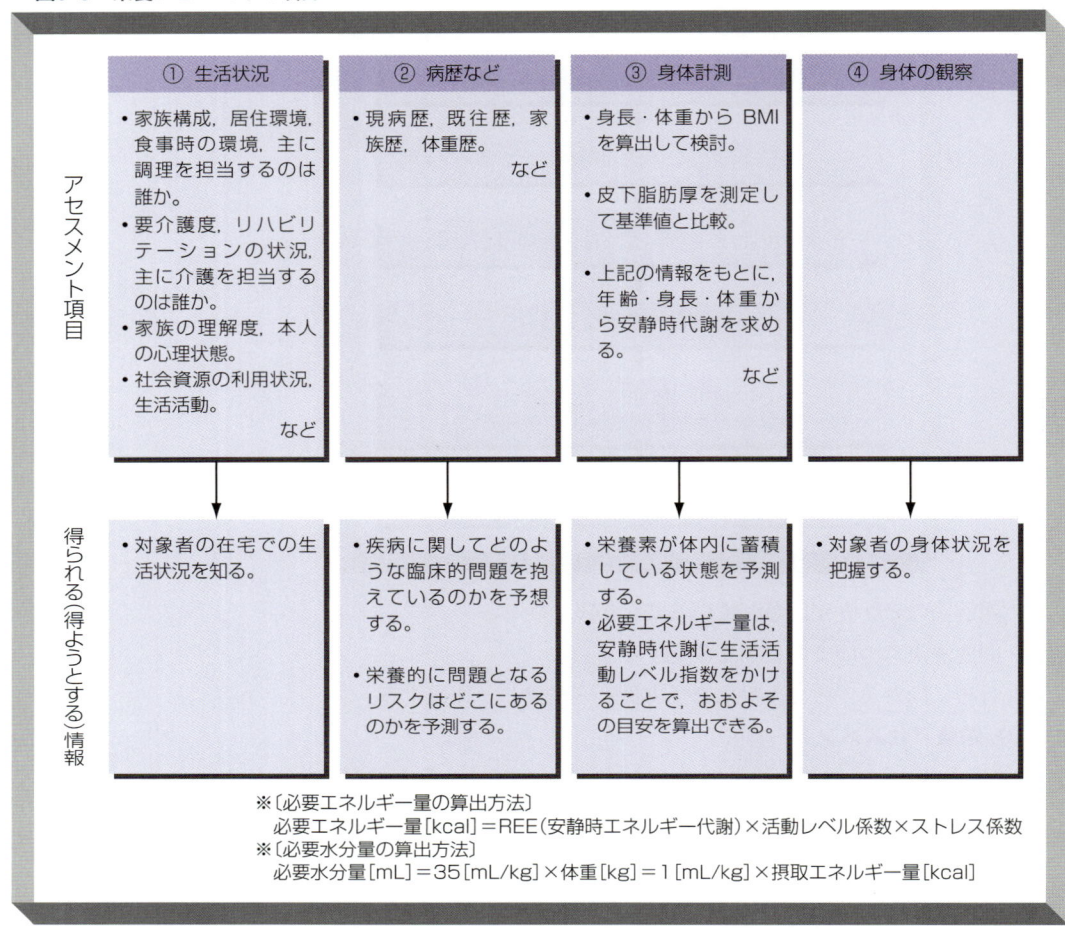

アセスメント項目	① 生活状況	② 病歴など	③ 身体計測	④ 身体の観察
	・家族構成，居住環境，食事時の環境，主に調理を担当するのは誰か。 ・要介護度，リハビリテーションの状況，主に介護を担当するのは誰か。 ・家族の理解度，本人の心理状態。 ・社会資源の利用状況，生活活動。 など	・現病歴，既往歴，家族歴，体重歴。 など	・身長・体重から BMI を算出して検討。 ・皮下脂肪厚を測定して基準値と比較。 ・上記の情報をもとに，年齢・身長・体重から安静時代謝を求める。 など	
得られる(得ようとする)情報	・対象者の在宅での生活状況を知る。	・疾病に関してどのような臨床的問題を抱えているのかを予想する。 ・栄養的に問題となるリスクはどこにあるのかを予測する。	・栄養素が体内に蓄積している状態を予測する。 ・必要エネルギー量は，安静時代謝に生活活動レベル指数をかけることで，おおよその目安を算出できる。	・対象者の身体状況を把握する。

※〔必要エネルギー量の算出方法〕
　必要エネルギー量[kcal]＝REE（安静時エネルギー代謝）×活動レベル係数×ストレス係数
※〔必要水分量の算出方法〕
　必要水分量[mL]＝35[mL/kg]×体重[kg]＝1[mL/kg]×摂取エネルギー量[kcal]

図5-7　献立作成の手順

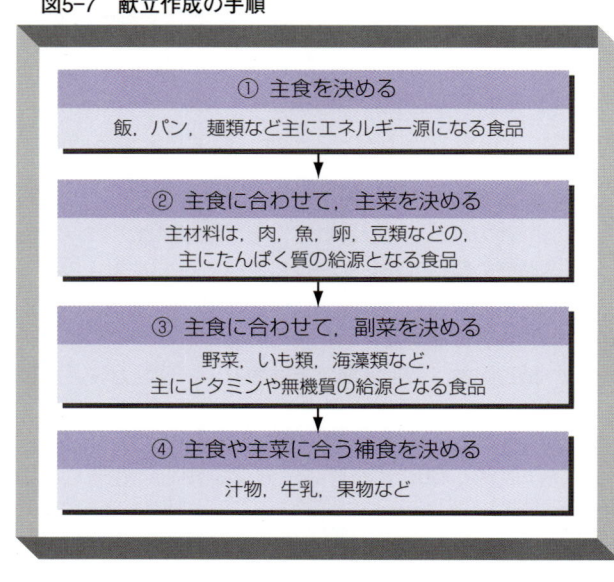

① 主食を決める
飯，パン，麺類など主にエネルギー源になる食品

↓

② 主食に合わせて，主菜を決める
主材料は，肉，魚，卵，豆類などの，
主にたんぱく質の給源となる食品

↓

③ 主食に合わせて，副菜を決める
野菜，いも類，海藻類など，
主にビタミンや無機質の給源となる食品

↓

④ 主食や主菜に合う補食を決める
汁物，牛乳，果物など

2 食事づくり

1）調理の意義と目的

調理は，食品を衛生的に安全なものとし，消化効率を高め，嗜好を満足させる状態，すなわち"食べ物"にするために行う。

① **安全で衛生的な状態**　植物の根や皮のような食べられない部分を取り除くこと，身体に害をおよぼす不純な成分を水や油で除去し無害化することであり，切る，洗う，下茹でなどの調理操作はこの目的をもつ。

② **消化・吸収しやすい状態**　生の米は，加水・加熱して飯の状態にすることで，体内で消化吸収されエネルギーとして利用される。

③ **嗜好を満たす**　料理によく合う食器，盛りつけ，彩り，季節感など，調理が生み出す心の豊かさというものがある。何よりもつくり手の心が食べる人に伝わるというコミュニケーションの力は大きい。

2）食品の調理法

調理操作は，非加熱操作と加熱操作とに大別される（図5-8）。

（1）主食に使われる食品の調理法

① **米**　うるち米は，でんぷんの糊化（α化）を完全にするため，洗米後，米の重量の1.5倍（容量の場合は1.2倍）の水に30分～2時間浸漬してから炊飯する。かゆの場合は洗米後，米の容量の5～20倍の水を加え浸漬した後，ゆっくりとかき混ぜないように静かに炊く。

図5-8　調理操作

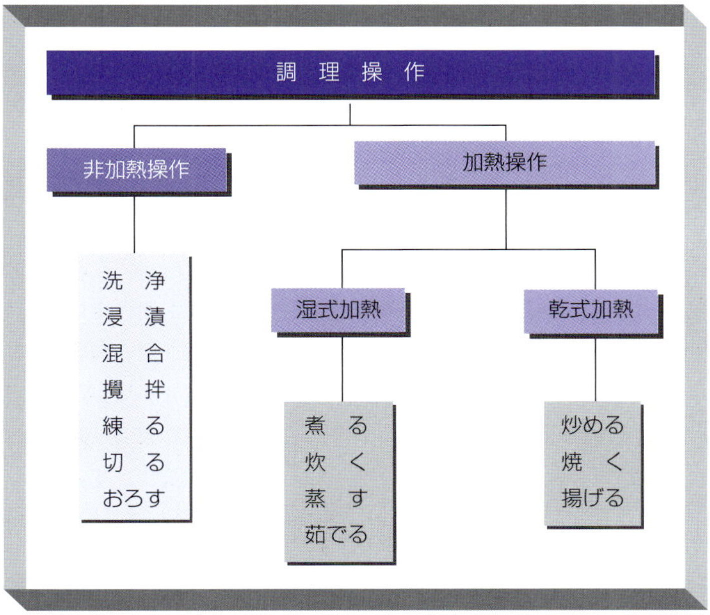

② **もち米**　うるち米よりも吸水率が高いので蒸し加熱が適しており，途中で1〜2回振り水をして蒸すとよい。うるち米に比べアミロペクチンの含有量が多いため，粘り気が強く，甘い。時間の経過により，でんぷんの老化（β化）がはじまる。

③ **小麦粉**　主成分はでんぷんとたんぱく質である。グルテン（たんぱく質成分）の含有量によって強力粉，中力粉，薄力粉に分類されており，用途により使い分ける。グルテンの含有量12％以上で粘弾性の強い強力粉はパンや麺に使用され，中力粉はうどん，グルテン含有量が8〜9％の薄力粉はてんぷらの衣や菓子，料理に粘性をつけるためのルーなどに利用される。

(2) 主菜に使われる食品の調理法

① **肉・魚介・卵類**　これらの食品のたんぱく質は，熱変性のため加熱すると凝固して硬くなる。皮や骨に含まれるゼラチンはコラーゲンの変性物で，長時間加熱すると組織分解して軟らかくなる。

　肉類は，魚介類に比べると肉質が硬いが，たんぱく質分解酵素を含む食品（しょうがやたまねぎ，パイナップルなど）を利用すると軟らかく調理できる。肉類で最も変質しやすいのは鶏肉，続いて豚肉であり，牛肉は比較的変質が遅い。肉の色素であるミオグロビンは，長期間の貯蔵や加熱で褐変する。

　鮮度のよい魚介類は生食できる。魚介類の生臭さは酢を使うことによって弱めることができる。また，酢には酸性化により微生物の発育抑制などの殺菌効果があるので，保存性を高める。鯖を酢に漬けると，魚肉たんぱく質が変性し，凝固して身がしまる。その他，酒やみりんなどの調味料，しょうがやねぎ，さんしょうなどの香味野菜や香辛料を使っても，消臭やよい香りづけができる。煮魚は，煮汁が沸騰してから魚を入れたほうが旨味の流出が少ない。煮汁を冷やすとにこごりとなる。

　卵はたんぱく質の他に種々のビタミンや無機質も含み栄養価が高く，アミノ酸価は100である。卵白は固形分中90％がたんぱく質で無機質も多い。卵黄は脂質が多く，乳化力があり消化性も高い。コレステロール含量が高いとされるが，制限されている場合を除いて，1日1個程度は摂取したい。凝固温度は，卵白：60〜80℃，卵黄：65〜73℃とそれぞれ異なる。固ゆで卵は，沸騰後10〜12分程度加熱し水にとるが，茹で過ぎると硫化第一鉄で暗緑色になる。温泉卵は，65〜70℃の湯の中で25〜30分加熱する。

② **豆類**　大豆，らっかせいは，たんぱく質，脂肪が多い。いんげん，あずき，えんどう豆は糖質が多い。大豆は植物性たんぱく質源として特に重要で，たんぱく質35％を含み，カルシウム，ビタミンB_1，B_2の給源でもある。豆類は十分に吸水させてから時間をかけて加熱するが，一度に大

量の砂糖を入れると硬くなる。ただし，あずきは吸水速度がきわめて遅いので浸漬しないで加熱することがある。

豆腐や味噌，納豆などの**大豆製品**は消化吸収のよいたんぱく質源であり，高齢者に好まれる食品である。

（3）副菜に使われる食品の調理法

① **いも類**　でんぷんの他，食物繊維や加熱に強いビタミンCも多く含んでいる。皮を剝いた後，水に浸しておくと褐変を防止できる。さつまいもを焼くと，含まれている糖質分解酵素の作用が加熱中長く持続するため，甘くなる。やまのいもは麦とろなど生で食べることが多いが，糖質分解酵素が多く含まれており，消化がよくなるためである。

② **野菜類**　緑黄色野菜は，主としてカロテンや鉄，カルシウム，食物繊維の供給源である。100g 中にカロテンが 600μg 以上含まれるものを**緑黄色野菜（有色野菜）**と呼ぶ。ほうれんそうは，シュウ酸を含んでいるため，加熱により変色しやすくなるが，塩を加えた湯に入れ短時間茹で，茹で上がったら手早く水にさらすと鮮やかな色に仕上がる。ほとんどの青菜には，ビタミンAの他，鉄分など無機質も含んでいるので1日50g以上摂取したい。

ごぼうやなす，りんごを切ったままにしておくと酸化酵素によって切り口が**褐変**する。この酵素が**ポリフェノール類，フェノール類**で，切り口を空気に触れないようにするか真水または3〜5％の食塩水や酢水に漬けることで，褐変を防止できる。

③ **調理法**　炒め物は，熱容量の大きい厚手の鍋を使用し，一回に炒める量は鍋の容量の1/2程度。強火で手早く火の通りにくいものから順に炒め，油の使用量は材料の5〜10％が適当である。

揚げ物は，160〜195℃で揚げ，食品の水分と油分を交代させ**テクスチャー**を変える。長時間加熱した揚げ油は小さな泡が多くでき，油切れが悪くなる。これを**油の劣化**という。**乳化**したショートニングやマーガリンは劣化しにくいが，植物油は劣化しやすい。

（4）寒天とゼラチンの調理法

海藻（天草）を原料とする**寒天**は食物繊維や無機質を多く含み，低カロリーのため肥満防止や整腸作用に役立つ。たんぱく質（コラーゲン）を主成分とする**ゼラチン**は消化もよく，エネルギー源としてもよい食品である。

寒天やゼラチンが溶けて糊化することを**ゾル**といい，ゼリーを形成する膠化を**ゲル**化という。

ゼラチンの凝固温度は8℃で冷水や冷蔵庫に入れて固めるが，寒天の凝固温度は28〜35℃で室温でも固まる。寒天で水羊羹や淡雪羹をつくるときは，分離させないために45℃程度まで液体を冷ましてから型に流すとよい。ゼラチ

ンの方が保水性はあるが，寒天・ゼラチンともに冷凍耐性はない。

寒天・ゼラチンは必ず水に膨潤させてから使用するが，溶解温度は寒天が90℃以上，ゼラチンは33〜45℃である。寒天やゼラチンを煮溶かす際，柑橘類など酸を含む果汁とともに加熱すると凝固しにくくなる。

(5) 味覚と調味料

味覚には，甘味・酸味・塩味・苦味・旨味があり，これらを**5味覚**という。甘味は舌先，酸味は舌の両側，塩味は舌先と舌縁，苦味は舌の後方で感じる。甘味は体温程度，塩味と苦味は低温のほうが強く感じる。

味覚には対比効果があり，汁粉に塩を少し加えると甘味を強く感じるなど，相反する味の調味料の添加によって主な味を強く感じる現象である。味の相殺効果は，夏みかんに塩をつけると酸味が気にならないなど，主な味が弱く感じる現象を指す。なお，煮物などの調味は，サ（砂糖）シ（塩）ス（酢）セ（しょうゆ）ソ（味噌または化学調味料）の順に行うと，味が染込みやすく風味を活かすことができる。

① **塩味**　一般に好まれる塩味の濃度は，汁物：0.8〜1.0％，煮物，炒め物：1.0〜2.0％である。一方，味噌の塩分量は淡色辛味噌：12.4％，赤色辛味噌：13.0％。しょうゆの塩分濃度は，濃い口しょうゆ：4.5％，薄口しょうゆ：16.0％である。加工食品はすでにかなりの塩分を含んでいることに注意する必要がある。**減塩食**については以下のような工夫を行う。

1) 汁物のだしをよく効かせ，旨味を利用し具を多くする。
2) 香味野菜や香辛料および酸味を利用し，植物油も上手に利用する。
3) 調味料入れは容器の振り出し口を小さくする。
4) だし汁で割ったしょうゆや減塩しょうゆ，減塩ソースなどを利用する。
5) 食べる直前に味つけする。

② **甘味―砂糖―**　砂糖類を170〜190℃に加熱すると，暗褐色の粘稠液（ねんちゅう）となる。この現象をカラメル化という。また，濃い砂糖溶液を加熱すると，粘性，透明感などが変化し，それを利用したのがシロップである。

③ **旨味**　かつお節にはイノシン酸，昆布にはグルタミン酸，干ししいたけにはグアニル酸の旨味成分が含有されている。昆布とかつお節でだし汁をとることにより味の相乗効果を発揮し旨味が増す。

(6) 調理器具

① **加熱器具**　**電磁調理器**は，誘導加熱により食品を加熱する器具で，鉄系の鍋を使用し，鍋を下ろすと熱源がなくなる仕組みなので，高齢者には安全といわれているが，ペースメーカーの利用者は注意が必要である。(土鍋・耐熱ガラス鍋などが使えない機種もある)。**電子レンジ**は，食品中の水分がマイクロ波のエネルギーを吸収し，食品自体が発熱し，加熱する。

② **鍋**　アルミニウムの鍋は，熱伝導が高く熱しやすいという利点もあ

6 食生活と生活習慣病

1 健康とは何か

　健康と長生きは，昔から多くの人の願いである。**健康**とは，身体面のみでなく，精神面・社会面とも深くかかわるものであり，自分が健康であるか，健康でないかといった健康観には，精神的な面と身体的な面がある。多くの人は，健康と病気を対比させて考えているため，病気でなければ健康であると考えている。また，健康状態に異常がなくても，運動不足，睡眠不足，ストレスといったものを生活上で感じていれば，自分は健康でないと感じる人もいる。

　日本人の**平均寿命**は，戦後大幅な伸びを示し，世界一の長寿大国となった。数字の上では世界最高水準の健康が得られたが，寝たきりや認知症の高齢者の増加，若年層・子どもの生活習慣病の増加，過労死，栄養価の少ない食事など，健康をおびやかす要因は減っていない。医療の進歩により，急速な平均寿命の伸びは達成できたが，これらの事実は，**健康寿命**を保証するものではない。老化とともに必然的に生じる疾病もあり，加齢にともなう自然な疾病は減ることはない（表 5-14）。

　疾病の克服には健康の保持・増進が重要なこととなる。しかし，健康阻害要因をすべて取り除くことは事実上不可能であり，日ごろからできる限り疾病の

表 5-14　年齢階級別死因順位・構成割合（第 5 位まで）

年齢階級	第1位 死因	%	第2位 死因	%	第3位 死因	%	第4位 死因	%	第5位 死因	%
20～29	自殺	49.8	不慮の事故	19.2	悪性新生物	7.5	心疾患	5.7	脳血管疾患	1.4
30～34	自殺	40.6	悪性新生物	16.3	不慮の事故	11.1	心疾患	8.4	脳血管疾患	3.6
35～39	自殺	31.8	悪性新生物	21.8	心疾患	9.9	不慮の事故	9.3	脳血管疾患	6.1
40～49	悪性新生物	26.9	自殺	23.3	心疾患	12.0	脳血管疾患	8.3	不慮の事故	7.0
50～54	悪性新生物	40.0	心疾患	12.3	自殺	12.2	脳血管疾患	9.0	不慮の事故	4.8
55～64	悪性新生物	45.4	心疾患	12.0	脳血管疾患	8.3	自殺	7.9	不慮の事故	4.2
65～84	悪性新生物	48.0	心疾患	12.3	脳血管疾患	8.2	肺炎	4.0	不慮の事故	3.3
85～89	悪性新生物	21.4	心疾患	18.7	肺炎	14.0	脳血管疾患	12.6	老衰	4.0
90～94	心疾患	20.3	肺炎	15.9	悪性新生物	14.6	脳血管疾患	12.8	老衰	8.7
95～99	心疾患	20.9	肺炎	16.5	老衰	15.4	脳血管疾患	12.1	悪性新生物	9.4
100歳以上	老衰	26.3	心疾患	19.5	肺炎	16.4	脳血管疾患	9.9	悪性新生物	5.5

注）構成割合は，それぞれの年齢階級別死亡数を１００とした場合の割合。
資料）平成 21 年人口動態統計

第5章 食生活

予防，健康増進に取り組み，場合によっては病気との共存も認めるような健康観が必要となってくる。

身体的な健康は，生体内の内部環境の**恒常性（ホメオスターシス）**により維持しているが，生体リズムと発病時刻とは大きく関係している。外部環境においては，栄養・運動・休養などの**生活習慣要因**が健康に大きな影響を与えている。

個々人で健康観は異なるため，健康状態が良好であっても，さらに健康の保持・増進を図ることが，その人の健康感を高めていくのに重要なこととなる。これからの健康は，「いかに**オプティマムヘルス（最善の健康）**に近づくか」が重要になってくる。厚生労働省は，第3次国民健康づくり運動として，生活習慣病やその原因となる生活習慣の改善などに関する課題を選定し，2010年度を目途とした目標値などを提示する「**21世紀における国民健康づくり運動（健康日本21）**」を定めている。

2 生活習慣病と食生活

1）生活習慣病とは

厚生労働省は，1945（昭和20）年より毎年，国民の健康状態および栄養素などの摂取状態を把握するため，**国民栄養調査**を行っている。平成22年度国民健康・栄養調査によると，平均1人1日当たりのエネルギー摂取量は徐々に減

> **国民栄養調査**
> 平成15年からは，健康増進法の施行にともない，栄養だけでなく運動，休養，飲酒，喫煙，歯の健康など生活習慣全般に調査項目が拡充され，名称も「国民健康・栄養調査」と改められた。

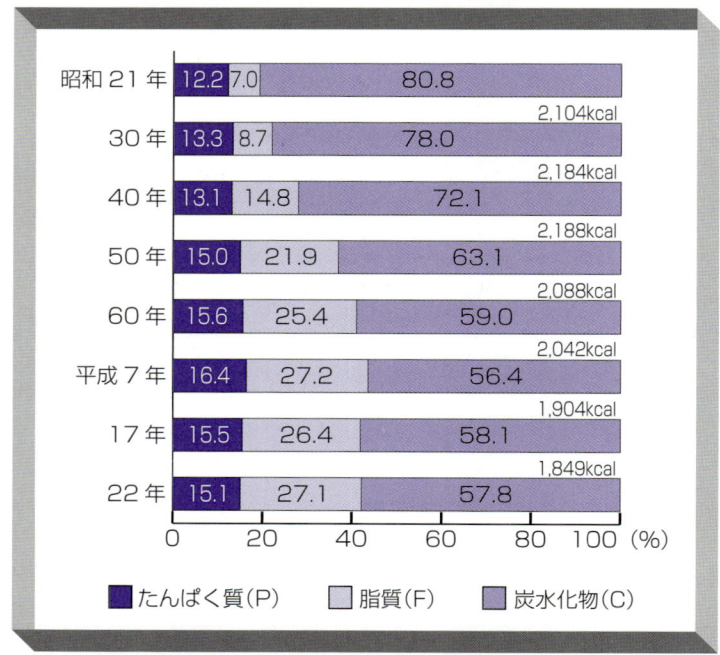

図5-9　PFC比率ならびにエネルギー摂取量の年次推移

年	たんぱく質(P)	脂質(F)	炭水化物(C)	エネルギー
昭和21年	12.2	7.0	80.8	
30年	13.3	8.7	78.0	2,104kcal
40年	13.1	14.8	72.1	2,184kcal
50年	15.0	21.9	63.1	2,188kcal
60年	15.6	25.4	59.0	2,088kcal
平成7年	16.4	27.2	56.4	2,042kcal
17年	15.5	26.4	58.1	1,904kcal
22年	15.1	27.1	57.8	1,849kcal

資料）厚生労働省：『平成22年度国民健康・栄養調査』

少している。

　食事摂取基準（2015年版）」では，エネルギー産生栄養素バランスという概念が示され，たんぱく質：12～30，脂質：20～30，炭水化物：50～65（いずれも単位は，％エネルギー）が目標値とされた。PFC比率の推移をみると，かつては主食である米を主な摂取源とする炭水化物（C）の摂取比率が80％を超えていたが，昭和40年代からは食生活の変化に伴って減少し，平成22年には57.8％であった（図5-9）。また，同食事摂取基準に対する充足率は，ビタミンC，カルシウム，鉄が下回っており，他の栄養素は上回っている。

　生活習慣病には，ガン，高血圧，糖尿病，動脈硬化，白血病，狭心症，低血圧，神経痛，関節痛，リウマチ，喘息，肥満，骨格形成不全，肝臓機能障害，腎臓機能障害，甲状腺機能障害などがある。これらの生活習慣病の発症には，遺伝要因，外部環境要因，生活習慣要因などがかかわっていると考えられる（図5-10）。

PFC比率
　三大栄養素である，たんぱく質（Protein）・脂質（Fat）・炭水化物（Carbohydrate）それぞれに由来するエネルギーの比。「日本人の食事摂取基準（2005年版）」では，成人の場合P：20％未満・F：20以上25％未満・C：55～60％が望ましいとされている。

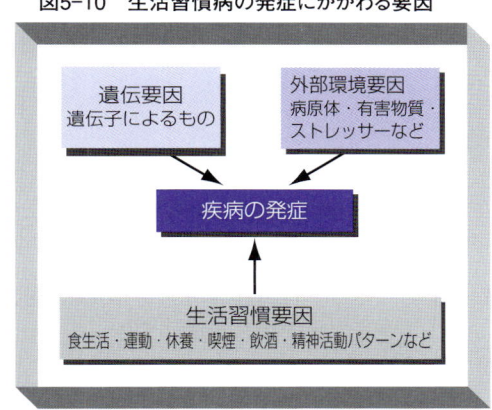

図5-10　生活習慣病の発症にかかわる要因

2）生活習慣病の予防

（1）循環器系生活習慣病とその予防

　循環器系の生活習慣病には，高血圧症や動脈硬化症も深く関与しており，主な心臓病には，心臓の冠状動脈に起因する虚血性心疾患などがある。

　動脈硬化は，コレステロール，中性脂肪などの脂肪やその他の血液成分が動脈の内側に蓄積することにより，動脈壁に弾力性がなくなり，硬化して動脈の内腔が狭くなる。動脈硬化の進行が，狭心症や心筋梗塞，脳梗塞など血管系の病気を誘発する危険因子となる。

　動脈硬化を促進させる動物性食品，コレステロールを含む食品や動物性油脂などの摂取，糖質の多い食品や果物などの過剰摂取は，血液中の中性脂肪を増加させるので注意したい。

　塩分を多く含む加工食品や食塩の過剰摂取は，高血圧の促進因子のひとつで

第5章 食生活

ある。1日当たり10g以下の塩分摂取は、食生活面での高血圧の予防となる。

（2）内分泌系の生活習慣病とその予防

肥満は、糖尿病、高血圧、高脂血症の促進因子である。肥満とやせの判定法はさまざまに考案されているが、最も代表的なのが **BMI**（body mass index；体格指数）である。BMIは以下の算式によって算出され、18.5未満を低体重、20～25未満を普通体重、25以上を肥満症としている。

$$BMI = 体重（Kg）÷ 身長（m）^2$$

肥満を解消するには、運動や身体活動の強化により、体脂肪として余分に蓄積された脂肪組織中の中性脂肪の消費を多くすること。それとともに、バランスのとれた食事と食物繊維の豊富な食品摂取により、摂取エネルギーを抑え、体重増加の予防を心がけることが重要である。

糖尿病は、すい臓から分泌するインスリンの作用不足または非分泌によって、**血糖**が異常に増加する病気である。合併症として視力障害、腎臓障害、神経障害を起こす。糖尿病の予防・治療では食事療法が不可欠である。食品の1単位（80kcal）の分量を示した「**糖尿病療法のための食品交換表**」を利用するとよい。

腎臓病では、むくみ（浮腫）、たんぱく尿、高血圧、尿毒症などの症状がみられる。腎臓病の治療では特に食事管理が重要であり、病気の状態に応じて、たんぱく質や塩分、カリウム、水分などの摂取制限や禁止が必要となる。

加齢とともに骨のカルシウムは、血液中に損失して骨はもろくなり、**骨折**や**骨粗しょう症**につながる。神経過敏症や骨粗しょう症の予防のためにも、カルシウム補給が必要で、1日当たり700mgの摂取量を目標とする。

3）生活習慣病予防の施策

生活習慣病は、生活習慣を見直すことによって、病気が進行するのを予防できる。生活習慣の基礎は小児期に育まれるため、家庭教育や学校での保健教育などを通じて小児期から健康教育を推進することにより、生活習慣病や合併症などによる著しい **QOL**（quality of life）の低下が予防できる。同時に、年々増大する国民医療費の抑制にもつながる。生活習慣病の発症を未然に防ぐために、2008（平成20）年4月から、「**特定健康診断（特定検診）・特定保健指導**」の制度が実施されている。これは、40～74歳までを対象に、**メタボリックシンドローム**（内臓脂肪症候群）の該当者や予備軍を早期発見し、対象者に生活や食事の改善を指導することを目的としている。

7　より豊かな食生活への課題

1）食生活の満足度（QOL）

平成16年度「高齢者の日常生活に関する意識調査」（内閣府）によると、「食

QOL
　一般に「生活の質」と訳されている。「人生の質」、「生命の質」などの意味も含み、物質的な面だけでなく精神的な面も含めた豊かさをとらえようとする考え方である。

メタボリックシンドローム（内臓脂肪症候群）
　内臓脂肪型肥満（判定基準は、腹囲が男性は85cm以上、女性は90cm以上）に加えて、高血糖、高血圧、脂質異常のうち、いずれか2つ以上を合わせ持った状態を指す。40～74歳までの男性の2人に1人、女性では5人に1人が、該当者および予備軍という計算がある。

7. より豊かな食生活への課題

生活全般に関する満足度」では，「満足している」42.9%，「まあ満足している」50.7% で，両方を合わせると 90% 以上の被調査者が日常生活での食生活に満足しているとの結果であった。

満足と回答した人を居住形態別にみると，「単身世帯」はやや低く 85.4%，健康状態別では健康状態が「普通以上」では 95% を超え高いが，「良くない」では「満足している，まあ満足している」67.3% と低い。経済的状況別では，経済的に心配なくくらしている人では 95% を超えていたが，家計が苦しく非常に心配である人は 80.0% と低くなっていた。高齢者の食生活に大きく影響しているのは健康状態で，経済的状況，同居形態がこれに続くと推測される。

2）欠食・個食と共食

厚生労働省による「平成 13 年度国民栄養調査」で，食生活状況を年齢階級別でみると，普段欠食をする習慣がある者の割合は，20～29 歳が最も多く，男性で 46.3%，女性で 34.7% であった。また，朝食の欠食率は，20 歳代男性が 20.4%，女性が 11.2% で最も高率であった。必要な栄養素を食事から「十分とれている」と回答したものは，男性で 18.4%，女性で 13.3% であり，高齢になるほど，また女性より男性に「とれていない」と自己評価する者の割合が多い。高齢者の中には，面倒なので食事を抜いたり，簡単な食事ですませたり，会話のない**孤（個）食**など，栄養摂取面や食事満足度で問題があったが，一人暮らしや夫婦だけであっても，**共食**の回数が多い場合は，栄養摂取面や食事満足度などに問題が少ないという結果であった。共食は，食事を介して人とのコミュニケーションをもたらしており，QOL の改善とともに，喫食者の社会性を高めるなど精神的・心理的側面の機能をもつ。

3）食の外部化

近年，調理済み食品や半調理品，冷凍食品などを利用した食の簡便化の傾向が著しい。背景には，食品加工技術およびコールドチェーンや宅配の発達，家庭における冷凍庫，電子レンジなどの普及が考えられる。食品工業界や流通経路の変化は，外食・中食産業の発達を促し，**食の外部化**が進展している。1 日の外食率は 18.5% で，特に昼食の外食率は 20～50 歳代男性で 50% 以上であった。複数世代同居世帯においても，女性の就業率の高まりにともなって昼間だけ独居の高齢者が増加している。単調になりがちな食生活への対応としてデイケアの利用や配食サービスの充実などが必要となる（表 5-15，16）。

4）食料自給率と食品ロス率

わが国の**食料自給率**は年々低下し，平成 25（2013）年度は，カロリーベースで 39%，生産額ベースで 65% であり，主要国・地域の中で最低の水準となっ

中食（なかしょく）
外食と家庭調理の中間にあるものとして，惣菜や弁当類，調理済みパンなどを，弁当屋やコンビニエンスストアなどで買ってきて家庭で食べるような食事形態。

第5章 食生活

表5-15 1世帯当たり1か月間の支出（うち、食料・調理食品・外食） （単位：円）

	消費支出	食料	調理食品	一般外食	調理食品＋一般外食	食料支出に対する（調理食品＋外食）の割合(%)
平成17年	266,508	60,532	7,305	11,724	19,029	31.4
22年	252,328	58,635	7,251	10,724	17,975	30.7
23年	247,223	58,376	7,407	10,619	18,026	30.9
24年	247,651	58,500	7,548	10,747	18,295	31.3

注）外食のうち、学校給食は除外してある。
資料）平成24年家計調査。

表5-16 中食産業・外食産業の市場規模の推移 （単位：兆円）

	平成2年	平成7年	平成12年	平成17年	平成22年
中食産業	2.3409	3.1434	4.9878	5.5158	5.6901
外食産業	25.6760	27.8666	26.9925	24.3903	23.4405

資料）（財）食の安心・安心財団付属機関外食産業総合調査研究センター調べ。
注：1）中食産業の市場規模は、料理品小売業（弁当給食を除く）の値。
　2）外食産業の市場規模には中食産業の市場規模は含まない。

ている（表5-17）。食料自給率低下の主要因は，畜産物や油脂類の生産に必要な穀類の生産不足，米の消費の減少，畜産物や油脂類の消費の増加といった食生活の変化である。その一方で，食品ロス統計調査（平成6年・農林水産省）によると，全世帯平均の**食品ロス率**は3.7%である。食品廃棄物の90%は，焼却・埋め立て処分されている。開発途上国を中心に約7億8千万人が栄養不足に直面しているなかで，このように食べ残しや廃棄が生じ，食料資源が無駄使いされることへの批判とともに，環境への影響も指摘されている（表5-18）。

表5-17 主要国・地域の食料自給率（カロリーベース）〔2011年〕 （単位%）

国・地域	自給率
カナダ	258
オーストラリア	205
フランス	129
アメリカ	127
スペイン	96
ドイツ	92
イギリス	72
スウェーデン	71
オランダ	66
イタリア	61
スイス	57
韓国	41
日本	39

資料）農林水産省「食料需給表」，FAO"Food Balance Sheets"等を基に農林水産省で試算（酒類等は含まない）。

表5-18 世帯における食品ロス率の推移 （%）

		平成16年	平成17年	平成18年	平成19年	平成21年
廃棄	過剰除去	2.0	2.0	2.0	2.0	2.0
	直接廃棄	0.9	0.9	0.7	0.7	0.6
	小計	2.9	2.9	2.7	2.8	2.7
食べ残し		1.3	1.1	1.0	1.0	1.0
計		4.2	4.1	3.7	3.8	3.7

資料）農林水産省：平成21年食品ロス統計調査

コラム

食生活指針

　わが国の食生活は，海外からの食料輸入の増大に加え，食の外部化や生活様式の多様化が進展し，飽食ともいわれるほど豊かなものになっている。その反面，脂質の摂り過ぎなどの栄養バランスの偏りや，食料資源の浪費などの諸問題が顕在化している。このような状況を踏まえ，平成12年3月農林水産省，厚生省（当時），文部省（当時）が共同して10項目からなる食生活指針を策定した。

食事を楽しみましょう
- 心とからだにおいしい食事を，味わって食べましょう
- 毎日の食事で，健康寿命をのばしましょう
- 家族の団らんや人との交流を大切に，また，食事づくりに参加しましょう

1日の食事のリズムから，健やかな生活リズムを
- 朝食で，いきいきした1日を始めましょう
- 夜食や間食はとりすぎないようにしましょう
- 飲酒はほどほどにしましょう

主食，主菜，副菜を基本に，食事のバランスを
- 多様な食品を組み合わせましょう
- 調理方法が偏らないようにしましょう
- 手作りと外食や加工食品・調理食品を上手に組み合わせましょう

ごはんなどの穀類をしっかりと
- 穀類を毎食とって，糖質からのエネルギー摂取を適正に保ちましょう
- 日本の気候・風土に適している米などの穀類を利用しましょう

野菜・果物，牛乳・乳製品，豆類，魚なども組み合わせて
- たっぷり野菜と毎日の果物で，ビタミン，ミネラル，食物繊維をとりましょう
- 牛乳・乳製品，緑黄色野菜，豆類，小魚などで，カルシウムを十分にとりましょう

食塩や脂肪は控えめに
- 塩辛い食品を控えめに，食塩は1日10g未満にしましょう
- 脂肪のとりすぎをやめ，動物，植物，魚由来の脂肪をバランスよくとりましょう
- 栄養成分表を見て，食品や外食を選ぶ習慣を身につけましょう

適正体重を知り，日々の活動に見合った食事量を
- 太ってきたかなと感じたら，体重を量りましょう
- 普段から意識して身体を動かすようにしましょう
- 美しさは健康から。無理な減量はやめましょう
- しっかりかんで，ゆっくり食べましょう

食文化や地域の産物を活かし，ときには新しい料理も
- 地域の産物や旬の素材を使うとともに，行事食を取り入れながら，自然の恵みや四季の

第5章 食生活

変化を楽しみましょう
- 食文化を大切にして，日々の食生活に活かしましょう
- 食材に関する知識や料理技術を身につけましょう
- ときには新しい料理を作ってみましょう

調理や保存を上手にして無駄や廃棄を少なく
- 買いすぎ，作りすぎに注意して，食べ残しのない適量を心がけましょう
- 賞味期限や消費期限を考えて利用しましょう
- 定期的に冷蔵庫の中身や家庭内の食材を点検し，献立を工夫して食べましょう

自分の食生活を見直してみましょう
- 自分の健康目標をつくり，食生活を点検する習慣を持ちましょう
- 家族や仲間と，食生活を考えたり，話し合ったりしてみましょう
- 学校や家庭で食生活の正しい理解や望ましい習慣を身につけましょう
- 子どものころから，食生活を大切にしましょう

引用文献・参考文献

- 健康・栄養情報研究会編：国民栄養の現状－平成14年度国民栄養調査報告結果－，第一出版，2004.
- 厚生労働省政策統括官付政策評価官室：平成17年版厚生労働白書，2005.
- 健康局総務課生活習慣病対策室：平成15年国民健康・栄養調査結果の概要について，2005.
- 農林水産省消費統計室：平成16年度食品ロス統計調査（世帯調査）結果の概要，2005.
- 内閣府政策統括官（共生社会政策担当）付少子・高齢化対策担当：平成16年度高齢者の日常生活に関する意識調査，2005.
- 第一出版編集部編：厚生労働省策定日本人の食事摂取基準（2005年版），第一出版，2005.
- 厚生統計協会編：2005年版国民衛生の動向，厚生統計協会，2005.
- フードガイド（仮称）検討会：食事バランスガイド，厚生労働省健康局・農林水産省消費・安全局，2005.
- 武藤静子：ライフステージの栄養学，朝倉書店，1999.
- 福祉士養成講座編集委員会：家政学概論，中央法規，2001.
- 茂木美智子：キッチンスペシャリストハンドブック，日本住宅設備システム協会，1999.
- 熊谷修：肉も食べ続ける食生活の大切さ，東京都老人総合研究所，2000.
- 大貫稔監修：おいしく食べる，学研，2004.

6章 住生活とすまい

1 住宅と住生活

1 人権保障としての住宅

1）敗戦後の住宅政策

わが国の住宅は，自然災害だけでなく社会の動向や政策に翻弄されながら今日にいたっている。振り返ると，焦土と化したわが国の戦後復興は，深刻な住宅不足の解消（420万戸）からスタートした。社会が安定するに従って，一定の規模・水準，堅牢な構造，十分な設備や周辺環境など，住宅の質の向上を求めるようになっていった。しかし，敗戦後10年を経て，1956年の『経済白書』（経済企画庁）に「もはや戦後ではない」とうたわれ衣食は足りても，1979年にいたってなお，EUが「〜日本人は西欧人ならウサギ小屋としか思えないようなところに住むワーカホリックであり〜」と，わが国の住宅の実情を酷評するほど，「住」の戦後は長引いた。

さらに，高度経済成長期には人口が都市部に集中し，〈遠・高・狭〉（遠くて，高価で，狭い）の住宅は，通勤ラッシュや長時間通勤，鍵っ子の誕生など，家族構成員の生活を翻弄した。また，バブル期の土地高騰時には，賃貸住宅に住む高齢者が立ち退きを余儀なくされる，あるいは堅実なサラリーマンが価格高騰により住宅取得困難となる，重いローンを抱える，ホームレスになる，など「住」をめぐる問題は，人びとのくらしを重く左右してきた。このような状況の背景には，わが国の戦後の住宅政策が一貫して持ち家中心であり，その結果「家を得ることは男子一生の仕事」，「家を得て，家族を失う」などといわれ，人びとは住宅に対する個人的努力を重ねたが，社会政策にまで住要求を育てることができずにきたこともあろう。

2）住居と人権

本来住居は，人の命の安全と安心・健康，家庭や地域の幸福を支える土台なのである。劣悪な住まいでは，心身の健康や情緒の安定が脅かされ，人格形成にも影響しかねない。「住居は人権であり福祉の基礎である」[1) そして「居住の権利は生存権の基礎である」[2) とされ，憲法第25条の「健康で文化的な生活」すなわち基本的人権を保障する場なのである。なお，国連では，「適切な居住

表 6-1　適切な住まいの 7 項目（第 2 回国連人間居住会議）

ⓐ 住んでいる人が，安心して住み続けられるように，法的に守られていること。
ⓑ 水やエネルギー，衛生や救急の施設やサービスを利用できること。
ⓒ 費用が高すぎないこと。
ⓓ 住むのに適していること。
ⓔ 誰でも入居できること。
ⓕ 場所に無理や不都合がないこと。
ⓖ 住む人や土地の文化に合っていること。

＊訳／文責：渡辺玲子／監査：中井伊都子　http://www.portnet.ne.jp/~vivo/sumai/GC4-2.html

の権利」（1991 年）を定め，「適切な住居とは……適切なプライバシー，適切なスペース，適切な安全，適切な照明と換気，適切で基本的なインフラ，仕事と基本的な施設に関しての適切なロケーション，それらすべてが妥当な費用であること」とあり，具体的な 7 項目（表 6-1）をあげている。

住居にかかわる人権を内包する法律や宣言文は，他に国連による「世界人権宣言」（1948 年），「児童の権利宣言」（1989 年）など，国内外に多くみられる。また，わが国では，阪神・淡路大震災により倒壊した建物の大半が「新耐震基準施行」（1981 年）以前の建物であった経験を踏まえ，「安全な住宅に居住する権利」を求める動きもある。

人間にふさわしい住宅でくらすことは，すべての国民の基本的人権であり，国は国民に対し，それを保障する責務を負っていることを銘記しておこう。

「安全な住宅に居住する権利を確保するための法整備・施策を求める決議」日本弁護士連合会第 48 回人権擁護大会決議（2005 年 11 月 11 日）

2 変容する住文化・家族と多様化する住宅

1）変容する住文化

住宅とそこでの生活，すなわち総体としてとらえる住生活の文化は，当然ながら時代や地域による違いを生み出している。すなわち，①自然環境（気候・風土・地質・自然界にある建築材料など），②社会環境（家族・生活関連施設・法規など），③経済環境（生産様式・職業・地価や建設費・人工的建築材料など），④文化環境（生活様式・住居観・宗教や信仰など）の 4 つの側面を有機的に組み合わせ，試行錯誤を重ねながら住文化をつくり，実際の建物として具体化している。その結果，構造・材料・形式（屋根や窓など）・敷地の配置などの異なる多様な建物，また家族を含む共に住む集団の違いによる，さまざまな住宅の規模や間取りなどが存在している。

わが国については，亜熱帯特有の高温多湿という気候風土を背景に，豊富にある木材を用い，襖・障子などで間仕切られた，夏の過ごしやすさを旨とする木造の住宅がつくられてきた。そしてそこでは，玄関で下足を脱ぐ，正座して食事をする，布団に就寝する，床の間に季節の掛け軸や花を飾るなど，特有の住文化が形成された。しかし現在では，住宅の産業化や居住者のニーズの変化

などを背景に，集合住宅を含めて画一的な住宅が増え，かつてあった日本の住文化は失われつつある。

こうした，住文化の喪失への見直しから，克雪型・パッシブソーラー型など気候条件に対応する住宅，農村型ライフスタイルに調和する住宅，伝統的な町並みを活かす住宅などを模索し，また地域産材を活用した住宅生産の取り組み[3]もなされ，地域に根ざす住文化再生の動きがある。

2）変容する家族

少子高齢社会である現代では，合計特殊出生率の低下や晩婚化，核家族化や家族規模の縮小，高齢夫婦や単身高齢者世帯の増加など，家族の形態や規模は大きく変容している。また，一生を単身で過ごす者や，子どものいる男女，あるいは趣味を同じくする仲間と共同でくらすなど，社会の基礎単位であった"家族"を選択しない生き方も容認されつつある。

さらに，女性の高学歴化や社会進出などを背景に専業主婦が減少し，結婚・出産後も働き続ける，あるいは育児が一段落した後，再就職したりパート就業をはじめるなどの母親も多い。そうしたなか，子どもの多くは小さな集団の中で育ち，かつてのように祖父母や兄弟姉妹に囲まれて多世代との人間関係に触れ，多様な生活経験を獲得する状況にない。

わが国は戦後，家制度を廃止することで相続制度や親の扶養のあり方などが

国や地方自治体を主体とした HOPE 計画（Housing with Proper Environment ＝ 地域住宅計画）や木造振興政策の実施，民間での林業グループとユーザーとの「産直」による住宅づくりなど。

表 6-2　親子 2 世帯の住まい方の形態と特徴

	形　態	特　徴	備　考
同居	親子両世帯が，寝室以外のほとんどの生活空間を共有する。	・親世代の扶養，介護がしやすい。 ・高齢者から若い世代へと生活文化（しきたりや子育ての知恵など）を伝承しやすい。 ・高齢者の孤独感が和らぐ。 ・生活のペース，考え方，食事の嗜好などにギャップが生じ，世代間の葛藤を生じやすい。	家計，家事の分担，生活上のルールなどについて双方が納得できるよう十分に話し合うことが望ましい。
隣居	親子両世帯が，双方，基本的な居住機能が備わった住戸に床か壁を共有して住まう。互いに往来する通路を設けることが多い。	・両世帯が住戸を別にすることで，双方の独立性が保てる。 ・食事や団欒をともにしやすい。 ・高齢者に介護が必要になった場合，それまでに作り上げてきた関係性を活かすことができる。	
近居	親子両世帯が，徒歩約 10 分以内の近隣，いわゆる「スープの冷めない距離」に住まう。	・隣居に近い長所をもつ。	同じ敷地の別棟や，同じ集合住宅の別の住戸に住むなどといった，隣居に近い形態のものもある。
別居	親子両世帯が，距離のうえでも，生活上も離れて，それぞれ独立して住まう。		生活上必要な援助を，社会的に補う必要がある。

大きく変化するとともに，高度経済成長期には働き口のある都市へと人口が集中した。かつては親世帯と子世帯は同居するのがあたり前であったが，今日では隣居や近居，別居という選択肢がある。それぞれプラス面とマイナス面（表6-2）があるが，共にくらす人の間で十分検討し，人間関係を壊すことのないようにしたい。

　超高齢社会を迎え，いわゆる団塊世代が高齢者となるのも間近である。そうしたなか，一般住宅だけでなく，シルバーハウジングやシニア住宅，有料老人ホームなどの各種サービス付き住宅，ライフステージや抱えている問題に応じた福祉施設や保健施設，病院など，高齢者が住まう場は多様化している（「6. 高齢者や障害のある人の居住の選択肢」に詳述）。最近は，特別養護老人ホームの個室化やユニットケアへの取り組み，少人数で家庭的な生活ができるグ

コラム

住教育の不在

　わが国の場合，諸外国と比較して「住」に対して人びとは受動的で，直面した問題に対応する力が弱く，住意識を育てる努力も怠られがちな傾向にある。

　その一因には，住教育の軽視あるいは不在があるとされる。学校教育において「住」は，家庭科，社会科，理科，保健，美術と多教科に関係するが，わが国では「家庭科」中心になされてきた。しかし，住教育のもととなる教科書のページ数，それを教える教師や目安とする授業時数などが少ないなど，十分な住教育がなされる状況にはない。

　住宅は高価な財産であり高額な買い物であるにもかかわらず，テレビコマーシャルの美しいインテリア，新聞や雑誌に溢れる住宅の広告などの目先の情報に左右されてしまうのも，住教育の不在によって賢い消費者としての教養が身についていないことが遠因であろう。

　さらに，整理整頓や掃除などの生活の自立習慣が獲得できていない子どもにプライバシーのある子ども部屋を与えるなど，共に住む大人から子どもに向けた住教育の目も弱い。

　また"街づくりはすべての住民の責務"という考えも普及しておらず，車いすでは外出しにくい街，人出の後のゴミの山など，街に対する感性も十分でない。

　住教育は，生活の拠点である住居を中心に街までの広がりを含み，家庭教育，学校教育，社会教育におよぶものである。これらを有機的に繋げ，生活者として自らが求める「生活の質」に照らして「住」を選択し，つくり変える力を身につけることが必要であろう。

ループホームも各地につくられつつある。住まいがライフステージごとに断絶するのではなく連続性を保ち，一方で保健・医療・福祉・建築などの専門家が居住者と共に協力し，こうした多様な住まいを地域に整備し，誰もが馴染んだ地域で安心して安全にくらす社会を目指さなければならない。

3 地域と住生活

1）失われる地域の共同性

かつて人は，さまざまな立地の住居を拠点に，近隣に迷惑をかけない，困ったときには助け合うなど，住んでいる地域の人びととの繋がりを大切にし，コミュニティを形成してきた。しかし，都市化の進展とともに，都市近郊の郊外住宅地に新住民が大挙して流入する一方，農山村部では過疎化が進行した。また，新しい生活の場にふさわしい生活ルールが確立されないままに，住宅の集合化・高層化がなされていく。

こうしたことによって，プライバシーはある程度確保されているものの，かつて地域社会で大切にされていた助け合いや共同性は失われることとなった。阪神・淡路大震災の折には，避難先の仮設住宅でひっそりと亡くなる高齢者が後を絶たなかった。住宅と地域から切り離され，近隣の友人・知人，風景や音・匂いなどを失うことが，高齢者にとって過酷な状況であったことを推察させる。

2）生活の質を左右する街づくり

人の生活は，住宅だけで完結しているのではない。特に，乳幼児や病人，高齢者などは日常生活のほとんどが住宅と周辺の地域に密着していることが多い。それだけに，日常生活圏である地域のありようが「生活の質」を左右し，住みやすく整備されることが必須である。地域の住みやすさは，歩道が広く安全である，緑が多い，空気が清浄であるなどの外部空間の状態だけでなく，買い物が便利，図書館や保育所，公園などの施設が身近にある，さらに気心の知れた仲間と趣味を楽しみ，交流を深め，互いに助け合い，生き甲斐がもてるなど，ソフト・ハード両面に左右される。

ハード面では，さらに建物へのアクセス，そこにいたる途中にトイレやベンチがある，道や交通手段がバリアフリーであるなど，高齢者や障害のある人も外出しやすい環境として整備されている必要がある。国は，交通バリアフリー法や改正ハートビル法を制定し，さらに 2006 年 6 月には両法を統合したバリアフリー新法を成立させている。

法のもとで地域が面として整備され，近くに生活関連施設だけでなく家庭医のいる医療機関があれば安心であるし，さらに仕事やボランティアなどの可能性があると，社会からの孤立を防ぎ，生き甲斐のもてる地域生活となろう。

交通バリアフリー法
正式名「高齢者，身体障害者等の公共交通機関を利用した移動の円滑化の促進に関する法律」（2000 年 5 月）で，車両や飛行機などの移動手段，駅の構内や周辺道路，駅前広場などのバリアフリー化を進めることを義務化した内容。

改正ハートビル法
正式名「改正高齢者，身体障害者等が円滑に利用できる特定建築物の建築の促進に関する法律」（1994 年 6 月公布を 2002 年 7 月改正公布）で，不特定多数の人が利用する特定建築物の範囲拡大（共同住宅，養護学校，老人ホームなど）と 2,000m² 以上に対してバリアフリー対応の義務化などを内容とする。

バリアフリー新法
正式名「高齢者・障害者等の移動等の円滑化の促進に関する法律」（2006 年 6 月）。知的障害，精神障害者も含む。

> **コラム**
>
> **住宅の立地**
> 　住宅の立地は，自然的条件と社会的条件からなる。前者は，住宅の周辺を含む敷地状態（地盤・地形・地質・地下水など）や形状，広さ，風向きなどであり，後者は，敷地に対する法的規制や道路や交通機関との関係，各種施設の整備状況，日照や騒音などの周辺状況である。

2　高齢・障害による機能低下と住居

　身体機能低下の原因となる病的な老化あるいは疾病・ケガなどはさまざまである。高齢期に多くみられる疾病としては，脳血管障害，パーキンソン病，関節リウマチなどがあげられる。

　幼児期から中年期に見受けられる疾病では，筋萎縮性側索硬化症（ALS）や筋ジストロフィー症，また事故によって生じるものでは脊髄損傷などがあげられる。

　これらの疾病によって生じる身体機能低下の内容・程度は多岐にわたっている。その対応をマニュアル化するのは困難であり，障害が生じた本人の年齢やライフステージ，家族の状況，経済状況，住宅事情，身体機能の状況などを詳細に把握し，包括的な対応策を講じる必要がある。

　また，障害による感覚機能低下に関して，幼児期から中年期の人については先天性あるいは中途の視覚障害（全盲・弱視）や聴覚障害などがある。情報の取得に支障が生じることから，これらの機能低下・障害＝**情報障害**とも位置づけられる。生活環境全般において，音声あるいは文字による**情報保障**を行う必要がある。

1 老化にともなう身体機能の低下と対応

　老化にともなう身体機能低下の状況には個人差が大きい。個々人の状況を的確かつ詳細に把握することが必要である。その点を踏まえたうえで，一般的な老化（生理的老化）にともなう身体機能低下の状況ならびにそれらに対する住環境における対応を解説する。

（1）身体機能の全体的な虚弱化

　老化にともない，全般的に身体機能が虚弱化し，体力や運動能力が低下していく。安全性に配慮するとともに，座位での調理や着替えなど，動作にかかわる労働負荷が軽減されるような対応策が必要である（図6-1）。

2．高齢・障害による機能低下と住居

図6-1　老化にともなう身体機能・感覚機能の低下

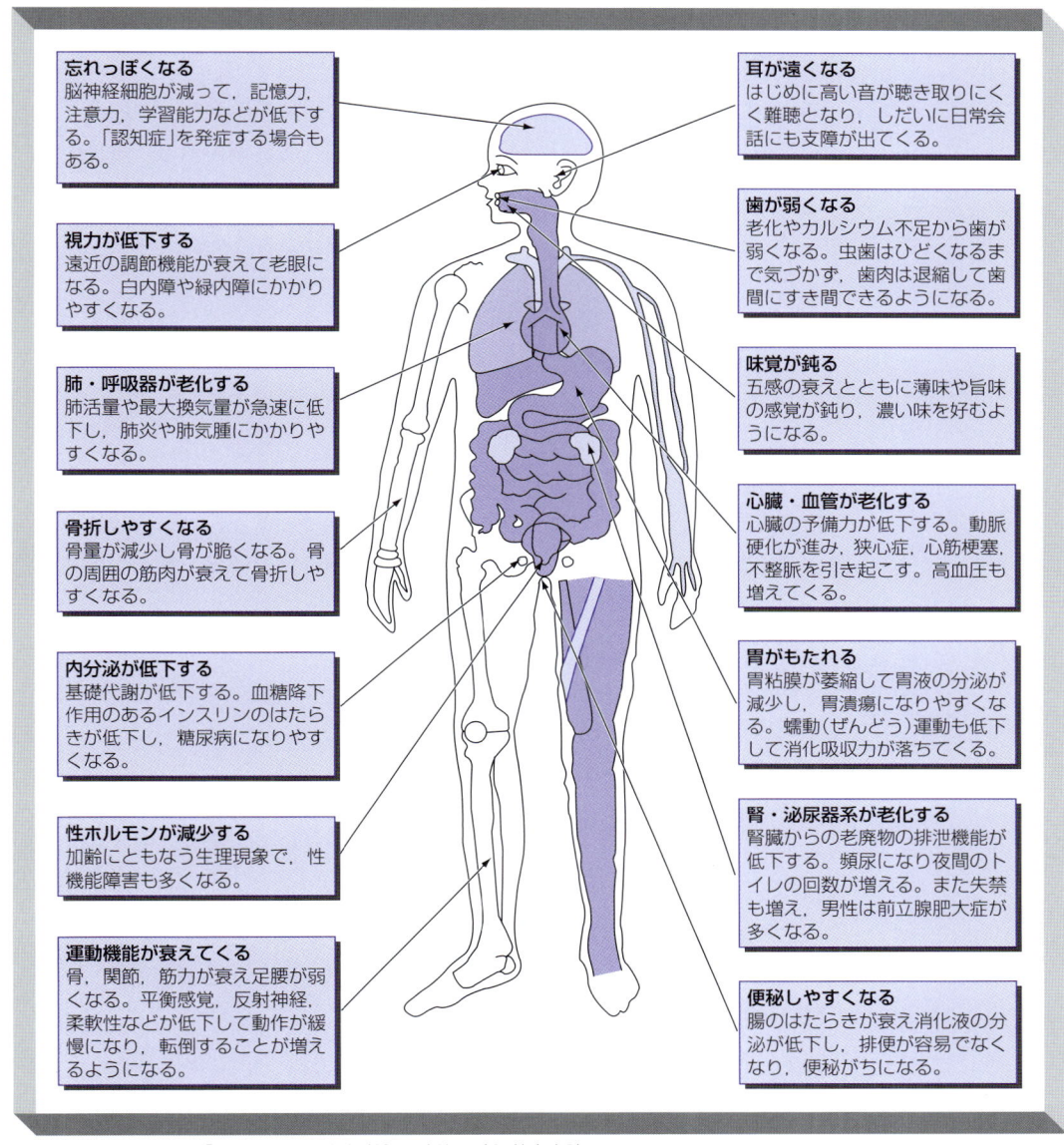

忘れっぽくなる
脳神経細胞が減って，記憶力，注意力，学習能力などが低下する。「認知症」を発症する場合もある。

視力が低下する
遠近の調節機能が衰えて老眼になる。白内障や緑内障にかかりやすくなる。

肺・呼吸器が老化する
肺活量や最大換気量が急速に低下し，肺炎や肺気腫にかかりやすくなる。

骨折しやすくなる
骨量が減少し骨が脆くなる。骨の周囲の筋肉が衰えて骨折しやすくなる。

内分泌が低下する
基礎代謝が低下する。血糖降下作用のあるインスリンのはたらきが低下し，糖尿病になりやすくなる。

性ホルモンが減少する
加齢にともなう生理現象で，性機能障害も多くなる。

運動機能が衰えてくる
骨，関節，筋力が衰え足腰が弱くなる。平衡感覚，反射神経，柔軟性などが低下して動作が緩慢になり，転倒することが増えるようになる。

耳が遠くなる
はじめに高い音が聴き取りにくく難聴となり，しだいに日常会話にも支障が出てくる。

歯が弱くなる
老化やカルシウム不足から歯が弱くなる。虫歯はひどくなるまで気づかず，歯肉は退縮して歯間にすき間できるようになる。

味覚が鈍る
五感の衰えとともに薄味や旨味の感覚が鈍り，濃い味を好むようになる。

心臓・血管が老化する
心臓の予備力が低下する。動脈硬化が進み，狭心症，心筋梗塞，不整脈を引き起こす。高血圧も増えてくる。

胃がもたれる
胃粘膜が萎縮して胃液の分泌が減少し，胃潰瘍になりやすくなる。蠕動(ぜんどう)運動も低下して消化吸収力が落ちてくる。

腎・泌尿器系が老化する
腎臓からの老廃物の排泄機能が低下する。頻尿になり夜間のトイレの回数が増える。また失禁も増え，男性は前立腺肥大症が多くなる。

便秘しやすくなる
腸のはたらきが衰え消化液の分泌が低下し，排便が容易でなくなり，便秘がちになる。

出典）楢崎雄之著:『高齢者・障害者を考えた建築設計』井上書院，2000.

（2）身体寸法の全体的な縮小

　身長をはじめとして身体寸法も全体的に小さくなってくる。調理台の高さ，収納部分の棚の高さ，押入れ上部の利用方法，電気器具のスイッチやインターホンの設置の高さなど，身体寸法に即したものに整備する必要がある。

（3）筋力の低下，骨量の減少

　足腰の筋力の弱化により，歩幅が狭くなったり，足が上がらなくなったりする。それによって，ちょっとした段差につまずくようになるのと同時に，階段

や玄関の上がり框(かまち)においても，足が上がらず転倒したり転落するなどの可能性が生じてくる。また，老化にともない骨量が減少するため，転倒などによって骨折する例が多くなる。

転倒を防ぐ住環境整備が肝要であり，滑りにくい床材の使用，和室と洋室の境目や敷居などのちょっとした段差の解消などを行う必要がある。階段の場合は，できる限り勾配の緩やかなものとし，上がり框を一度に上がりきれない場合には，式台を設け小さな段差に分割して昇降しやすくする。また，階段や上がり框には必ず手すりを設置する。

上肢も筋力が低下していく。握力が弱くなったり，例えば，針に糸を通すような手先・指先での巧緻な動作が衰えてくる。特に，何かを握りながら手首を回転させる動作が困難となることから，ドアノブや水道の蛇口の栓などは，レバー式のものを用いるのが望ましい。

（4）敏捷性・持久力の低下

瞬時に反応して運動する能力も低下する。火災や地震などの緊急時の迅速な対応が困難になることから，日ごろから2方向避難路の確保，家の中の整理整頓など，安全性に配慮した住環境整備を行っておく必要がある。

また，継続的に運動を続けることが困難になる。時間のかかる調理などの場合には，いすに座りながら作業するなど，休息をとりながら運動や作業のできる環境整備が必要である。

（5）関節可動域の狭小化

骨格や筋力が低下し，それによって身体の各関節の可動域が狭くなる傾向がある。それにともない，かがんだ姿勢での長時間労働や，床面からの立ち上がり動作などが困難になり，介助を要する動作が増えてくる。居間・食事室などではイス座を，就寝方法としてはベッドを，トイレにおいては洋式便座をとり入れることによって，立ち上がり動作での困難は解消される。

（6）咀嚼能力の低下

骨量の減少や口腔内の疾患により歯が弱くなり咀嚼能力が低下する。さらには嚥下（飲み下し）能力も低下し，消化能力が低下する傾向にある。口からの栄養補給は，健康な生活をおくるうえでの基本であると同時に，生活に楽しみをもたらすものでもあるので，調理方法の工夫などにより対応する。

（7）中枢神経・生理機能の衰え

中枢神経の衰えにより，眠りが浅く目を覚ましやすくなる。睡眠による休息は，規則正しい生活リズムの維持や日中の活動に必要不可欠であることから，寝室においては，遮音（騒音をさえぎる）や遮光（光をさえぎる）に配慮した睡眠しやすい環境を整える必要がある。

また，生理機能が低下し，排泄回数が頻繁になる。夜間の就寝後にも尿意をもよおすことがある。夜間の寝室からトイレへの移動は，廊下の暗がりによる

転倒の危険がある。高齢者の寝室とトイレはできる限り近接した配置とすることが望ましい。

2 老化にともなう感覚機能の低下と対応

老化にともなう感覚機能の低下の程度も身体機能と同様，個人差の大きいものである。一般的には，以下のような機能低下があげられる。

（1）視覚の衰え

視覚の衰えによって，暗いところでものが見えにくい，明るいところから暗いところ（逆に，暗いところから明るいところ）へ移動した場合，その場の明るさへ目が適応するのに時間がかかる，近い距離の細かな字などが見えにくくなる老眼の進行，視野が狭くなるなどの症状が生じる。こうした症状への対応策としては，全般照明と間接照明との組み合わせによって室内に均一の明るさを確保することや，移動空間における足下灯の確保，段差のある場所へは識別しやすい工夫（床材の色・材質を変えるなど）を行うなどがある。

また，老化にともない，眼球の中の水晶体の黄変化が進み，色の識別能力が低下する。そのため，標識などの色使いに注意すると同時に，色ではなく形，絵文字や大きめの文字で，情報の内容が判別できるような配慮を行う。

視覚の低下をもたらす高齢期特有の疾病としては，老人性白内障，糖尿病網膜症，緑内障などがある。いずれも視力の低下や視野狭さくなどの症状があらわれ，重度化した場合には失明にいたる。

（2）聴覚の衰え

高齢になると，全般的に聴覚が衰え，特に高音域が聴き取りにくくなる。また，周囲の雑音などにより，音声の判別や認識能力が低下する傾向にある。玄関のドアホンや電話の呼び出し音の音量をあげると同時に，雑音や残響を防ぐ吸音率の高い材料を用いる。また，他の世代と同居している場合には，生活時間のずれから，お互いの出す生活音が気になる場合もある。高齢者の居室・寝室の防音性能を高める配慮も必要である。

また，コミュニケーション時には明瞭で大きい声を心がけ，身振り手振りを加えるなどの工夫を行うと有効である。

（3）その他の感覚の衰え

平衡感覚が衰え，バランスを崩しやすくなる。廊下・階段などの移動空間や玄関の上がり框・浴室・トイレなど，姿勢の保持が必要な場所には，横手すり・縦手すりを必ず設置する。また，気温の変化などに関する温冷熱感覚が衰えることから，室温の調節に配慮する。顕著な場合には，熱湯に触れても熱さを感じず火傷をしてしまうことがある。水温の調節などには十分配慮する。老化によって，臭覚・触覚も衰えていく。

3 心理特性や生活構造の変化に対する対応

老化にともなって心理特性が変化するとともに、退職・子の独立・配偶者との離別など、ライフサイクル上のステージが変化することによって生活構造も変化する。その一般的状況と対応についてみてみよう。

（1）心理特性の変化

過去への愛着心が強くなる。過去の生活様式、愛用したモノなどへの執着が強くなり、そうしたモノを収納するスペースの確保が必要になる。また、新規の事柄、新しい環境・生活様式などへの適応に時間がかかるようになる。それまでのライフスタイルと継続性のある住環境の整備を行う。新しい設備・機器などの導入はできる限り避け、導入する場合にも互換性や更新性のよいものを選択する。

感情のコントロールが難しくなり、興味の対象が身近なものに限定されてしまったり、自分自身が「老いていく」という事実を受け入れられなくなる。周囲の人びとがこうした高齢者の心理特性を把握し、積極的な生活がおくれるよう配慮する必要がある。

（2）生活構造の変化

仕事からの退職や子の独立などにより、仕事・家事から解放され、余暇時間が増えると同時に、住宅で過ごす時間が長くなる。余暇活動を配慮した居住環境を整え、積極的に外出して社会活動に参加する機会が増えるよう、居室を玄関と同一階に設けるなど、外出しやすい環境（玄関まわりの配慮、掃き出し窓の設置など）を整える。

4 廃用性症候群への対応

1）廃用性症候群とは

個人差はあるものの、老化現象により心身機能の低下をきたした高齢者は、風邪などのちょっとした疾病によって安静の状態が続くと、身体機能の一部の低下が進む。予後も大事をとって活動性の乏しい状態が続くと、機能回復に時間がかかるようになる。安静の状態が長期にわたると、機能低下のためにそれ以前の生活が取り戻せないようなダメージを受けることがあり、これを廃用性症候群と呼ぶ。主な**廃用性症候群**の障害として以下ようなものがある。

①**起立性低血圧**　自律神経障害のひとつであり、身体を起こすと、血液が下肢・腹部あたりに貯留し、脳への血液循環が不足してしまう状態。そのため、臥床の状態から急に座ったり、立ったりすると、めまいや頭重感、吐き気などをもよおす。

②**関節拘縮**（こうしゅく）　活動性の乏しい生活によって、関節を構成する靭帯（じんたい）や筋肉・

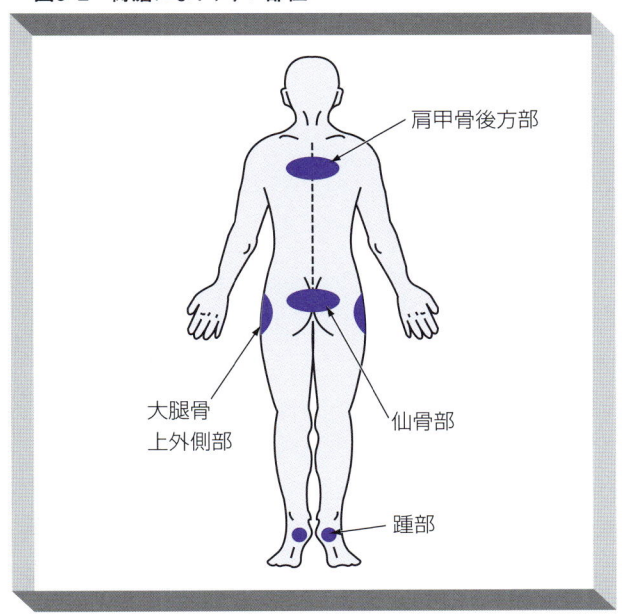

2. 高齢・障害による機能低下と住居

図6-2 褥瘡になりやすい部位

(肩甲骨後方部／大腿骨上外側部／仙骨部／踵部)

出典）大野隆司，水村容子ほか著：『福祉住環境』市ヶ谷出版社，2004．

皮膚などが短縮してしまい，関節が硬くなり動きが制限される状態。

③**筋萎縮**　活動性の乏しい生活により，筋繊維が細くなり，筋力が低下してしまう状態。

④**骨粗しょう症**　臥床の状態が続くと，骨に対する重力による刺激が減少し，骨が脆くなり折れやすい状態になってしまう。

⑤**褥瘡**（じょくそう）　身体のある部分へ持続的な圧迫が加わることにより，その部分の組織が壊死を起こしてしまう状態（図6-2）。いわゆる"床ずれ"である。

⑥**静脈血栓症**　静脈がつまる状態で，下肢に生じやすく鬱血（うっけつ）やむくみが生じる。

⑦**知的・心理的障害**　長期間，臥床状態が続くことにより，身体的・精神的に刺激の少ない状態が続き，知的能力の低下，依存性が強くなる，興味・自発性の低下，食欲低下，睡眠障害，感情・行動障害などが起こる場合がある。

2）廃用性症候群の予防と対応

病気やケガ，障害の発生などにより，ある一定期間の安静・臥床生活が余儀なくされる場合は，未然に廃用性症候群を防ぐことが重要となってくる。早い時期に，離床し活動を開始するとともに，規則正しい**生活リズム**の確保，家庭におけるなんらかの**役割の分担**，家族や顔見知りの近隣の人との**交流**などを通じて，生活全般の活性化を図ることが大切である。そのためには，本人がさまざまな生活行為を自立して行える環境整備が必要となる。

5 認知障害・精神障害のある人への対応

1）認知症の特性

　認知症とは，人が一度獲得した知的能力が，脳に生じる障害によって低下していく疾病である。原則的に症状は進行していき，そのため，社会生活に支障が生じる。認知症は，その原因によって，①脳血管性認知症，②アルツハイマー型認知症，③両者が混在するタイプ，④その他，に分類される。

　以上のような特徴から，認知障害のある高齢者が直面する問題は以下の2点に集約される。

　①　知的機能の低下の問題
　②　それにともなう日常生活および社会生活上で生じる問題

　知的機能の低下は**中核症状**として位置づけられており，記憶障害，見当識障害，失語，失認，失行，理解力・判断力の低下などの症状がある。**記憶障害**とは過去の記憶を喪失したり，新しいことが覚えられないといった障害であり，**見当識障害**とは，現在の時間，自分のいる場所，目の前にいる旧知の人などが誰なのかわからないなどの症状を指す。

　さらに，中核症状が背景となって出てくる症状を**周辺症状**という。周辺症状は，そのすべてが認知症高齢者にあらわれるわけではないが，日常生活上さまざまな問題をひき起こす原因は周辺症状にあることが多い。主な症状としては，攻撃的な言葉や行動，徘徊，幻覚・妄想，不眠やせん妄などがあげられる。

　これらの症状は，それまで本人が培ってきた生活スタイルや人間関係の維持を難しいものとし，本人の日常および社会生活を脅かすことになる。したがって，認知症のある高齢者へのケアでは，こうした症状・障害への対応が必要となる（図6-3）。

2）認知症への対応

　生活環境や住空間における認知症高齢者への対応は大きく以下の3点に集約される。

　①　過去の記憶と連続性のある生活空間をしつらえる。
　②　生活行為の手がかりとして生活空間を仕掛ける。
　③　五感にはたらきかける生活空間づくりをする。

以下に，それらの詳細について解説しよう。

（1）過去の記憶と連続性のある生活空間をしつらえる

　認知症高齢者に残された記憶は，その高齢者の残存能力を活性化するうえでの手がかりともなりうる。しかし，ところどころ過去の記憶を失った高齢者に，質問や確認などによって，その状況を質し試すことはストレスを生じさせるだけで，まったくの逆効果である場合が多い。

2．高齢・障害による機能低下と住居

図6-3　認知症における中核症状と周辺症状

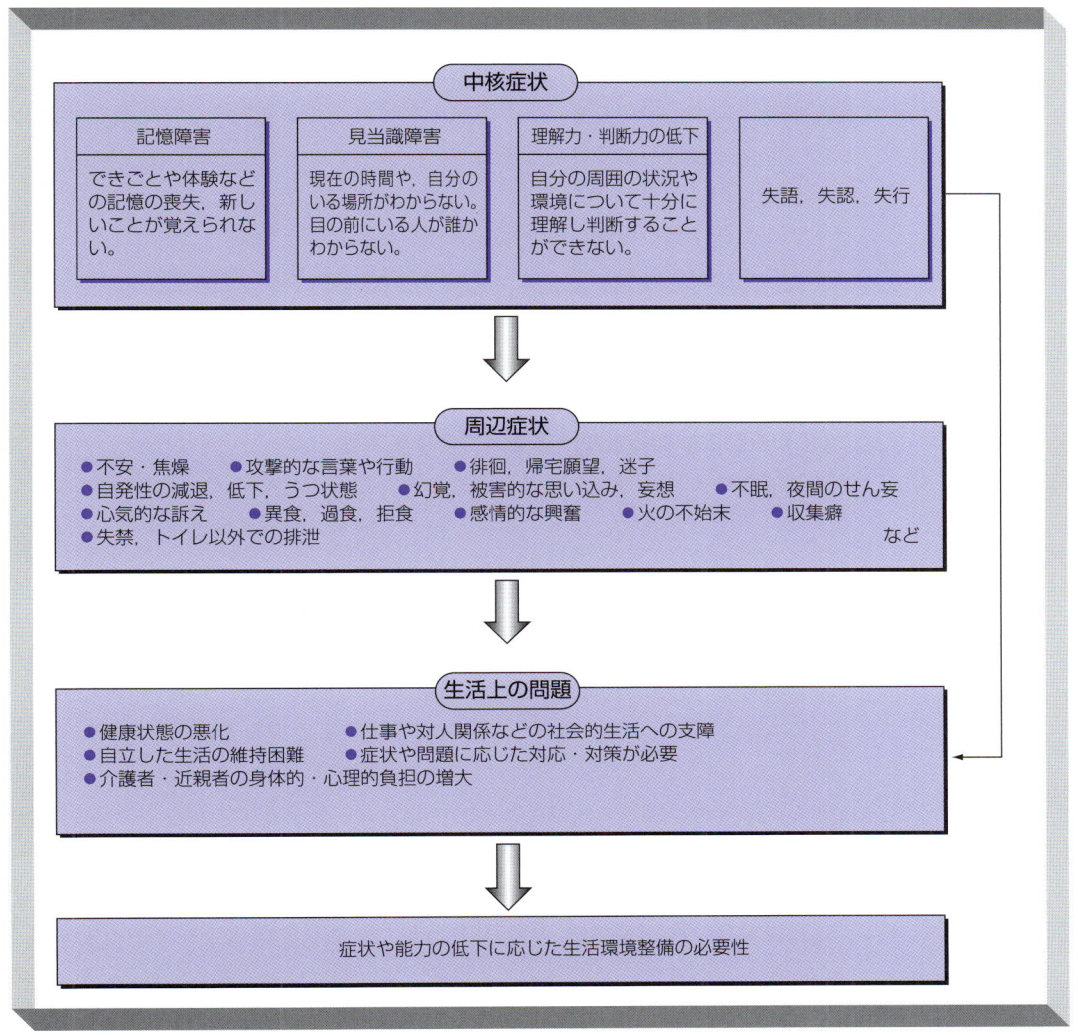

```
中核症状
┌─────────────┬─────────────┬─────────────┬─────────────┐
│ 記憶障害    │ 見当識障害  │ 理解力・判断力│ 失語，失認， │
│             │             │ の低下      │ 失行        │
│ できごとや  │ 現在の時間や│ 自分の周囲の│             │
│ 体験などの  │ 自分のいる  │ 状況や環境に│             │
│ 記憶の喪失，│ 場所がわから│ ついて十分に│             │
│ 新しいことが│ ない。目の前│ 理解し判断す│             │
│ 覚えられな  │ にいる人が誰│ ることができ│             │
│ い。        │ かわからない│ ない。      │             │
└─────────────┴─────────────┴─────────────┴─────────────┘
                            ↓
周辺症状
● 不安・焦燥　　● 攻撃的な言葉や行動　　● 徘徊，帰宅願望，迷子
● 自発性の減退，低下，うつ状態　● 幻覚，被害的な思い込み，妄想　● 不眠，夜間のせん妄
● 心気的な訴え　● 異食，過食，拒食　● 感情的な興奮　● 火の不始末　● 収集癖
● 失禁，トイレ以外での排泄　　　　　　　　　　　　　　　　　　　　　　　など
                            ↓
生活上の問題
● 健康状態の悪化　　　　● 仕事や対人関係などの社会的生活への支障
● 自立した生活の維持困難　● 症状や問題に応じた対応・対策が必要
● 介護者・近親者の身体的・心理的負担の増大
                            ↓
症状や能力の低下に応じた生活環境整備の必要性
```

出典）児玉桂子ほか編：『痴呆性高齢者が安心できるケア環境づくり』彰国社，2003．

　言葉による質問や確認ではなく，生活習慣や身体の動きを通じて，その記憶を呼び覚ますことが効果的である。そのためには，記憶を呼び覚まし連想を広げていく手がかりとなるものを空間に取り込んでいくのが効果的である。具体的には，障子や襖，縁側，囲炉裏などの住宅のディテールや，壁紙や仕上げの材料，室内の色調，カーテンや織物，照明器具，家具や生活用品にいたるまで，現在の高齢者がその生活暦の中で馴染んできたものをとり入れることである。

（2）生活行為の手がかりとして生活空間を仕掛ける

　認知症高齢者は，日々の生活行為において，自分で工夫したり応用したりなどといった臨機応変な対応が困難となる。特に，生活自立の側面が重視されて

いない，施設での生活ではこうした傾向が強くなる。生活面での空間の貧しさがそのまま行動の貧しさに直結することになる。

失禁や異食など，一般的には問題行動とされる行為も，それぞれの認知症高齢者が長年の生活の中で培ってきた生活習慣・空間感覚のもとに新たな環境に反応していると理解するべきであろう。

われわれが日常何気なく行っているさまざまな生活行為には，手続き性というものがある。食事を例にとれば，調理を行い食卓を整え，できた料理を器に盛り，日々の糧に感謝をしてから食す。こうした一連の手順が他のさまざまな生活行為にも宿っている。認知症高齢者はこうした手続き性がしだいに失われていく傾向がある。その場合，生活空間の仕掛けやそれまでの生活の中で馴染んできた道具は，生活行為の手続き性を回復する手がかりとなりうるのである。

（3）五感にはたらきかける空間づくりをする

認知症高齢者に残された能力を刺激し活性化するためには，その五感にはたらきかけることが有効となる。視覚，聴覚，嗅覚，触覚に快適な刺激をもたらすような空間づくりを心がけていく必要がある。

3）知的障害・精神障害の特性とその対応

知的障害とは，知的機能の障害がおおむね18歳ごろまでにあらわれ，日常生活に支障が生じるため，なんらかの特別の援助を必要とする状態の者をいう。行動面での障害としては，認知の不的確さ，精神面の硬さ，抽象化や一般化の困難さ，記憶の不安定さ，コミュニケーションに関する障害などがある。認知の低さから適応力が弱い側面があり，急激に環境を変化させないことや，危険防止の観点から判断力の弱さを踏まえた環境整備を行う必要がある。

精神障害は，統合失調症，精神作用物質による急性中毒またはその依存症，精神疾患などを有する障害である。精神障害に関しては，環境の側面からの対応に関する研究事例はほとんどみられない。一般には，集中力が続かない，疲れやすい，対人関係が困難であるなどの要因から就業に問題を抱えることが多いようである。生活のリズムを確立すると同時に，本人が安らげるような住環境整備を行う必要がある。

3　住生活の器としての住宅

1 生活と生活空間

1）生活と生活時間

受精にはじまってこの世に誕生する人間は，死にいたるまで時を刻んで生きている。ノーマライゼーションを提唱したB. ミケルセン（Neils Erik, Bank-

Mikkelsen1919〜1990）は，'あたり前'で'健全な'生活をすることの必要性を説いたが，その具体化には，普通の生活環境条件のもとに，1日のリズム，1週間のリズム，1年間のリズム，一生を通じての普通の経験を重ねることが欠かせないとしている。この生活リズムや普通の経験のもとにあるのは，「時」すなわち生活時間である。

　生活時間は，生活行為のグルーピングで大別されるが，例えば，家庭内労働時間は，調理・洗濯・育児・介護などの生活行為にかかわる時間である。生活時間の使い方は，時代や風土だけでなく，性別や職業，家族の状況，行う場所（住宅や社会福祉施設，職場や学校，地域等）などによる違いがみられる。

　近年子どもの生活は「深夜化」し，現在の子どもはさまざまな心身の不調を抱えているとされる。その多くは，生後4か月までの正常な睡眠とハイハイをして育っていないこと，すなわち，一生にわたる心身の土台づくりをする乳幼児期に，しつけをともなった生活リズムの獲得がされていないことに起因するという[4]。

　一方，高齢期には，食事は配食サービスを利用するなどして，家庭内労働に費やす時間が少なくなり，収入労働から身を引いて自由裁量で使う時間が長くなる。生活時間の使い方の変化には，それまで積み重ねてきた生活時間を管理する力が対応するのであり，乳幼児期の生活リズムの体得が，人生の終焉までの生活の質を左右することを改めて銘記しよう。

2）生活行為と生活空間

　日々の生活は，立つ・座るなどの動作を，更衣や入浴などの生活行為として組み合わせ，生活時間の流れの中で，生活財（モノ）を用いてはじめて円滑に行われる。こうした生活行為を受け止めるのに必要な生活空間は，人体を基本とする動作による寸法に，家具やゆとりを加えた動作空間，その動作空間が複合し，定まった用途に使う単位空間，すなわち部屋となるという段階を経て成り立つ（図6-4, 5）。

　この段階の中に，人間の視覚・聴覚・触覚などの感覚がとらえる生理的寸法，人間が快適や不快など感じる心理的寸法とが組み入れられてはじめて生活空間となる。使いやすく，快適な生活空間は，家具やカーテン，食器などモノの選択や配置，収納空間へのモノの納め方などの要素をとり入れることで実現する。

3）生活様式と生活空間

　わが国の生活の大きな特徴は，和風と洋風の二重性であるといわれる。例えば，「サザエさん」の磯野家のようなちゃぶ台を囲んで正座する食事風景もあれば，テーブルといすでの食事風景もある。生活空間は部屋の作り方や生活財の選択や置き方などによって，大別するとユカ座とイス座の2つの生活様式が

第6章　住生活とすまい

図6-4　動作空間の概念

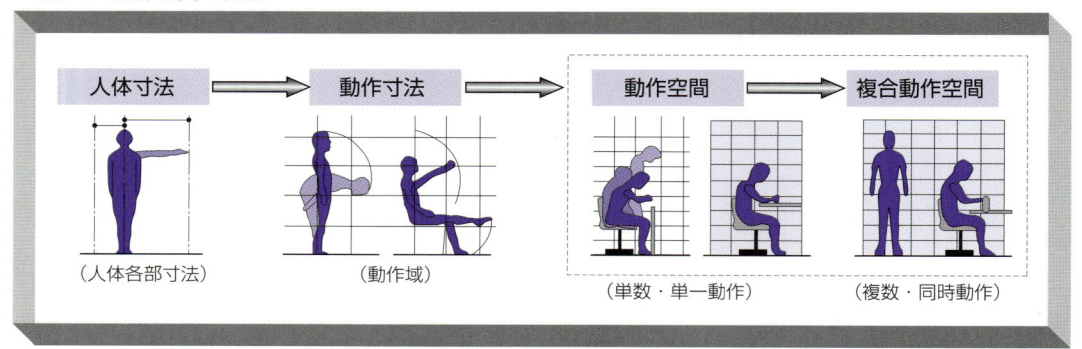

人体寸法 → 動作寸法 → 動作空間 → 複合動作空間

（人体各部寸法）　（動作域）　（単数・単一動作）　（複数・同時動作）

出典）日本建築学会編：『コンパクト建築設計資料集成〈住居〉』丸善，2006

図6-5　動作空間例―洗面―

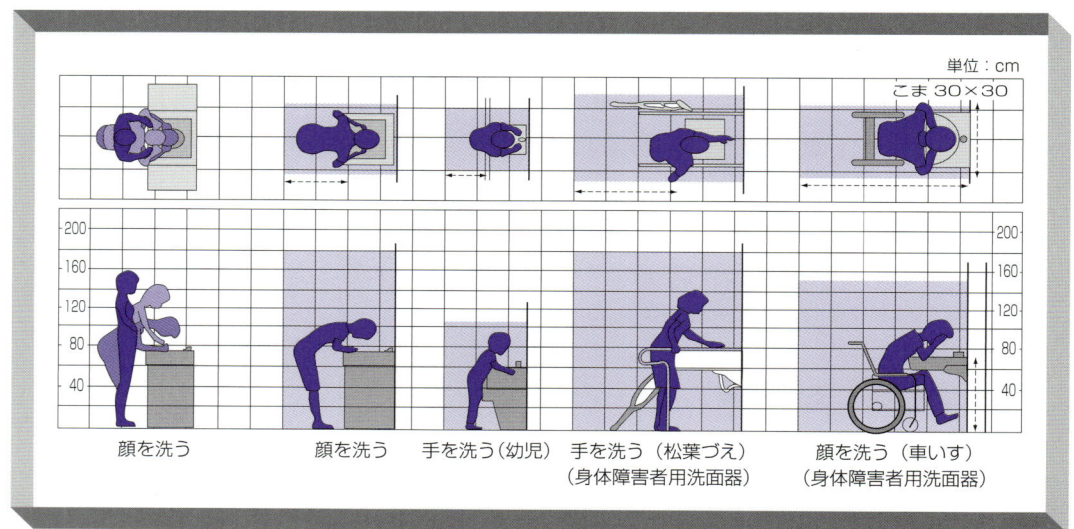

単位：cm
こま30×30

顔を洗う　顔を洗う　手を洗う（幼児）　手を洗う（松葉づえ）　顔を洗う（車いす）
　　　　　　　　　　　　　　　　　　（身体障害者用洗面器）　（身体障害者用洗面器）

出典）日本建築学会編：『コンパクト建築設計資料集成〈住居〉』丸善

団　地
1955年7月，住戸の大量供給と宅地の大量開発を行う日本住宅公団の発足により建設された集合住宅で，ステンレスの流し，板床のダイニングキッチンが特徴。

混在して今日にいたっている（表6-3）。

ユカ座は，伝統的な畳と襖・障子の生活で，座布団と座卓などを用い，床面に座る姿勢での生活行為を中心とする生活様式である。イス座は「団地」の誕生以降に一般化した洋風の生活様式であり，同時期に，衣生活では洋装が中心となった。それぞれの長所・短所だけでなく，身体状況や生活スタイル，好み，部屋の使用目的や使いやすさ，動線などを総合的に判断し，個々人や共に住む家族にふさわしい生活様式を選ぶことが，日常生活の心地よさを左右する。

なお，立ち居振る舞いがしだいに不自由になってくる高齢期には，伝統や習慣，好みなど捨てがたくとも，イス座の生活様式に変えることも必要な選択となる。

表6-3 起居様式（ユカ座・イス座）の特色

	長　所	短　所
ユカ座	・伝統的な生活を身につけやすい。 ・部屋の転用性がよい。 ・部屋の必要面積が，イス座より狭くても問題が生じにくい。 ・感触がよく，くつろぎや落ち着いた雰囲気となる。 ・保温性に富み，弾力性がある。	・起居が不活発で，作業能率が悪い。 ・部屋の用途が固定しない。 ・正座など無理な姿勢をとり，脚部の発育に悪い。 ・塵埃を吸い，非衛生的になりやすい。
イス座	・起居が活発にでき，作業能率がよい。 ・部屋の用途が固定する。 ・足を折り曲げる姿勢をとらないので，身体の発育によい。 ・塵埃を吸う率が少ない。	・部屋の転用がきかない。 ・家具を置くスペースをとるので，広い部屋面積が必要である。 ・家具購入の費用がかかる。 ・冬には足元が寒くて暖房を備えることを要し，暖房費がかさむ。
折衷式	・ユカ座，イス座両方の短所をカバーしつつ，長所をとり入れられるので，老若両年齢層をある程度満足させることができる。	

4）家族周期と生活空間

　乳幼児から青年へと成長し，大人として社会の発展に寄与し，やがて歳を重ねて高齢者となり，死を迎える。人にはこのような生活周期（life cycle）があるが，近年は終生単身者として生きる人もいる。しかし多くの人は，結婚を機に生まれた家族（定位家族や方向付与家族）から独立し，新しい夫婦として"生む家族"（創設家族，生殖家族）を構成する。2人でスタートした夫婦は，命を生み育て，成長を見守り，やがて子どもが独立し，再び夫婦のみの高齢期を迎える。一方が亡くなると単身高齢者となり，残された1人もこの世を去って，ついに家族は終焉する。このような家族周期（family cycle）をもつ家族の姿は時間の経過とともに変化していく。また，人は生きていくなかで大ケガや病気などのアクシデントに見舞われて心身に支障が生じ，健康なときのままの家や周辺の生活環境ではくらしにくい状態が生じることもある。

　したがって，生活の器である生活空間は，家族のライフサイクルのどの段階，どの状態，どの状況にも対応する必要がある。人や共に住む成員の段階に見合う生活要求（図6-6）を大切にし，それを反映させた住まいとしていくことが望ましい。例えば，ハイハイをはじめた乳児のいる家庭の住居では，ケガを負わせないよう室内にある危険物を遠ざけて安全性を第一にする。一方，心身機能が弱まり外出回数の減った高齢者には，少しでも心地よく快適な生活空間を整え，介護のしやすさや受けやすさを考えることが求められる。

　また，2世帯での同居を選択する場合（表6-4）には，門灯の電気代や食事のルールなど，あらかじめ生活の細部にわたる取り決めについて十分話し合い，事前にもめ事を少なくするような工夫が大切である。

第6章　住生活とすまい

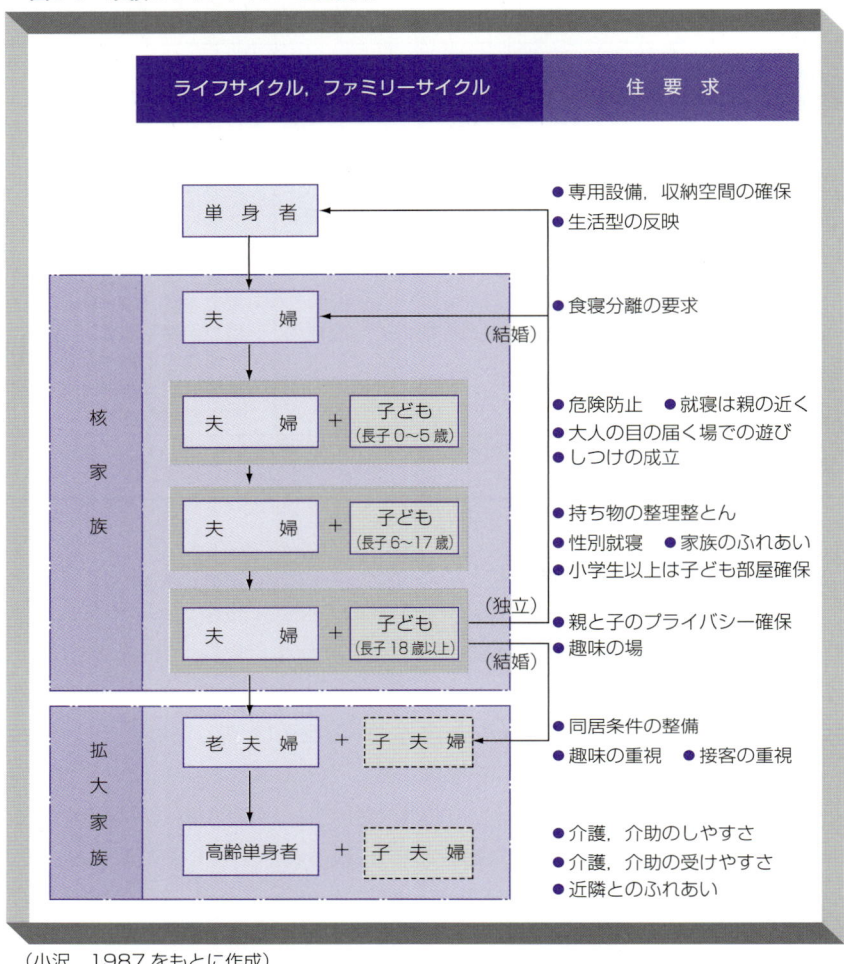

図6-6　家族のライフサイクルと住要求

ライフサイクル，ファミリーサイクル	住　要　求

- 単身者
  - 専用設備，収納空間の確保
  - 生活型の反映

核家族
- 夫婦（結婚）
  - 食寝分離の要求
- 夫婦＋子ども（長子0～5歳）
  - 危険防止　●就寝は親の近く
  - 大人の目の届く場での遊び
  - しつけの成立
- 夫婦＋子ども（長子6～17歳）
  - 持ち物の整理整とん
  - 性別就寝　●家族のふれあい
  - 小学生以上は子ども部屋確保
- 夫婦＋子ども（長子18歳以上）（独立）（結婚）
  - 親と子のプライバシー確保
  - 趣味の場

拡大家族
- 老夫婦＋子夫婦
  - 同居条件の整備
  - 趣味の重視　●接客の重視
- 高齢単身者＋子夫婦
  - 介護，介助のしやすさ
  - 介護，介助の受けやすさ
  - 近隣とのふれあい

（小沢，1987をもとに作成）

5）住宅の改修

　住宅にかかわる事柄は，衣食などに比して金銭的負担が大きく，生活要求と住宅の間に生じるズレの解消には困難をともなう。ズレの解消には，住宅改修やリフォーム，増改築などの方法があるが，自己所有か賃貸かの住宅の所有関係，敷地の広さや法規制などによって左右される。都市部を中心に増えている集合住宅の場合には，共有部分の改修にかかわる経費負担もあって住民全体の合意が得られないなどといった事情によって，馴染んだ地域を離れ転居を余儀なくされることもある。

　国は，高齢期の住まいに対し，持ち家や公的住宅のバリアフリー化の推進，介護保険での改修費用の負担，賃貸住宅に対する「高齢者居住法」などに取り組み，高齢期の安定，安心のくらしの場の確保を図ろうとしている。さらに，

高齢者居住法
　正式名「高齢者の居住の安定確保に関する法律」（2001年10月）。高齢者の入居を拒まない賃貸住宅（登録と家賃債務保障）と優良賃貸住宅の供給促進を内容とする。

3. 住生活の器としての住宅

表 6-4　生活ルールのチェックリスト

チェック項目		チェックポイント
経済負担	建設費, 水道光熱費・生活費, 修繕費・税金	名義・借入金返済・相続・生活費・教育費・遊興費・預貯金・財形
家事負担	衣生活: 洗濯, 物干し, ユーティリティ, クローゼット, 収納家具, 納戸	着る物の好み, 洗濯・物干し・アイロン・収納, 古着の処分
	食生活: キッチン, 勝手口, ダイニング, 冷蔵庫, パントリー, 食器戸棚, ゴミ箱	朝食・昼食・夕食・買い物・ストック・味付け・調理法・自家製食品・食事作法・後片付け・食器収納・包丁・ナフキン・塵芥(じんかい)物・生ゴミ
	住生活: 玄関, 下駄箱, トイレ, 洗面所・浴室, カーポート, 物置・自転車, 庭	インテリアの好み, 生活時間のリズム, トイレ・浴室清掃・大掃除・片付け・洗車, 庭木の手入れ, 草むしり
	遊生活: リビングルーム, ファミリールーム, 客間, 趣味室・書斎	テレビ番組の好み, 趣味, 自由時間の使い方, 近所付き合い・親戚付き合い・友人付き合い, 冠婚葬祭, 慣習, 子どもの教育

出典) 内堀繁生編:『住居設計論』理工学社, 1994. を一部改変

国は少子高齢化時代にあった住宅政策へと転換し,「住生活基本法」を定め, 豊かな住生活の実現を目指そうとしている。

2 生活空間の構成

　生活空間は, 人の人体寸法と生活行為をもとに対応してつくられるが, 大きくは①個人の生活空間, ②家族の共同生活空間, ③家事労働の生活空間, ④生理・衛生の生活空間, の4つの空間で構成され, 各生活空間は廊下・階段などで連結される。それぞれを明確に区分し, しかも有機的な関連をもたせ, 空間をゾーニングして配置する(図6-7)。その際, 人の行動軌跡, すなわち動線が単純で短く, しかも交差しないで部屋の繋がりが適切であるか否かを判断する。

1) 個人の生活空間—個室・寝室など

　個室や寝室, 書斎など, 個人あるいは夫婦で使う空間である。年齢や社会経験の異なる家族構成員が, その関係を快適に保ちながら生活を営むためには,「食寝分離」(寝る所と食べる所を分けること),「就寝分離」(子どもの発達や自立の程度に応じつつ, 夫婦や高齢者と子どもの部屋を分け, しかも男女別の子ども部屋とする)という原則が基本となる。

　さらに, 心身ともに明日へのエネルギーを再生するには, 静かで独立性があり, 夫婦室については遮音性があり, プライバシーを守れるよう気をつける。また, 広さや同室者の組み合わせ方などを考慮し, 適正に就寝が行われるようにする。

住生活基本法
　住宅政策の転換に当たって, 2006年2月に成立。住生活の基盤となる良質な住宅の供給を図る, 住民が誇りと愛着をもてる良好な居住環境を形成する, 既存住宅の有効利用と居住用住宅を購入する人びとへの利益の擁護と増進を図る, 低所得者層や高齢者など住宅困窮者に対するセーフティネットの構築を図る, を骨子としている。

第6章　住生活とすまい

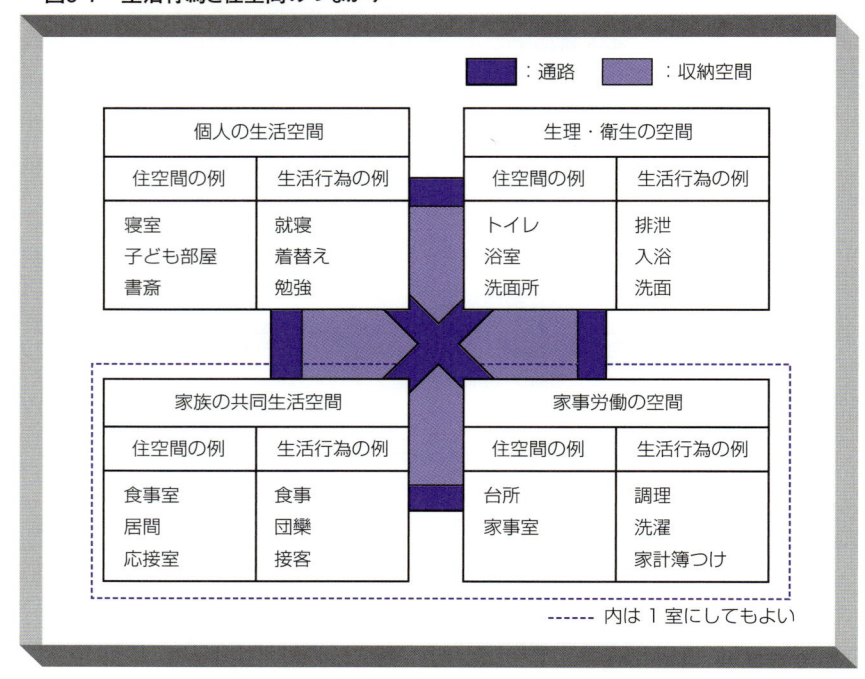

図6-7　生活行為と住空間のつながり

| | :通路 | | :収納空間 |

個人の生活空間		生理・衛生の空間	
住空間の例	生活行為の例	住空間の例	生活行為の例
寝室	就寝	トイレ	排泄
子ども部屋	着替え	浴室	入浴
書斎	勉強	洗面所	洗面

家族の共同生活空間		家事労働の空間	
住空間の例	生活行為の例	住空間の例	生活行為の例
食事室	食事	台所	調理
居間	団欒	家事室	洗濯
応接室	接客		家計簿つけ

------ 内は1室にしてもよい

　個人生活には，就寝だけでなく，勉強や趣味，身支度，ときには仕事まで含む幅広い活動がある。個人の生活空間は，こうした活動が思うようにできるよう，生活財の収納スペース，内装材の材質や色彩など個人の好みを生かすインテリアとし，「個人の城」としてしつらえたい。ただし子ども部屋は，片付けや掃除などの心身の自立の程度に対応し，独立した部屋からではなくコーナーからはじめるなどの工夫がほしい。

　なお，1966年に制定された「住宅建設計画法」は，5年ごとに住宅建設の目標や居住水準を見直してきたが，個人の生活空間の最低居住水準は，第2期以降基本的に変更されていない。

2）家族の共同生活空間－居間・食事室など

　居間や食事室は，家族や家族と共に住む人や友人，ときによっては近隣の人びとなどと集う空間である。現代は大人だけでなく子どもまでもが時間に追われ，共同生活が成り立ちにくい時代である。同じ空間に集まって談笑・団欒し，「同じ釜の飯」を食べて共にくらすことを実感することは，くつろぎや安らぎなどの精神的な安定感を得て深く一体感を味わうチャンスとなる。したがって共用の空間は，いわば集団生活の「核」となる。ユカ座かイス座かなど生活様式にもよるが，共に住む全員が揃っても家具の間に人の移動できるゆとり，高齢者や障害のある人の場合には車いすの使用が可能な広さも必要である。

住宅建設計画法
　1966年から5年を1期として，住宅建設の計画目標や居住水準を見直してきた。第8期（2000年から2005年）で終了。住宅建設計画法にある寝室の最低居住水準は，①就学前児童（満5歳以下）1人の同室を可とする夫婦の独立した寝室を確保，②小学生から高校までの子どもに夫婦寝室とは別の寝室を確保し，1室2人までとし，中学生以上の子どもは性別就寝とする，③成人に個室確保，④主寝室は6畳，副寝室は4.5畳。

3. 住生活の器としての住宅

表6-5 D・K・Lの関係

タイプ		特　徴
K+D+L	台所・食事室・居間が別	・各部屋の位置をよく考え、動線の混乱が起きない計画をする。 ・小規模な家では、各部屋が狭くなる可能性が大きい。 ・家事労働の能率は悪い。
K+DL	食事室と居間のみ同室、台所は別	・食事をしながら、くつろいでいる他の家族と、一緒に団欒できる。 ・来客により食事が中断する可能性がある。
DK+L	食事室と台所が同室、居間は別	・台所に食事の場が設けられ、食事の用意や後片付け作業などが最も能率的にできる。 ・家族団欒の場が、固定しにくい。
LDK	台所・食事室・居間が同室	・食事の用意や後片付けなどの家事をしながら、家族団欒に加わることができる。 ・台所の状態がみえるので、絶えず整理しておく必要がある。

　居間（L）と食事室（D）は、家庭内労働の生活空間である台所（K）との関係から、DとKが別室、DとKとLが同一室（LDK）などの型がある（表6-5）。いずれにしろ、構成員それぞれの生活に対する考え方や好みなどを考慮し、全員が納得する型にすることが望ましい。

3）家庭内労働の生活空間－台所・家事室など

　台所や家事室などがあげられる。単身であろうと、共に住む人がいようと、生活が円滑に運ばれるためには、炊事や洗濯、家計簿つけなどの家庭内労働が毎日滞りなくなされることが欠かせない。家庭内労働は、年齢、心身状態などを考慮する必要はあるものの、成員それぞれが担える活動を担い、可能な限り効率的に行われることが望ましい。したがって、動線は単純で短く交差を少なくし、また利便性の高い機器を導入するなどして機能的な空間を用意したい。

　台所を例にみると、材料を調えて洗い、切って調理をし、盛りつけた後に食

図6-8 食事づくりの流れ

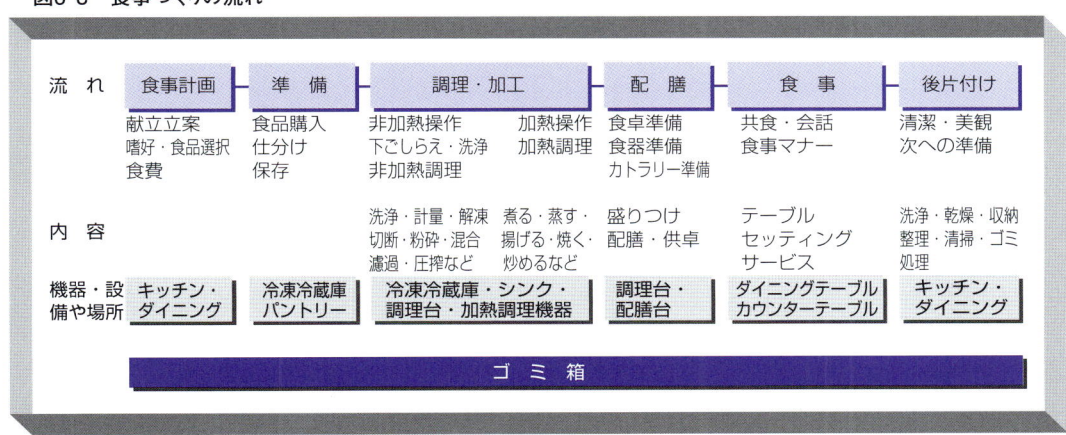

流れ	食事計画	準備	調理・加工		配膳	食事	後片付け
			非加熱操作 下ごしらえ・洗浄 非加熱調理	加熱操作 加熱調理	食卓準備 食器準備 カトラリー準備	共食・会話 食事マナー	清潔・美観 次への準備
	献立立案 嗜好・食品選択 食費	食品購入 仕分け 保存					
内容			洗浄・計量・解凍 切断・粉砕・混合 濾過・圧搾など	煮る・蒸す・ 揚げる・焼く・ 炒めるなど	盛りつけ 配膳・供卓	テーブル セッティング サービス	洗浄・乾燥・収納 整理・清掃・ゴミ処理
機器・設備や場所	キッチン・ダイニング	冷凍冷蔵庫 パントリー	冷凍冷蔵庫・シンク・ 調理台・加熱調理機器		調理台 配膳台	ダイニングテーブル カウンターテーブル	キッチン・ダイニング
	ゴ　ミ　箱						

卓に運ぶというように、家事には一連の行程がある。手際よく食にかかわる家事を行うためには、図6-8に示すように、作業の手順に従って設備や道具を配置することである。最近は、電化製品が高級化・大型化しているが、そうした変化に対応できる空間のゆとりや電気容量、さらには地球環境に優しい廃棄物の処理法なども考慮に入れるようにしたい。

4）生理・衛生の生活空間－浴室・トイレなど

浴室やトイレなどである。これらを一体化して工場生産されたユニットを、サニタリーユニット（図6-9）という。水洗便所の普及や新しい建築材料の開発、ユニット化して防水性が高まったことなどによって上階にも配置することができるようになった。いずれしても水を使う空間なので、湿気がこもらないよう換気し、清潔で衛生的な状態を保つ配慮が必要である。住む人全員が使う浴室の場合、配置位置に対する配慮が必要であり、高齢者と同居している場合には、その居室近くに設ける。

水に濡れた床面は滑りやすいので、転倒事故を起こさないよう床材に配慮する。浴室だけでなくトイレについても、高齢化や身体機能の低下、骨折などによる一時的な障害を考え、手すりを後付けしたり、車いすが使用できるゆとりをもたせて設計することが望ましい。

また、和式便器は排便時に腹圧がかかるので高血圧や痔疾患などの人には好ましくなく、一般的には洋式便器がよいとされる。最近の温水・温風で事後処理する便器も利用するとよい。

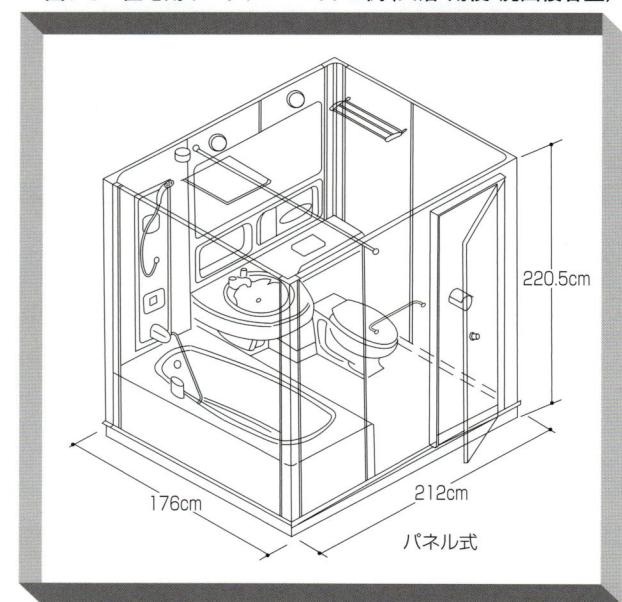

図6-9　住宅用サニタリーユニットの例（入浴・用便・洗面複合型）

5）交通空間－玄関・廊下・階段

前述の4つの空間を結ぶのは，交通空間の玄関や廊下，階段である。

（1）玄　関

裏玄関や勝手口のある家もあるが，主要な入口であり屋外と屋内を区切る玄関では，住宅の顔ともいわれ，人の出入りにともなう下足やコートの着脱が行われる。ときによっては担架で急病人を運ぶ場面もあることを想定し，ゆとりある広さを確保したい。また，北国では，家の中に寒風が入らないよう，入口前部に風防室が付いている場合も多い。戸建て住宅の場合，地面からの湿気を遮断するよう，建築基準法で45cm以上の床高を確保するよう定められているが，バリアフリー住宅では，この段差の解消が図られている。

図6-10　安全な階段の設計

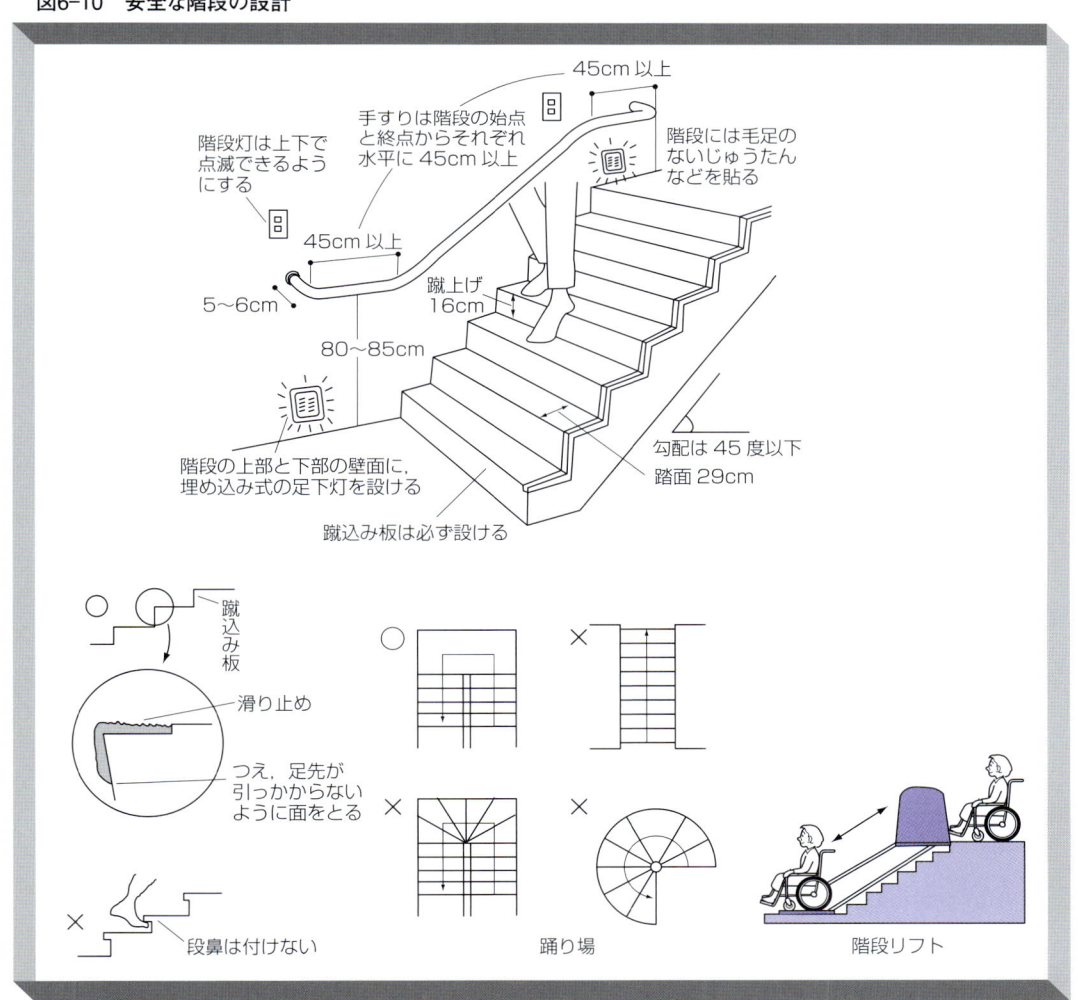

第6章　住生活とすまい

（2）廊　下

廊下を通って各部屋に入るが，動線が単純で短く，重ならないなど，共に住む人の動線の混乱が少ないようにする一方，プライバシーの確保ができる緩衝地帯として有効に用いたい。廊下幅は在来工法では確保しにくいが，車いす使用を考慮して85cm以上が望ましい。また，夜間子どもが1人で，あるいは高齢者が安心してトイレに行けるよう，足下灯を設けるとよい。

かつて多くあった縁側は，農作業をしたり近隣の人と茶を飲みながら歓談して交流するなど，外と内とをつなぐ空間として有効であったことを見直したい。

（3）階　段

高低差の大きい場を結ぶのは階段である。勾配は踏面（足をのせる段板の奥行き）と蹴上げ（一段の高さ）で決まる。家庭内事故の起こりやすい階段は，急すぎず緩すぎない勾配とし，両側に手すりが後付けできるよう壁の内部に骨となる部材をつけておくとよい。また，踊り場を設ける，必ず蹴込み板を設ける，つえや足先が引っかからないよう段鼻を付けない，などの安全に対する配慮も必要となる（図6-10, 11）。1987年の建築基準法一部改正により，3階建て木造住宅が認められている。当初は階段だけでも，後日ホームエレベーターの設置ができるよう，計画段階から場所を定めておきたい。

> 建築基準法では蹴上げ23cm以下，踏面15cm以上，階段幅75cm以上と定められている。これは最低基準であり，実際には蹴上げ18cm以下，踏面26cm以上，勾配35度以下が健常者にも最適とされる。

図6-11　昇降方法と勾配

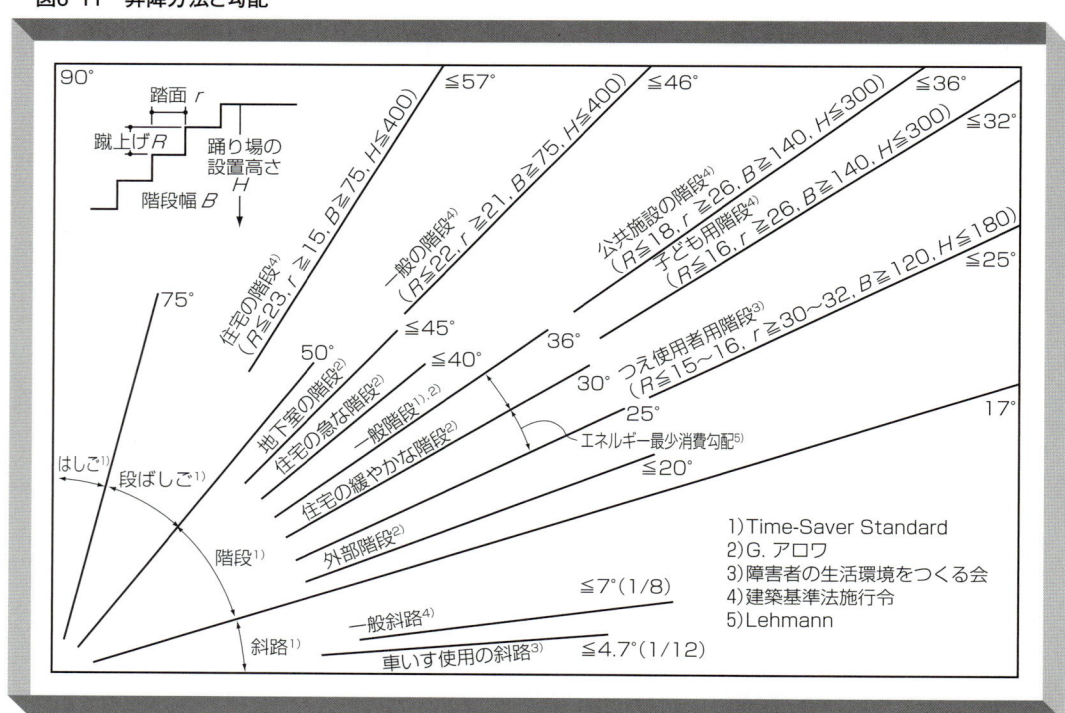

3. 住生活の器としての住宅

6）収納空間－押入・納戸など

4つの空間には、そこに必要な生活財（モノ）を納める棚や押入、納戸などの収納空間が必要となる。生活が多様化し、モノすなわち生活財の種類や量が溢れている今日、慎重な購入だけでなく、モノを十分活かして使う配慮も欠かせない。そして、限りある生活空間を適切に使うよう収納の工夫を行いたい。

生活財には、電気冷蔵庫など場所を固定して使うモノ、食器など移動しながら使うモノがあり、また、消費してしまうモノと耐用年数の長いモノ、毎日使うモノと使う時期や季節が特定されるモノがある。また重さ・形状・壊れやすさなど、それぞれのモノに備わる性質があり、使う頻度や周期、必要量もほぼ定まっている。例えば、台所では、計約3,500リットル（図6-12）といわれる収納スペースに計画的に収納することが必要となる。

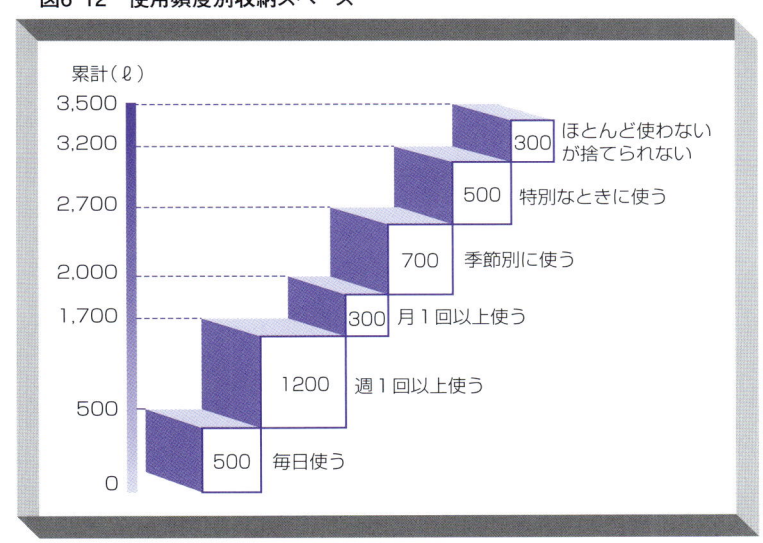

図6-12　使用頻度別収納スペース

累計（ℓ）	容量	使用頻度
3,500	300	ほとんど使わないが捨てられない
3,200	500	特別なときに使う
2,700	700	季節別に使う
2,000	300	月1回以上使う
1,700	1200	週1回以上使う
500	500	毎日使う

図6-13は、計画的な収納をするための、収納品と人体寸法の関係を示している。例えば、常態で手が届き、取りやすい位置には、使用頻度の高いモノを、床に近く、出し入れがしにくい部分には、大型でたまにしか使わないモノや壊れやすいモノを収納する。そして、共にくらす人が共通に使うモノは、誰もが使えるように使った後は必ず元の位置に戻すことを習慣化するとよい。高齢期になると身長が縮み、ついこの前まで自力で取れたモノを取ろうとして転倒などの事故を起こす心配がある。身長と収納棚の寸法の関係（図6-14）を参考に事故が起きる前に対処したい。

第6章　住生活とすまい

図6-13　人体と収納品の整理位置

収納区分							収納形式	(cm)
寝具類	衣料品	食器・食品	書籍・事務用品	鑑賞品・貴重品	楽器類		引き違い戸・開戸	
稀用品	稀用品	保存食品・予備食品	稀用品	稀用品			引出し不適	240
旅行用品・予備寝具	季節外品	季節外器具・稀用品	消耗品ストック	貴重品	稀用品		引き違い戸・開戸適	220・200・180
使用頻度の高い収納品	枕	帽子	缶詰	小中型判		スピーカー類		160 (155)
	実用寝具	上衣・オーバー・子ども服・ズボン・スカート	中小ビン類	実用書籍・中型版書籍	鑑賞品	テレビなど	引き違い戸適	140・120
	寝間着		小物調味料・箸・フォーク・スプーン		小型鑑賞品	ラジオ・アンプ類・プレーヤーなど	引出し適	100・80
	毛布	寝具類		文房具				60 (55)
		和服類	大樽・ビン・米びつ・炊事用具	大型稀用品・ファイル類	稀用品・貴重品	レコード・キャビネット	引き違い戸・開戸適	40・20・10
							幅木	0

視点の高さ 男女 150～140
上肢の長さ 男女 (74～65)
肩の高さ 男女 138～123
作業面に適す

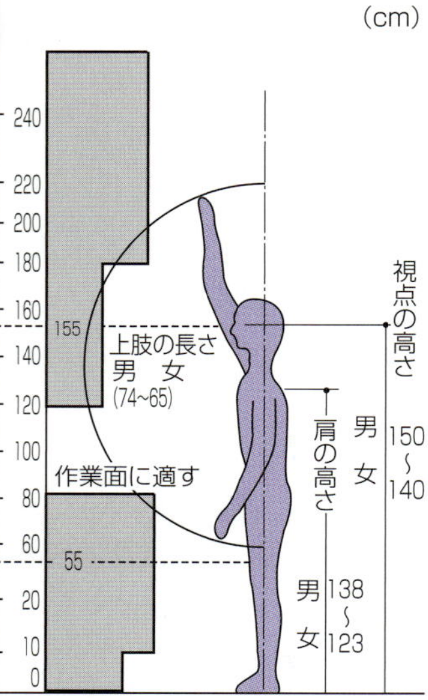

出典）小原二郎ほか編：『建築・室内・人間工学』鹿島出版会, 1969.

図6-14　収納棚の寸法

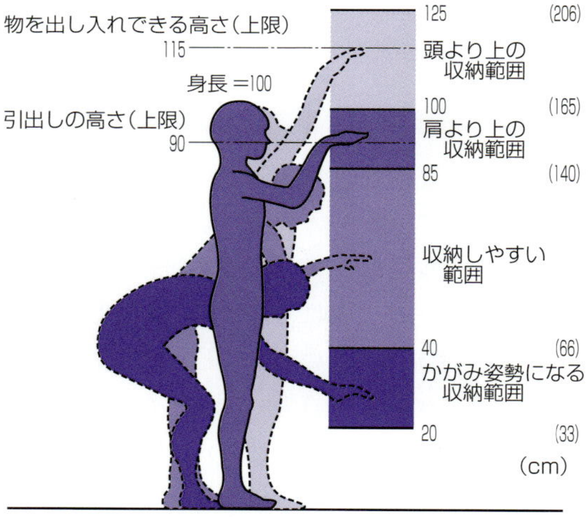

物を出し入れできる高さ（上限）115　　125 (206)
　　　　　　　　　　　　　　　　頭より上の収納範囲
身長＝100　　　　　　　　　　　100 (165)
引出しの高さ（上限）90　　　　肩より上の収納範囲
　　　　　　　　　　　　　　　85 (140)
　　　　　　　　　　　　　　　収納しやすい範囲
　　　　　　　　　　　　　　　40 (66)
　　　　　　　　　　　　　　　かがみ姿勢になる収納範囲
　　　　　　　　　　　　　　　20 (33)
　　　　　　　　　　　　　　　(cm)

出典）日本建築学会編：『建築設計資料集成3　単位空間Ⅰ』丸善, 1980.

4 住生活と健康

　日々の住生活をスムーズにおくるには，1961年にWHOが掲げた健康的な人間的基本生活要求，すなわち「安全性・保健性・利便性・快適性」を満たすことが不可欠である。新築時からすべてを満たせなくとも，後日必要に応じて付加や削除，取り替えなどができるゆとりや互換性を住宅にもたせておくことが望ましい。

1 室内環境の調整

　室内環境は，温度・湿度，換気・通風，日照・採光・照明，音，色彩などに左右される。それらを調節し，健康で快適かつ安全な状態を保持する室内環境が求められる。

1）熱環境の調節

　熱環境は，温度・湿度・気流・輻射熱の組み合わせで決まる。その調節は，衛生上からばかりではなく，健康の維持やモノの安定（ひび割れなどしない），持続可能な地球環境を保つ見地などからも大切である（図6-15）。

　室内の熱環境は，季節や時刻，近隣の状況（建物や樹木など）などによって差がある。現在では，冷暖房機器を用いて調節（表6-6）するのが主流だが，建物を構成する床・壁・天井などに保温性のある素材を使って室内環境を安定させる配慮，風を通す工夫，除湿・加湿をするとよい。なお，冷暖房機器は熱効率や使用のしやすさなどの特徴を配慮して選択する，冷房は屋外と大幅な温

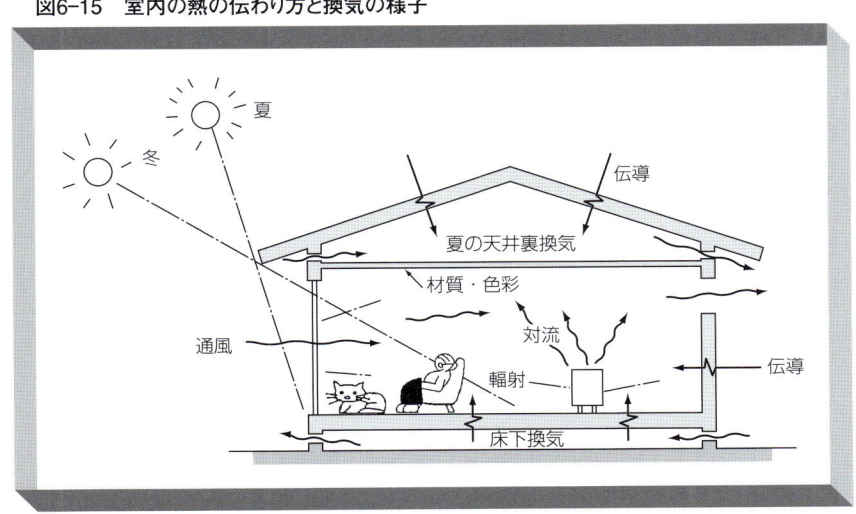

図6-15　室内の熱の伝わり方と換気の様子

資料）岡田光正，藤本尚久，曾根陽子：『住宅の計画学』鹿島出版会，1993.

第6章　住生活とすまい

表6-6　主な暖冷房機器

分類	個別方式（部屋単位）					集中方式（住戸単位）	
	暖房			暖冷房		暖冷房	暖冷房給湯
システム	ファンヒーター	FF暖房	床暖房（パネルヒーター）	ルームエアコン	ガスルームエアコン（温水式）	換気空調システム	温水暖房＋給湯＋ヒートポンプ冷房
インテリア機器	ファンヒーター	FF暖房機	（パネルヒーター）	屋内機	ファンコイルユニット	サプライグリル，リターングリル	ファンコイルユニット
住宅整備および端末機器	コンセント	配管スリーブコンセント	面状発熱体または温水配管	屋外機，専用コンセント，配管スリーブ	温水配管	ダクトファーネス換気扇	温水配管
熱源	ガス・石油	ガス・石油	電気・ガス・石油	電気	ガス・電気	ガス・石油	ガス・電気

　度差がないように設定する，高層集合住宅では温湿度計を室内からみえる屋外に設置するなどの工夫も役立つ．
　室内環境の調節は，身体をあまり動かさない病人や高血圧・動脈硬化などを抱える高齢者の健康や活動性，身のこなしを左右する．冬期は，一般より少し高めの室温とするが，個人差や生活習慣などを考慮し，本人の意見を聞きながら適温をみつけるとよい．また冬期には，部屋と廊下，屋内と屋外の温度差が身に応えるので，居室だけでなく家全体を同じ温度にすることが望ましい．さらに，高齢者は臭覚が鈍くなり，ガス中毒や火災の前兆，空気の汚れなどに気付かないことがある．これらを考慮し，安全面や換気，乾燥などについて注意する必要の少ない機器を選択することも必要である．夏期の冷房については，つけっぱなしにしない，外気温との差を5℃以内に抑える，床面が一番冷えるので温湿度計を置いて管理する，などの配慮をするとよい．

2）通風・換気

　室内の空気は，在室者の呼吸や体臭，衣服の微細な埃などで汚れ，細菌も増えて健康を左右する（図6-16）．
　推奨される室温と換気量（表6-7）を参考にし，部屋の広さや在室人数を考えて窓などの開口部を開閉して新鮮な空気と入れ替える必要がある．自然な通風ができない場合は，換気扇などを用いて強制的に換気し，室内を快適な状態に保つ．また換気は人間ばかりでなく，建物そのものや中にある生活財にとっても大切である．サッシ使用が主流の最近の住宅は機密性が高く，湿気が結露やカビ，木部の腐朽を招くなど，建物の耐用年数にかかわる問題も生じるからである．同じ部屋でも温度が1℃下がれば，湿度が上昇（3〜5％）し，余分な水蒸気は結露の原因となる．表6-8に示した対策を行うと同時に，押入に布団や衣類をぎっしり入れたり，壁に密着させず，すのこを敷くなどして空気を

4．住生活と健康

図6-16　室内の空気汚染

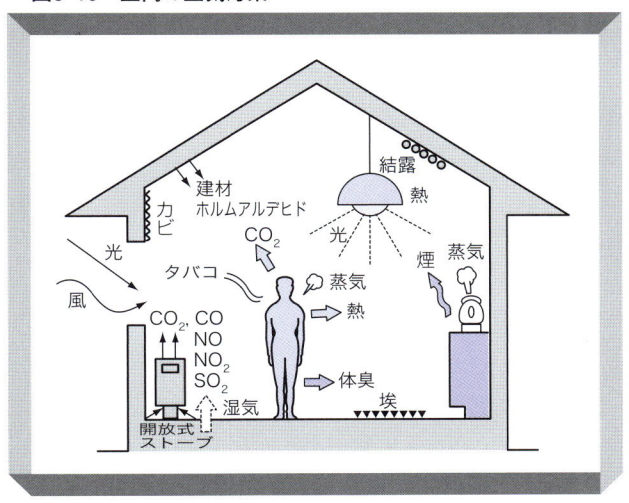

表 6-7　推奨室温と換気量

	暖　房（冬）		冷　房（夏）		換気量，回数
	温度（℃）	湿度	温度	湿度	
居間・食事室	16～24	40～60%	26～27℃ 外気温と 5℃以内の差	40～60% （70%以上は 不快）	17～30m³/時間・人
寝　　　室 （高齢者・病人） （子　ど　も）	12～24 (24～27) (12～23)				10～15m³/時間・人
浴室・トイレ	18～20				3～4回/時間
台　　　所	15～17				3～8回/時間
玄関・廊下	10～15				1～2回/時間

資料）大須賀常良著：『住居学』彰国社／空気調和・衛生工学編：『空気調和・衛生工学便覧』丸善，2001．

表 6-8　結露によるカビを防ぐ

- 暖房機器や加湿器などによる発湿を抑え，発生した湿気は，可能な限り発生源の近くで屋外に排出する。
- 外壁に接して家具をおく場合には，すのこまたは床面家具の両側にかえ物をし，壁側の後ろを5cmほどあけ，空気の循環を図る。
- 炊事から発生する水蒸気は，換気扇で屋外に出すよう，調理時には必ず換気扇を回す。強風などにより換気扇が作動しないことを防ぐためには，屋外に逆風防止のカバーをする。
- 浴室の使用後は，カビの発生を防ぐよう，床や腰壁に飛び散った石けんなどをよく流す。
- カビにより黒ずんだタイルの目地は，スプレー式の漂白剤，または次亜塩素酸ナトリウム溶液（市販品6%，必ずゴム手袋使用）を10倍に薄め，スポンジか刷毛で目地に塗り，しばらくおいてから漂白する。
- ガラス面の結露は，こまめにふきとる。
- ガラス窓などの内側にはカーテンをかけ，開閉して空気を動かす。

循環させて結露を防ぐ。

　高齢者の二酸化炭素排出量は，一般成人の約8割程度といわれている。高齢者は部屋に長時間こもっていることが多く，また，空気の汚れに気付かないこともあるので，意識的に空気を入れ替える必要がある。その際，顔面に直接冷気が当たらないよう屏風を立てて保護するなどといった工夫をする。高齢者は

臭気にも鈍くなって，排泄物などの悪臭に気付かないこともある。高齢者に特有な臭いのある部屋にならないよう，悪臭の発生源を取り除いたり脱臭剤や芳香剤を利用することも念頭におくようにした。

窓や戸を開閉することは換気のためばかりではなく，生活が単調になりがちな病人や高齢者にとって，風や雲の動き，木々の葉音を楽しみ，街の動きを感じることにも通じる。同様の見地から，寝床から外部がみえる位置の窓は透明ガラスが望ましい。

3）光―採光・照明―の調節

「太陽の入らない住居には医者が入る」ということわざがある。太陽光は，室内を明るくする，暖かくする，心の安らぎをもたらす，紫外線による殺菌作用や湿気を除くなど，心身ともに健康で快適なくらしには欠かせない。谷崎潤一郎の『陰影礼賛』にあるように，かつての日本人は明かり障子を通した柔らかな光と影を愛でる美意識をもっていた。しかし，昨今の日本人は光のシャワーの中にいて「光の過食症」にかかっているという論説もあるように，明るすぎる社会による光公害も懸念されている。

室内の昼の明るさは，太陽の高度や近隣の建物の高さ，窓の位置，インテリアの材質や色彩などによる影響を受ける。夏の直射日光の調節には，わが国では庇(ひさし)や簾(すだれ)を用いていたが，最近ではルーバーやブラインドなどを用いている。必要な照度（図6-17）は生活行為によって異なるが，家事労働や読書などの際には，スムーズな動きや効率のよさに見合う照度とし，特別な雰囲気を出したい場合を除いて室内は一様な明るさがよく，季節や時刻による明るさの変化

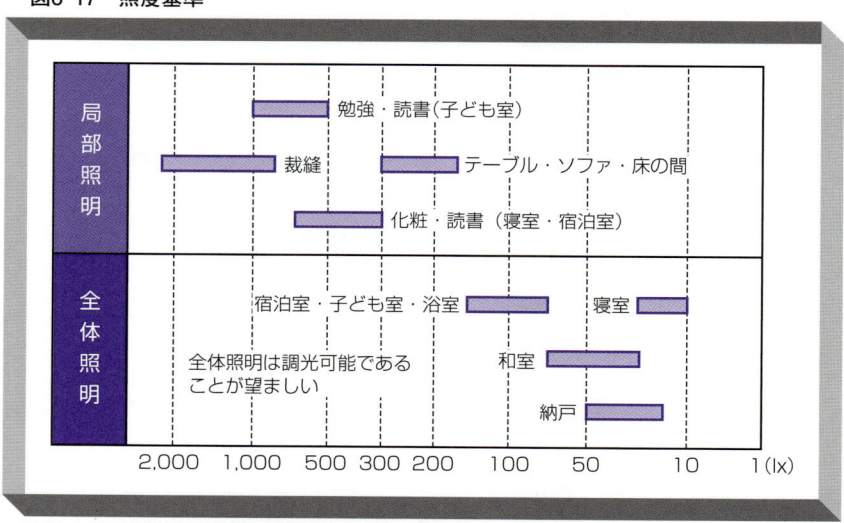

図6-17　照度基準

局部照明	
	勉強・読書（子ども室）
	裁縫　　テーブル・ソファ・床の間
	化粧・読書（寝室・宿泊室）

全体照明	
	宿泊室・子ども室・浴室　　寝室
全体照明は調光可能であることが望ましい	和室
	納戸

2,000　1,000　500　300　200　　100　　50　　　10　　1 (lx)

出典）日本建築学会編：『建築設計資料集成3　単位空間Ⅰ』丸善，1980．

4．住生活と健康

図6-18　照明器具の配光による分類と特徴

分類	直接	半直接	全般拡散	半間接	間接
配光曲線	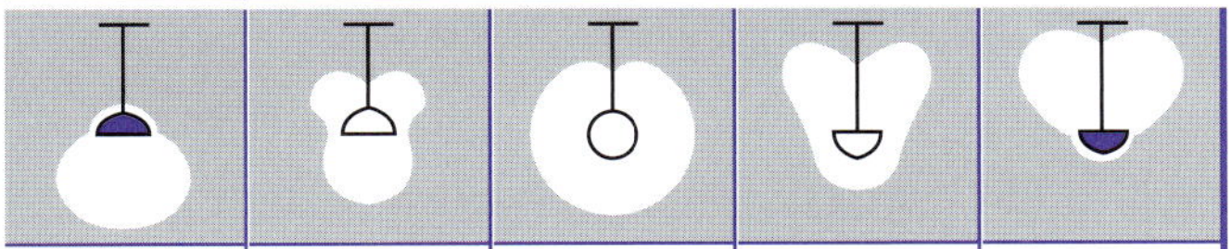				
上向光	0～10	10～40	40～60	60～90	90～100
下向光	100～90	90～60	60～40	40～10	10～0
特徴	照明率―大 室内面反射率の影響―小 設備費―小 保守費―小	照明率―中 室内面反射率の影響―中 設備費―中 保守費―中			照明率―小 室内面反射率の影響―大 設備費―大 保守費―大

（単位：%）

表6-9　白熱灯と蛍光灯の比較

	白熱灯	蛍光灯	
		白色	昼光色
光源とその形	白熱したタングステンフィラメント。点状で強い影が出る。	ガラス管内に封入された水銀ガス中の放電による光を，ガラス管内面に塗った蛍光物質が吸収し，特有な蛍光を発する。線状で強い影が出ない。	
光の性質	太陽光より黄赤色に富み，暖かい感じの光。	光は日の出2時間後に近く，やや冷たい感じ。	北窓からの天空光に近く，冷たい感じの光。
灯としての特徴	すぐ点灯し，電球が熱くなる。寿命，約1,000時間。	点灯するまでに数秒かかり，ほとんど熱を出さないので熱くならない。寿命，約7,500時間。同一の電力で，白熱灯の約3倍の明るさ。	
使い分けのめやす	・点滅頻度の高いトイレ・階段・廊下に ・点灯使用時間の短い浴室・トイレ・廊下に ・すぐに点灯してほしいトイレ・階段・廊下に ・局部的に明るくしたい居室・寝室に ・暖かい感じを出したい居間・食事室に ・陰影や立体感を出したい食卓・置物に	・長時間点灯する門・ポーチ・勝手口に ・全体に明るい照明が必要な居間・台所・子ども室・書斎などに ・目を使う作業（視作業）を主とした書斎・台所・流しもと・スタンドに ・間接照明に	

もなるべく少なくすることが望ましい。なお，建築基準法では，居室は採光のために床面積の1/7以上の窓を設けることが定められている。

　人工照明には直接照明と間接照明がある（図6-18）。上向と下向の光の比率や蛍光灯と白熱灯の違い（表6-9）などを参考に，部屋での生活行為に合った照明方法を選ぶとよい。白熱灯は暖かみのある点光源として食卓や書斎に，蛍

光灯は全体を明るくしたい台所や長時間点灯しておく門灯などによい。照明器具の汚れは，明るさを損なうので，時期をみて手入れし，または新しいものに交換する。

高齢者は，一般成人の2倍の明るさを必要とするといわれるが，眩しさに対しては神経質になる一方，影も嫌がるようになる。日常のほとんどの時間を過ごす居室は，暗くて陰気な雰囲気にならないよう気を付ける。さらに，単調な生活になりがちなことを考慮して，新聞を読むには室内全体の直接照明，クラシック音楽を聴く際は局部照明にするなど，多様な照明方法を適宜選択してメリハリをつける工夫もほしい。

転倒・転落などの事故を避けるためには，階段の上下や廊下の両端に，暗くなると自動的に点滅するEEスイッチ付きの足下灯を設置すると効果的である。

4）音の調節

ある人にとっては心地よい音も他の人は不快に感じることがあるように，大小，高低，音色の3つの性質をもつ音の感じ方の個人差は大きい。心地よくくらすには，自宅だけでなく周辺地域も含めて不快な音や騒音が少ないことが望ましい。

生活騒音には，オートバイや車などによる交通騒音，近所から聞こえる音楽などの外部騒音，給排水管の音，上階の足音，子どもの泣き声，戸・窓の開閉時などの住居内騒音などがある（図6-19）。伝わる音を遮断することを遮音という。屋外の騒音については，なるべく緻密で重量のある材料を用いて遮音性の高い床や壁とし，二重窓や建て付けのよい建具などで対処する。

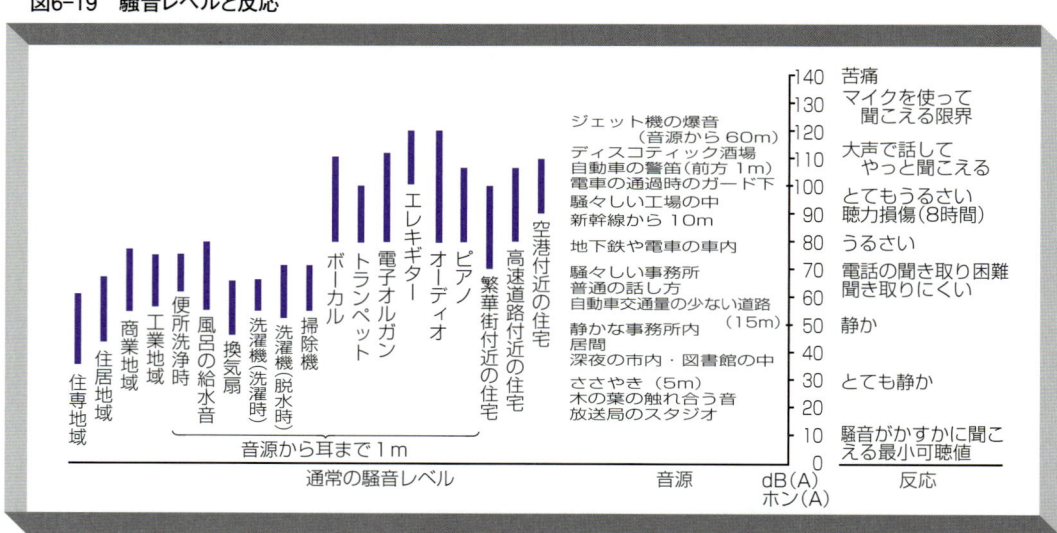

図6-19　騒音レベルと反応

4．住生活と健康

　生活騒音については，こちらが被害を受ける立場での対処を優先して考えがちであるが，聴力が鈍くなり，可聴距離が約15cm（成人は約80cm）になるといわれる高齢者は，テレビやラジオの音量をあげ，家族や近隣からの非難を受けることがある。隣近所で音に関する取り決めを行う，あるいは住まい方を工夫するなどして近隣とのトラブルを防ぐ配慮も必要である。

　高齢者は一般に，ぼんやりと起き，うとうと眠り，寝床に入っている時間が長いなど，家族と生活時間が合わなかったり，生活経験・生活暦に世代的な差があって話が合わないなど，家族と同居していても孤独に陥りがちである。それゆえ，高齢者の居室は，遮音をしながらも人の気配が感じられるよう，居間など家族が集まる空間に接して設け，さらに間仕切りは開閉可能な引き違い戸にし，視線はさえぎるが音は聞こえ，家族の息吹が感じられるようにするとよい。好みにもよるが，高齢者の居室は病室ではないので，適度の音に囲まれることも共に住む一員としての自覚にもなろう。

　なお，モノを動かす音が増幅されやすい補聴器の場合，床に毛足の短いじゅうたんを敷いて音を吸収させる。移動制約のある高齢者の居室には，シルバーホンやチャイム，呼び鈴を設置するなどの工夫もほしい。

2 住宅の維持管理

1）住まいの再生

　モノである建物は時間の経過とともに老朽化する。寿命すなわち耐用年数には，①構造上の物理的な寿命，②生活様式の変化や新しい設備の導入などによる機能上の寿命，③道路やダム建設などの社会的要請による寿命，④税法上の寿命，がある。構造上では，一般的には木造で約30年，鉄筋コンクリート造で約70年とされるが，家族構成や住み方，建築材料や家電製品の開発などの社会的変化の大きい現代にあっては，耐用年数を全うすることなく取り壊される場合も多い。増改築による住まいの再生を図って住宅の機能低下を防ぎ，耐用年数を延ばすことは，快適な生活を保持し，建物の使用価値や資産価値を延ばすだけでなく，住文化の継承という見地からも望ましい。

2）点検・補修・修繕

　住まいの傷みには，材料の老化や腐朽，さびやカビ，すきまやはがれの発生などあるが，その原因は，太陽光や風雨，シロアリや細菌，排気ガスなどである。「蟻の穴から堤の崩れ」ということわざがあるように，定期的に点検し，特に台風シーズンや暖房を使用しはじめる前にチェックして微細な損耗もみつけ，傷が大きくならないうちにペンキ塗り替えなどの補修や修繕（腐食部などの取り替えなど）を行う（表6-10）ことで対処する。湿気は住宅の結露を招

第6章　住生活とすまい

表6-10　住まいの周期点検

		点検整備	修理サイクル	取替など再生	チェックポイント
内装	床	1～2年 小キズ補修	10年 小キズ摩耗	20～30年	浮・キズ・はがれ・摩耗・きしみ
	壁		10年 浮・張替・塗替		汚れ・カビ・キズ・はがれ・結露（特に北側注意）
	天井		5年 浮・たわみ・はがれ	浴室・天井 10～15年	浴室・天井・下地（天井裏より点検）
浴室（左官壁・タイル壁）			1年	10年	タイル目地脱落・亀裂（浴槽と壁，壁と床接合目地に特に注意） 配管貫通部のすきま
台所・洗面所・タイル壁			2年	15年	タイル目地脱落・亀裂 配管貫通部のすきま
玄関・勝手口・木部の床接触部			5年		木部の腐食
建具	間仕切	1年　注油		金物 5～10年	建て付け・きしみ・蝶つがい・錠
	外仕切	S	5年	パネル 10～20年	
屋根		1年 部分さび落としと塗装 S	2～3年 釘締め再塗装	瓦・銅板 30～40年 塗装鉄板 15年	瓦……ずれ・割れ・脱落 銅板……さび落とししない 塗装鉄板……キズ，金属板・釘のさび発生，仕上塗の劣化
軒					内面結露・雨漏りによる内側からのさび発生 幕板の腐食 軒天井の浮・たれ・亀裂・しみ
屋根裏			適時		北側屋根・下地の結露・雨漏り
雨どい		S	2～3年	10～20年	はずれ・曲がり・水勾配・支持金物の取付け，土・落葉つまり
外壁（左官）		S	1～3年	15年	亀裂・配管貫通部のすきま 金物の取付け部
土台・柱脚部		1～2年	3～5年	20～30年	浴室・台所・洗面所・洗濯室・トイレなど特に注意。腐食，さびの発生（外部，床下から点検）
床下部材		1～2年	5～10年	20～30年	腐食・さびの発生，特に木部とコンクリート接触部
排水ためます					排水管接続部すきま・底コンクリート，土つまり
排水管			10年		沈下による水勾配・漏水
給水・湯管			10年	20～30年	漏水・断熱巻のゆるみ，脱落（凍結・結露・放熱防止）
ぬれ縁・ベランダ・外部手すり・門塀・さく	木部	1年 部分塗装 S	2～3年 再塗装	5～10年	腐食 さび・キズ
	塗装金属			10～20年	取付け部

※ 木造・軽量鉄骨造の場合の手入れの必要な予想周期。構造・材料・造り方により多少の差がある。
※ Sは梅雨，台風，降雪シーズン前の時期
出典）国民生活センター，1982.

4．住生活と健康

表 6-11　集合住宅の維持・管理の要点

1) 生活騒音やゴミ処理，駐輪や駐車，動物の飼育など，共同生活をするうえでの問題発生を防ぐよう，生活ルールを定める。
2) 共用部分の管理や防火・防災・防犯などの管理を行う。
3) エレベーターや火災報知器，配水管などの定期的な保守転換を行う。
4) 共用部分の清掃や補修工事を行って使用価値や資産価値の維持を図る。
5) 管理費や修繕積立金の管理・運用をする。
6) 居住者で構成する管理組合の運営や総会業務を行う。　　　　　　　　　　　　　　　　　　　　　　　　　など

き耐用年数を大きく左右するので，新築時から床下や天井裏に空気の流れをつくる構造とする。また，シロアリなどの害虫の発生やネズミの進入を防ぐつくりとすることも大切である。

集合住宅の場合には，壁や床を共有し多くの人と共同して住まうことから，維持・管理（表 6-11）に居住者全員で取り組む必要がある。これを支援するために国は「マンション管理の適正化の推進に関する法律（平成 12 年）」を定めている。

3) 汚れと掃除

室内の埃が死に結びつくことはない，とはいえ，日常生活が清潔でクリーンな状態であることは，心の健康にも通じる。

汚れには①ただ載っている，②吸い込んでいる，③変色している，などの状態があり，人の動き，水や空気の状態などによって，汚れの状態と高さの関係が，ほぼ予測ができる（図 6-20）。取り除く方法は，汚れやゴミを移動させる，吸引・吸着させる，物理的に除去するの，大きくは 3 つに分類される。

掃除の方法には①はたく，②掃く，③ふく，④洗う，⑤吸い取る，などがあり，汚れの性質や部屋の具合にあった方法や用具を用い，日常の家事負担を少なくしたい（表 6-12）。掃除の原則は，汚れたらすぐ除去する，上部から下部に，畳や板の目にそって，である。

寝たきりなどで一室の生活を余儀なくされている人の居室の場合，冷気を室内に入れないことや舞い上がった埃が顔面にかからない工夫をする。化学雑巾や昔ながらの茶殻，高いフィルター機能の電気掃除機を用いるなどして，病人に負担が少ない掃除法を選ぶ。なお，ほうきとハタキを使用するような空気を攪拌する方法では，舞い上がった埃や細菌を含む微粒子が落ち着くまでに時間がかかる。一説には 3 時間後に床面上 30cm のところに滞留するとされ，布団で寝ている場合には顔面がすっぽり滞留圏に入ってしまうので，寝ていることの多い高齢者や病人にはベッドが望ましいといえる。

また，食事介護中に醤油をこぼすなどした場合の応急処置法を表 6-13 に示した。汚れやしみが周辺に広がらないよう，目立たない隅の部分や家具の陰になる箇所で水分の拡がり具合などを試した後に実行する。表に示した方法で対

第6章　住生活とすまい

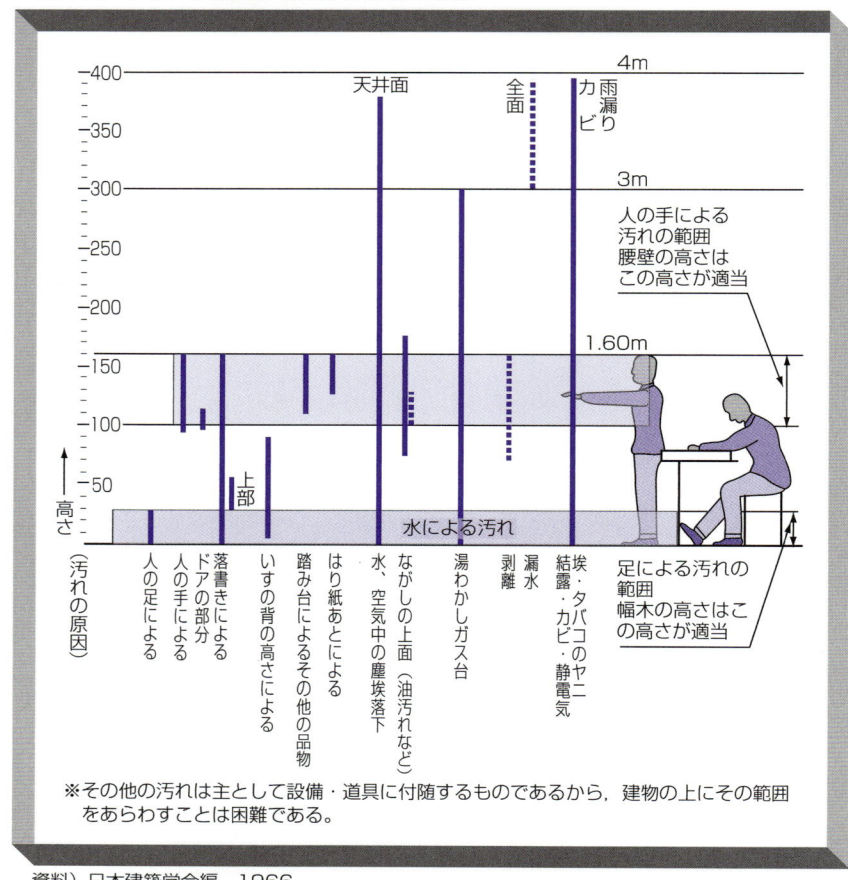

図6-20　いろいろな原因による汚れと高さの関係

```
高さ↑         4m ─400
              ─350
   天井面        全面  雨漏り
              ─300  3m
                    人の手による
              ─250  汚れの範囲
                    腰壁の高さは
              ─200  この高さが適当
              ─150  1.60m
              ─100
              ─ 50
              水による汚れ
（汚れの原因）          足による汚れの
                    範囲
                    幅木の高さはこ
                    の高さが適当
```

人の足による／上部　落書きによるドアの部分／人の手による／踏み台によるその他の品物／はり紙あとによる／いすの背の高さによる／ながしの上面（油汚れなど）水、空気中の塵埃落下／湯わかしガス台／漏水　剥離／結露・カビ・静電気　埃・タバコのヤニ

※その他の汚れは主として設備・道具に付随するものであるから，建物の上にその範囲をあらわすことは困難である。

資料）日本建築学会編，1966.

処できない場合や時間が経過したものは，専門業者に依頼する。なお，台所用，浴室用など，用途に応じた洗剤が市販されているが，次亜塩素酸ナトリウムを含むクリーナーと塩素系漂白剤を混ぜて使うと，急激な化学変化を起こして有害な塩素ガスが発生し，死亡事故につながる危険性もある。洗剤を安易に組み合わせて使わないよう銘記しよう。

3 廃棄物と地球環境

　生活が豊かになるのにともなって，住まいにかかわる消費行動も大きく変化している。冷暖房機器を使用して室内の快適性を求めること，安価な使い捨て商品やワンウェイ容器が普及した結果，家庭からでるゴミ（廃棄物）が増加していることなどである。これらは，生ゴミの増大，大気汚染，森林の減少，二酸化炭素の排出量の増大による地球温暖化など，地球規模での環境の変化をもたらしている。

4．住生活と健康

表6-12　日常の掃除方法

	手 入 れ 方 法
じゅうたん カーペット たたみ	・手動または電気掃除機で毛並に沿って軽く。 ・1～2年に1度はクリーニングを業者に依頼。 ・直射日光と湿気を避ける。通気をよくして乾燥させる。 ・ほうきで掃いて，からぶきがよい。電気掃除機は表面を傷めるおそれがある。 ・埃のひどいときは住居用洗剤を薄めたぬるま湯で雑巾を堅絞りにして，目に沿ってふき，さらに乾布で何回もからぶきする。 ・畳干しは年1回が望ましい。畳表は2～3年で裏返し，さらに2～3年で取り替えるのが望ましい。
木製床(ラッカー， ニス仕上げ)	・ゴミや埃を取り，からぶきする。 ・熱湯，アルコール，ベンジン等の使用は厳禁。
タイル	・ぬれ雑巾，柔らかいブラシで払拭する。汚れの目立つ場合は濃いめの住居用洗剤でブラッシングする。
台所(床・壁)	・油汚れは時間がたつと取れにくいので日常の調理後に，熱い湯を絞った雑巾でふく。 ・3か月に1度，カビ予防の手入れをする（壁）。
レンジ	・炊事後その都度，レンジの温まっているうちにふき掃除をする。 ・固まった汚れは専用の洗剤を塗り，しばらく放置してからふき取る。その際必ず炊事用手袋を使用すること。
ステンレス	・使用後，湯や洗剤で洗い，乾いた布でよく水分をふき取る。 ・大根の切り口にクレンザーをつけて軽くこすれば傷がつかず効果的である。清掃後，少量の食用油やレモンなどの柑橘類の皮でこするとよい。
換気扇	・月に1度取り外して住居用洗剤や専用の洗剤で掃除する。汚れがひどい場合は，割箸でゴム状になった汚れをまずこそぎ取る。 ・枠を止めたビスが油汚れで取れない場合は，アンモニア水を2～3滴つけてしばらくおくとよい。
建具 アルミサッシ・ドア	・溝の汚れはさびの原因にもなるので，掃除機の付属品で吸い取るか，古い歯ブラシ等で常に掃除する。
襖・障子	・はたき掛け。
網戸	・はたき掛け。外せるものは網をたるませないように乾いたブラシをかける。さらに汚れがひどい場合は，ホースで水を強くかけ，雑巾で両面から叩くようにして水気をとる。外せないものは，掃除機の丸ブラシで埃を吸い取る。
ガラス	・はたき掛け。月1回程度，湯ぶきするか，薄めの洗剤を使用し必ず丁寧にからぶきすること。

資料）鹿島建設建築設計本部編：『住宅の保守管理の手引』鹿島出版会，1983．

　レイチェル・カーソン（Rachel Louise Carson，1907-1964，米）は，『沈黙の春』の中で，環境汚染の実態と恐ろしさを世に先駆けて告発し，「センス・オブ・ワンダー（神秘さや不思議さに目をみはる感性）」[5]（遺作『センス・オブ・ワンダー』）をすべての子どもに授けることを望み，地球環境の回復を次世代に託した。ノーベル平和賞の受賞者でケニアの環境副大臣のワンガリ・マータイ（Wangari Muta Maathai，1940～）は，「もったいない」運動を，世界に広めようとしている。
　わが国には江戸時代の市民の間に，すでにゴミの分別やリサイクルの概念が

もったいない運動
　マータイが2005年2月来日の時に知った日本語「もったいない」は4つのR，すなわち消費削減（reduce），再使用（reuse），資源再利用（recycle），修理（repair）からなる。

第6章　住生活とすまい

表6-13　汚れ・しみの応急処置法

汚れ・しみの種類	応急処置法
しょうゆ・ソース コーヒー・茶 ジュース・酒類	・柔らかい紙やタオルで液体を手早く吸い取り，ぬるま湯で叩きながらふき取る。さらに，中性洗剤を薄めたぬるま湯を布やスポンジに含ませて叩きながらふき取り，酢水でふき上げる。
アメ・ジャム	・固体状のものはけずり取り，中性洗剤を薄めた熱湯を布に含ませて丁寧にふき取り，さらに水ぶきをする。跡が残ったら，ベンジンで軽くふく（端の方で試しぶきをし，変色しないことを確かめる）。
チョコレート	・中性洗剤をぬるま湯で薄めた液を布，スポンジ等に含ませ，汚れの周囲から中心にむけてふき取り，酢水でふく。
牛乳 アイスクリーム	・ぬるま湯で軽くふき取る。 ・跡が残ったらベンジンを用い，中性洗剤を薄めたぬるま湯でふき上げる。
卵	・タオル等で液体を吸い取り，中性洗剤を薄めた水でふき，さらに水ぶきする（温湯は卵が固まってしまうので使わない）。
バター・油	・ヘラなどで油を取り除き，ベンジンでふき取る。さらに，中性洗剤を薄めたぬるま湯でふき，酢水で仕上げぶきをする（ベンジンは端の方で試しぶきをする）。
チューインガム	・ガーゼまたはビニール袋に包んだ氷でガムを冷やし，固化したら削る。
血液	・オキシフル液で簡単に取れる。仕上げには中性洗剤を薄めた液でふき取る。 ・塩水でふき取り，水ぶきで仕上げる方法もある。
尿	・タオル等で吸い取り，中性洗剤をぬるま湯で薄めた液を，布，スポンジ等に含ませ，周囲から中心にふき取り，さらに酢水でふき上げる。
吐物	・汚物を取り，中性洗剤を薄めた液でふき，酢水でふき上げる。
インク	・吸取紙などでインクをできるだけ吸い取り，ぬるま湯を含ませた布やスポンジでふき取る。さらに，中性洗剤を薄めた液でふき，酢水で仕上げる。
クレヨン	・アルコールまたはベンジンでふき取り，中性洗剤を薄めたぬるま湯でふき上げる。
化粧品・口紅	・ベンジンか揮発油でふき，中性洗剤をぬるま湯に薄めた液でよくふき取り，さらにお湯で仕上げぶきをする。
タバコの焼けこげ	・歯ブラシにオキシフル液をつけ軽くこすると，こげた部分が目立たなくなる。ただし，ウール製品に限る。
泥	・よく乾かしてから掃除機で吸い取り，中性洗剤を薄めた液でふき，さらにぬるま湯でふき上げる。
油性ペンキ	・ラッカーシンナーを布，スポンジ等に少量含ませ，叩くように汚れの周囲から中心に向けてふき取り，そのあと中性洗剤をふりかけ，ブラシでよく洗い，さらに水ぶきして洗剤を取る（シンナーを使用する場合，目立たない場所で試しぶきをする）。
水性ペンキ	・付着直後はぬれ雑巾で取る。水ぶきで取れなくなった場合は，ラッカーシンナーで油性ペンキの場合と同じ処置をする。

・中性洗剤：衣料用の高級アルコール系洗剤
・酢水：食酢を水で倍に薄めたもの
・ベンジンおよびシンナー系のものを使用する場合，量を多く使用しないようにする。輪じみができることがあるので，事前に目立たない場所で試しぶきをする。

資料）鹿島建設建築設計本部編：『住宅の保守管理の手引』鹿島出版会，1983．

あったとされる。こうした先人の知恵をもとに，自らの生活範囲だけの問題ではなく，地球市民としてグローバルな視点をもち，地球資源の無駄使いや環境破壊の進展をくい止める自覚と努力が必要であろう。年々増え続ける家庭ゴミは，ゴミ処理のための埋め立て地の不足や処理にともなう環境汚染などの問題を生じている。モノの慎重な購入と再利用を図り，生ゴミをコンポスト化して減量し，自治体により異なる分別収集の規則を守るなど，住民としてできることをなすことが求められる。なお，国は循環型社会づくりの推進に当たり，ゴミ処理にかかわる優先順位を［ゴミの発生＞再利用＞熱回収＞適性処分］と定めている。

住宅そのものについていえば，環境共生住宅（エコハウス）は，省エネルギーと資源の有効利用に配慮し，周辺の自然環境と美しく調和して住み手が主体的にかかわりながら快適に生活するよう工夫された住宅であり，関心を呼んでいる（図6-21）。

環境共生住宅（エコハウス）
住宅建築のための資材から最終的な取り壊しまでの全エネルギーを対象としている。建築時には，リサイクル建材の活用，廃棄物の削減，耐久性の高い構造などで，くらしでは，日常ゴミの分別収集，雨水などの水資源の有効利用，太陽エネルギーの利用などである。

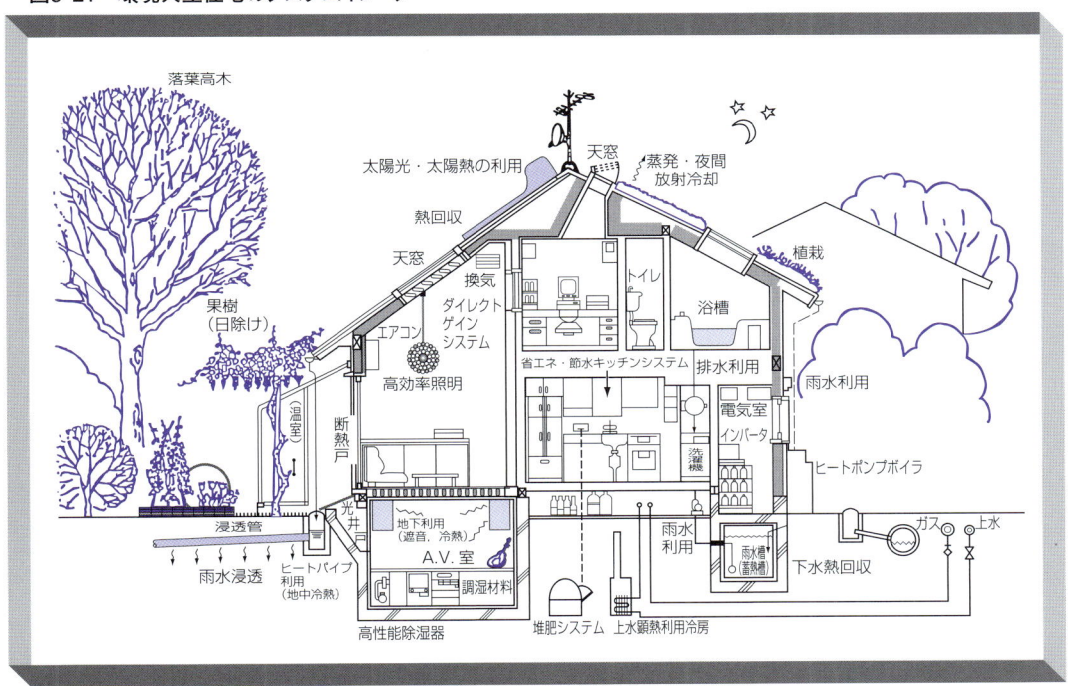

図6-21 環境共生住宅のシステムイメージ

資料）東海大学工学部建築学科田中俊六教授による．建設省住宅局住宅生産課，1992．

5 住生活と安全

住宅が満たすべき必要最低限の条件として「**安全性の確保**」があげられる。そこにくらす生活者の生命の安全が保障されてはじめて，より豊かな質の高い

第6章　住生活とすまい

生活が実現されるのである。しかしながら、厚生労働省による人口動態統計調査などを参照すると、わが国では乳幼児あるいは高齢者による住宅内事故が多発している状況がうかがえる。加えて、単身でくらす高齢者の増加にともない、高齢者が緊急の事態に遭遇しても、手を差しのべる人が身の回りにいないケースが増えている。すなわち、高齢者、障害のある人など心身機能が低下している人にとって、わが国の住環境は安全性が十分に確保されているとはいえない状況にある。

さらに、近年、わが国は、地震や台風による水害など自然災害に見舞われる頻度が上がっているが、こうした災害時に、**災害弱者**と呼ばれる高齢者、障害のある人の避難方法・避難先が考慮されていない状況にある。

本節では、住宅あるいは住生活における安全性の問題を、①日常時（1．住宅内の事故と安全）、②緊急時（2．緊急時の対応）、③災害時（3．災害時の住生活）、の3つの観点からとらえ、問題点および現状を整理した上で、望ましい対応について解説しよう。

1 住宅内の事故と安全

1）住宅内事故の現状

高齢者の住宅内事故は、どのような事故がどこで発生しているのであろうか。

2000（平成12）年度の人口動態統計によると、65歳以上高齢者の住宅内事故による死亡者数のうち最も多いのは「不慮の溺死および溺水」、次いで「その他の不慮の窒息」、「転倒・転落」、「煙、火および火炎への暴露」の順となっている。すなわち、家庭内事故の2大死亡要因は、**溺水**および**窒息**であり、次に**転倒・転落**が続いている（表6-14）。

表6-14　人口動態調査にみる住宅内事故の経年変化（65歳以上）

	不慮の溺死および溺水	その他の不慮の窒息	転倒・転落	煙、火および火災への曝露
2005（平成17）年	3,219	3,259	1,814	794
2004（平成16）年	2,650	2,974	1,648	688
2003（平成15）年	2,820	2,972	1,653	736
2002（平成14）年	2,752	2,916	1,601	672
2001（平成13）年	2,804	2,843	1,626	396

住宅内事故の発生場所については、ケアワーカーの職能団体を通じて、1998（平成10）年の1年間に住宅内事故を経験した者に実施した調査によると、事故発生率が最も高い場所は、寝室と居間であり50％近い事故がこの2か所で発生している。以下、廊下、玄関ホール、ポーチ、アプローチ、浴室、トイレ、台所、食堂と続く（図6-22）。

ここでとり上げた2つの統計は、前者が死亡事故につながったもの、後者

5．住生活と安全

図6-22　住宅内事故の発生場所

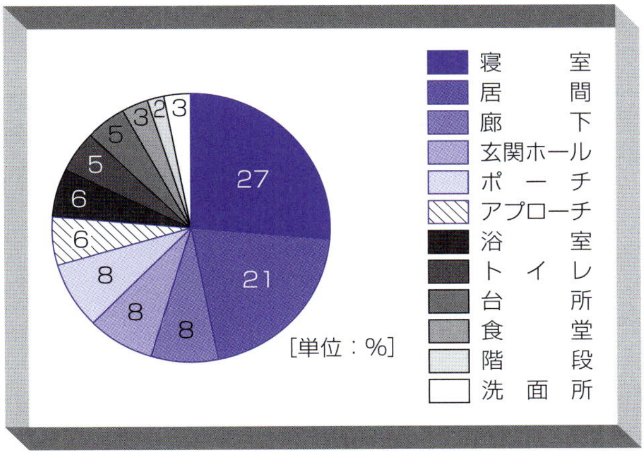

（凡例：寝室27、居間21、廊下8、玄関ホール8、ポーチ8、アプローチ6、浴室6、トイレ5、台所3、食堂2、階段3、洗面所）
[単位：％]

が在宅でなんらかのケアサービスを受ける高齢者を対象にしたものであり，高齢者全般の住宅内事故の状況を包括しているとはいえないが，これらのデータから，以下の点が指摘できる。

① 事故は**移動**にかかわる場面で発生する場合が多い。
② 滞在時間が長く，同時に，敷居の段差，床の厚みの差など，ちょっとした段差が存在する**寝室**と**居間**に集中している。
③ 死亡につながる事故では，**浴室**での溺水が最も多い。
④ **火災**あるいは「火への曝露」による死亡者も一定の割合で発生している。

すなわち，移動時および入浴時における安全性の確保，火への曝露の防止および火災時の非難方法などの検討が必要となる。

2）わが国の住宅の問題点

わが国の住宅，特に一戸建て住宅の多くは，伝統的な**木造軸組構法**によってつくられている。また，鉄筋コンクリート造や鉄骨鉄筋コンクリート造などでつくられている集合住宅でも，住宅内の設備機器・建具などにおいて，伝統的な日本の住様式を踏襲している。こうした，伝統的な構法・建具のデザインは日本が誇るべき住文化の一端を担うものであるが，一方，心身機能が低下した人にとっては，住生活の安全性を妨げる要因ともなっている。以下のような問題点を解決し，より安全な住環境を実現することが望まれる。

（1）尺貫法によるモジュール構造

木造軸組構法でつくられた住宅は，柱芯と柱芯の間の寸法を基準としてつくられており，その基準寸法として最も多く用いられているのは，910（909）mmといった，日本の伝統的な寸法体系である**尺貫法**によるものである（図6-23）。この寸法を用いてつくられた住宅の廊下や出入り口は，介護を必要とする生活者やつえ利用者，車いす使用者とっては狭い。

木造軸組構法
荷重や外力に対する耐力を，木材の梁・桁などの横架材と柱で受け持つ構造。「軸組」とは，土台・柱・胴さし・桁・筋違いおよびこれらの間にある構造部分をいう。

第6章　住生活とすまい

図6-23　尺貫法による廊下幅と車いす寸法

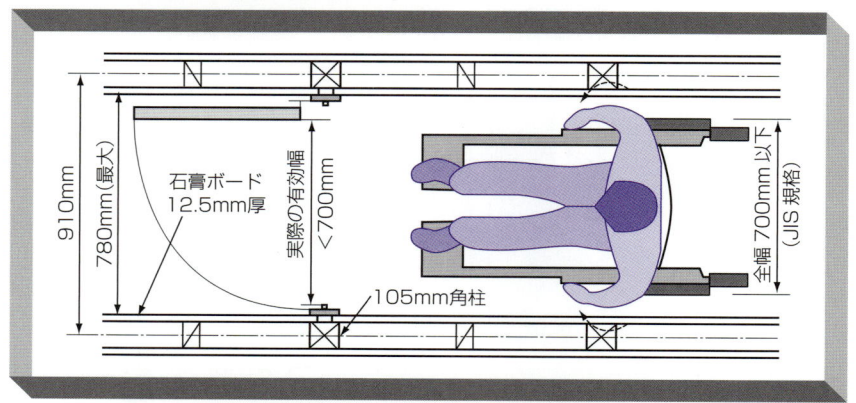

出典）大野隆司，水村容子ほか著：『福祉住環境』市ヶ谷出版，2004．

（2）玄関の上がり框

　湿度の高い時期に床下へ湿気が溜まるのを防ぐため，木造の床は地盤面から450mm以上高くするように**建築基準法**において定められている。しかしながら，段を登り降りしながら，靴を履く（脱ぐ）という動作は身体の安定を欠くものであり，心身機能が低下している人にとっては問題のある動作となる。

図6-24　住宅内の段差の発生箇所

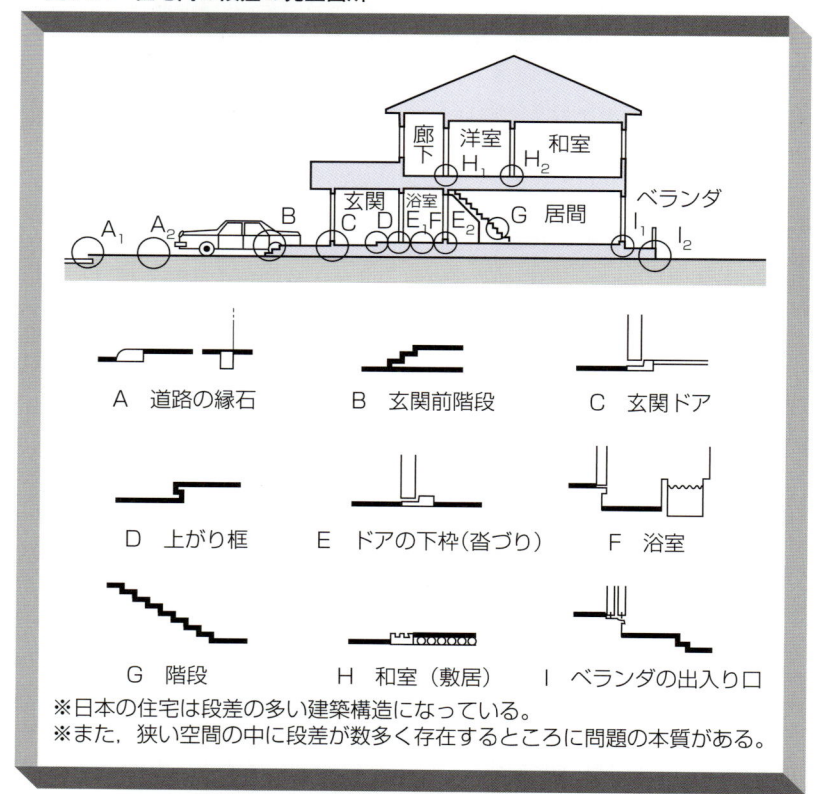

※日本の住宅は段差の多い建築構造になっている。
※また，狭い空間の中に段差が数多く存在するところに問題の本質がある。

建築基準法
　昭和25年制定・最終改正平成18年2月。第1条：この法律は，建築物の敷地，構造，設備および用途に関する最低の基準を定めて，国民の生命，健康および財産の保護を図り，もつて公共の福祉の増進に資することを目的とする。

（3）敷居の段差

障子や襖といった和式の引き戸の下部でレールの役割をする敷居や、洋式の開き戸の下枠（沓づり）は床材より突出するため、小さな段差が生じる。高齢者はこのわずかな段差につまずくことが多い（図6-24）。

（4）階段の面積

日本の住宅は、欧米諸国のそれと比較すると全体的に床面積が狭小である。その条件のもと居室を広めにとろうとすると、階段の平面積がどうしても狭くなってしまう。このことはすなわち、1段ごとの面積が小さく勾配が急な階段を意味する。急な階段を昇り降りする際、特に降りる際の転落事故などが発生している。

（5）入浴様式

日本の浴槽は、一般的には洗い場と浴槽に分かれてつくられている。洗い場の出入り口は、洗面・脱衣所へ湯水が流れ出ないために段差が設けられている。また、伝統的な和式浴槽は深く、またいで入る動作が困難だったり、湯につかっているときの姿勢保持が困難な場合がある。

（6）起居様式

現在の住宅では、ユカ座・イス座の起居様式が混在しているが、わが国の伝統的な起居様式はユカ座である。ユカ座によるライフスタイルを好む高齢者も少なくないが、床に直接正座する姿勢や布団を敷いて寝る就寝方法は、介護を要する人の生活あるいは介護労働には適していない。

3）住宅内事故の対応策

住宅内事故への対応策を考える際には、そこにくらす生活者のライフスタイルや身体状況、同居家族の状況などを考慮して住環境を整備する必要がある。住宅内事故を防止するためのチェックリストを表6-15に示した。

以下にあげる点を日ごろから意識し、住宅内を整えておくだけで住宅内事故の多くは予防できるものである。住宅内事故は予防可能な事故であることを念頭におき、常に住環境を整備しておくことが肝要である。

（1）転倒の予防

転倒を予防するための対応策として以下の点があげられる。

① **段差の解消**　敷居や沓づりなどのちょっとした段差は、すりつけ板（図6-25）などを活用して解消する。大きな段差では、踏面の端の部分などに色づけをして判別しやすくする。めくれたじゅうたんやコードなどにつまずく場合もあるので、じゅうたんの端は床面に固定し、コードも束ねて床面に広がらないようにする。玄関の上がり框では、式台を用いて段差を分割したり、土間部分に腰かけながら靴を脱ぎ履きできるスペースを設ける。

第6章　住生活とすまい

表6-15　住まいの安全チェックリスト

アプローチ・ポーチ	玄関	廊下	階段	トイレ・洗面所	浴室・脱衣所	寝室・居間	寝室・居間	台所	設備など
□門の前は車の往来が激しい道路になっている □玄関から出るとすぐ道路になっている □雨・雪・霜などで滑りやすい □急な段差や坂道・砂利道がある □路面・敷石・飛び石に凸凹や段差がある □段差があることがわかりにくい □手すりのない階段がある □道路に不要なものを並べている □道路との境目に溝がある，溝の蓋がぐらついている	□暗いため足下や周囲が見えにくい □ものがたくさん置かれて，通りにくい □床が滑りやすい □玄関マットなどの敷物でつまずいたり，滑ったりしやすい □上がり框が高すぎる □上がり框の段差がわかりにくく，見落としやすい □手すりを付ける広さや壁の強度がない □扉が重い □扉に割れやすいガラスなどの危険な材質が使われている	□暗いため足下や周囲が見えにくい □荷物などが散らかり，通りにくい □床が滑りやすい □敷物などで滑ったり，つまずいたりしやすい □手すりを付ける広さや壁の強度がない □廊下側に開く扉がある □滑りやすい履物（靴下，スリッパなど）を使っている □扉に割れやすいガラスなどの危険な材質が使われている	□暗いため足下が見えにくい □荷物などが置かれ，通りにくい □踏面が滑りやすい □敷物などで滑ったり，つまずいたりしやすい □手すりを付ける広さや壁の強度がない □勾配が急である（踏面の幅，蹴上げの高さ） □蹴込み板が付いていない □段鼻が蹴込み板より出ている □床面と階段の区別がしにくい □階段の最上段が，部屋の出入り口に近い □滑りやすい履物（靴下，スリッパなど）を使っている □両手にものをもった状態で昇降することが多い	□暗いため足下や周囲が見えにくい □居室に比べて寒い（温度差が大きい） □スペースが狭く動きづらい，介護をしにくい □荷物で散らかっている □床が滑りやすい □出入り口に段差がある □手すりを付ける広さや壁の強度がない □便器が和式である □便器・ポータブルトイレが不安定である □ペーパーホルダー・水洗レバーなどが使いにくい位置にある □物入れが高いところにある □扉が内開きになっている □転倒したとき外部に連絡する手段がない □高齢者の寝室から遠い場所にある，もしくは同一階にない	□暗いため足下や周囲が見えにくい □居室に比べて寒い，浴室と脱衣所の温度差が大きい □荷物などで散らかっている □浴室や浴槽の床が滑りやすい □浴槽のまたぎ越しが高すぎる，また浴槽が深すぎる □出入り口の段差が大きい □手すりを付ける広さや壁の強度がない □換気設備がない □浴室内のマット，スノコなどがずれやすい □蛇口が使いにくい □水温が調整しにくい □掃除用ゴム靴が滑りやすい □物入れ・流し台の位置が高すぎる □浴槽への出入りの際に，不安定な姿勢となる □扉に割れやすいガラスなどの危険な材質が使われている □扉が緊急時に外から開けられない □長湯の習慣がある □気分が悪くなったときに外部に知らせるベルなどがない	□暗いため足下や周囲が見えにくい □部屋が寒すぎる（暑すぎる） □荷物や家具で散らかっている □手すりを付ける広さや壁の強度がない □居室内や居間に段差がある □床のコード類に足をとられやすい □敷物などで滑ったり，つまずいたりしやすい □布団や布団カバーに足をとられやすい □すきま風がある	□踏み台に上がって物入れや収納棚を使うことがある □寄りかかったり，掴まったりするとぐらつく不安定な家具がある □床座からの立ち上がりが不安定 □ベッドからの転落の危険性がある，またはベッドの高さが高すぎる □寝タバコの習慣がある □気分が悪くなったときに外部に連絡するベルなどがない	□暗いため手元や周囲が見えにくい □居間と比べ寒い（暑い） □荷物や食料などで散らかっている □床が滑りやすい □床のコード類に足をとられやすい □コード類が濡れやすい場所にある □収納・流し・ガス台の位置が高(低)すぎる □寄りかかったり，掴まったりするとぐらつく不安定な戸棚やテーブルがある □熱くなった鍋などを置くスペースがない □燃えやすいものを火の傍らに置いている □家電製品の安全性や使い方に問題がある □水栓器具が使いにくい □包丁が切れにくい □調理用コンロに火をかけっぱなしにするおそれがある □換気・排気設備がない □火災報知器・ガス漏れ警報器などの設備がない	□コンセントがたこ足配線になっている □コード類に足をとられやすい □電気設備のアンペア数が不足している □暖房器具の安全性や使い方に問題がある □暖房時の換気が十分でない □直接肌にふれる暖房器具（電気あんかなど）を長時間使うことが多い □各種設備に古いものが使われている □高齢者が器具や家電の使い方を理解できない □非常時の連絡方法・連絡先の準備がされていない

出典）児玉桂子ほか編：『高齢者が自立できる住まいづくり』彰国社，2003.

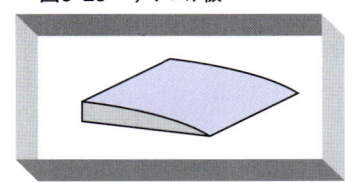

図6-25 すりつけ板　　図6-26 グレーチング

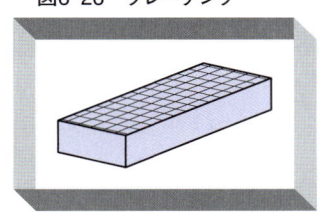

② **手すりの設置**　姿勢が不安定になる場所には**縦手すり**，移動を行う場所には**横手すり**を設ける。階段では，両側に手すりを設けることが望ましいが，不可能な場合には，階段を下りるときの利き手側に設ける。

（2）浴室の対応

① **出入り口部分の段差の解消**　水を流すために出入り口部分に**グレーチング**（図6-26）を敷設して段差を解消する。あるいは，洗い場の床面にすのこを敷き，段差を解消する。

② **和洋折衷式浴槽の設置**　浴槽は，比較的安全にまたげると同時に，湯につかっている際の姿勢も保持できる深さである**和洋折衷式浴槽**を設置する。

③ **浴槽への出入りをサポートする福祉用具の活用**　浴槽の縁をまたぐ動作が困難な場合には，またぎ動作を補助する**バスボード**，**ターンテーブル**といった福祉用具を活用する。

④ **手すりの設置**

（3）火傷・火災への対応

① **衣服への配慮**　調理時などに袖口が大きく開いた衣服を着用している場合，そこに延焼する可能性がある。袖口が絞られた衣服を着るように心がける。

② **安全機能付きコンロなどの利用**　調理時の衣服への延焼を防ぐために，電気調理器や電磁調理器を用いる方法もある。ただし，電気調理器は高温になっても天板部分の色が変わらないため火傷などに注意を要する。また，火災の予防を配慮する場合には，「立ち消え安全装置」（現在では標準仕様），「天ぷら油過熱防止機能」「焦げ付き自動消火機能」「消し忘れタイマー」など**セイフル機能付きコンロ**を利用する。

③ **避難路の確保**　日ごろから火災などが発生した場合のための**避難路**を確保し確認しておく。一方向では，その避難路が閉ざされた場合に逃げられなくなるので，少なくとも2方向を確保する。また，家具などが避難を妨げる場合があるので，家具のレイアウトは十分に考慮する。

グレーチング
格子状の穴空き鋼板。

セイフル機能付きコンロ
（社）日本ガス石油機器工業会では，文中に記したものの他，空焚き防止機能，チャイルドロック機能などを備えたコンロ・グリル等を「セイフル」と呼称している。

2 緊急時の対応

核家族化や家族の小規模化にともない，高齢者夫婦のみ，あるいは高齢者が単身でくらす例が増えている。これらの世帯では，住宅内事故などが発生した際，あるいは病気などによって寝込んでしまった場合など緊急時の対応が困難な状況が想定される。

1）緊急時の問題点

緊急な事態は，自然災害や大規模な事故・火災などが発生したとき，あるいは家庭内でケガ・病気によって身動きがとれない状況の際などに生ずる。このような場合，高齢者はどのような問題に直面するのであろうか。ここでは，住宅内で緊急な事態に遭遇した場合の問題点を整理しておく。問題点は大きく3点に集約できる。

① **緊急事態が発見されないこと**　　特に単身生活の高齢者に当てはまる状況である。住宅内でケガをしたり寝たきりの状態になっていても，誰にも発見されず，数日あるいは数か月が経過してしまう場合がある。

② **緊急事態を通報する者がいないこと**　　高齢夫婦で，一方が緊急事態に遭遇しながら，その配偶者に認知症あるいは重度の視覚・聴覚機能低下があるため，事態を把握する能力や通報する能力がない場合などが該当する。

③ **緊急事態に対応する者がいないこと**　　日中に事故が発生し，近隣に助けを求めても，近隣の若年・中年世代が就労や就学などで在宅していない場合などが該当する。

2）緊急時の対応策

緊急時に際しては，迅速な発見・通報・対応が望まれる。対策としては，住宅内の設備機器として**緊急通報システム**を設置しておくとともに，近隣の人びとの援助が得られるような**人的な対応策**を確保しておくことがあげられる。

（1）緊急通報システムの設置

緊急通報システムとは，緊急事態が発生した際にその状況を無線で通報できる装置である。無線発信器には，本人の首にかけられるペンダント式のものや押しボタン式のものがある。発信器のボタンを押すと家屋内の受信機がこれを受信し，電話回線を通じて緊急通報がおくられる。通報は24時間待機している警備保障会社などで受信され，そこから発信者へ確認の電話が入れられる。発信者が電話にでない場合には，近くに住む家族・親類や友人・ボランティアなどの**緊急通報協力員**に通報され，その協力員が安否を確認する仕組みである。

2001（平成13）年に施行された「**高齢者の居住の安定確保に関する法律**」

5．住生活と安全

に基づく「高齢者が居住する住宅の設計に係る指針」においても，こうした通報装置の設置がうたわれており，基本レベルにおいては「通報装置が，できる限り便所及び浴室に設けられていること。」と，推奨レベルにおいては「通報装置が，便所，浴室及び特定寝室（高齢者が利用する寝室）に設けられていること。」と明記されている。最近では単身高齢者に配布している地方自治体も見受けられる。

（2）人的な対応策の確保

緊急通報システムは，事態を迅速に通報するうえで有効な設備である。しかしながら，緊急事態に対処するのは人の手の存在が不可欠である。前述の緊急通報システムにおいても「緊急通報協力員」が配置され，事態の発見および対応の役割を担っているが，こうした仕組みを利用すると同時に，日常的に近隣や地域の人と交流し，困ったときには助け合える人間関係を確立しておくことが望まれる。

3 災害時の住生活

地震や水害など大規模な自然災害が発生した際，高齢者や障害のある人はどのような問題に直面し，どのような避難生活をおくるのであろうか。災害時の避難やその後の生活に困難を抱える人びとを災害時要援護者という。ここでは，災害時要援護者が直面する問題点およびそうした問題への対応策を解説する。

1）災害時の問題点

災害時要援護者が直面する問題は，災害発生直後の避難に関する問題と，その後の避難生活の諸場面で直面する問題に大別される。

（1）発生直後の問題点

① **住宅の中での身の安全の確保**　地震・水害あるいは火災などでそれぞれ対応は異なるが，災害の発生直後に身の安全を確保することが最優先課題である。しかし，運動および感覚機能が低下した高齢者や，移動能力あるいは視覚・聴覚に障害のある人の場合，瞬時の身の安全の確保が困難な状況が予想される。

② **被災場所から避難施設までの移動**　災害発生直後の身の安全が確保された後には，避難場所・避難施設までの移動の必要が生じてくる。避難路ではガラスが散乱したり，建物の倒壊・火災などに直面することも予想される。避難場所への移動に関しても，感覚機能・運動機能の低下した高齢者・障害のある人は困難に直面することになる。

（2）避難生活時の問題点

① **避難施設の確保**　新潟県中越地震では，グループホームに居住してい

新潟県中越地震
2004（平成16）年10月23日夕方に新潟県中央に位置する小千谷市を震源として発生した大地震。死亡51名，負傷者4,794名，避難住民は最大10万3,000人におよんだ。

第6章　住生活とすまい

る高齢者が，避難先を確保できずにいる状況が報道された。一般に災害後には，居住地ごとに行政から指定された避難所や**仮設住宅**で生活することになり，こうした避難所・仮設住宅は高齢者や障害のある人などが優先的に入居できる対応がとられているが，避難所生活が長引くと，居場所の確保に関する問題が発生する場合がある。

② **避難先での介護**　災害直後の段階では，食事・睡眠・排泄といった基本的な日常生活行為さえもままならない状況にあることが多い。介護サービス利用者は介護が受けられない状況も想定される。

③ **避難先での医療的対応**　慢性的な疾患のある人への医療的対応も不十分になることが想定される。**人工透析**などの継続的な医療処置や周期的な**投薬**といった医療的な対応が一時的に滞る状況が発生する可能性もある。

④ **自宅での居住が継続できない場合の移居先の確保**　自宅が全壊するなどして居住継続が困難になる場合がある。その場合，仮設住宅での生活が長期化したり，居住してきた地域とは異なる場所の公的住宅に入居することになるが，それまで培ってきた近所付き合いが断絶され孤独感を強める場合が少なくない。**阪神・淡路大震災**では，仮設住宅での高齢者の孤独死が報告されたが，移居先の確保と同時に，失われたコミュニティの再生も重要な課題である。

人工透析
血液の量や質の異常を，ろ過や吸着により取り除く治療法。血液透析，腹膜透析，血漿交換法などがある。腎不全や肝不全に用いられることが多い。

阪神・淡路大震災
1995（平成7）年1月17日早朝，淡路島北部を震源として発生した大都市直下型地震。死者6,434名，負傷者43,792名，30万人以上が避難生活をおくった。

2）災害時の対応策

何よりも，事前の備えが重要となる。日ごろから居住する自治体の**地域防災計画**などを調べ，情報を収集しておく。特に，医療救護活動などを行う**救援センター**の開設場所などを確認しておくことが肝要である。介護サービス利用や医療機関で継続的な治療を受けている場合は，サービス事業所や医療機関で災害時にどのような対応を準備しているか，事前に問い合わせておく必要もある。

以下に，具体的な対応策を解説する。

（1）安全確保の室内環境整備

以下に示すような対策や準備を怠らないことが大切である。

- 住宅内の家具が倒れないように固定しておくこと（図6-27参照）。
- 窓や家具のガラス面に飛散防止フィルムなどを張り，ガラスの飛散を防止すること。
- 緊急時に迅速に避難できるよう，住宅内を整理・整頓しておくこと。
- 電気製品のコードなどを束ねて，つまずかないようにしておくこと。
- 住宅外への避難経路を少なくとも2方向確保しておくこと。
- 避難時に持ち出す必要のある貴重品，食料，衣類，継続的な投薬が行われている場合には薬などは小さな鞄にまとめておくこと。

（2）避難所・避難経路の確認

災害時の避難所の位置を確認すると同時に，安全に避難所まで移動できるルート・移動方法を検討し，常に確認しておく。移動能力や視覚・聴覚に障害のある人の場合は，地域の当事者団体や行政・保健所・福祉事務所などに災害時の対応を確認しておくとよい。

（3）避難先での介護・医療的対応の確認

災害時要援護者の避難先としては，介護サービスや簡単な医療的対応が可能

図6-27　さまざまな震災対策

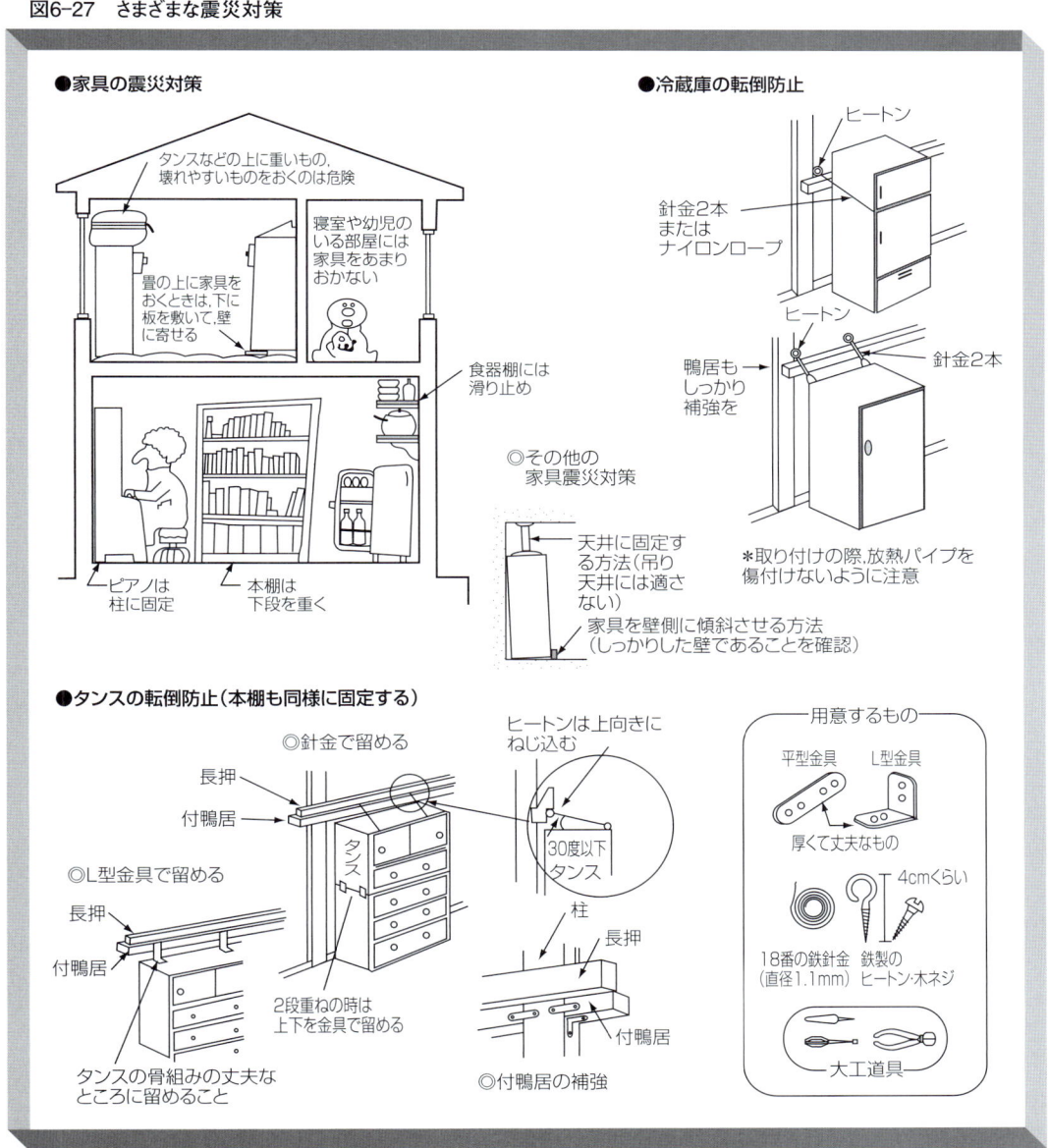

出典）日本建築学会構造委員会木構造分科会木造耐震小委員会編著：『わが家の耐震』日本建築学会，1988.

第6章 住生活とすまい

図6-28 ライフサイクルと子ども・障害者・高齢者の居住の場

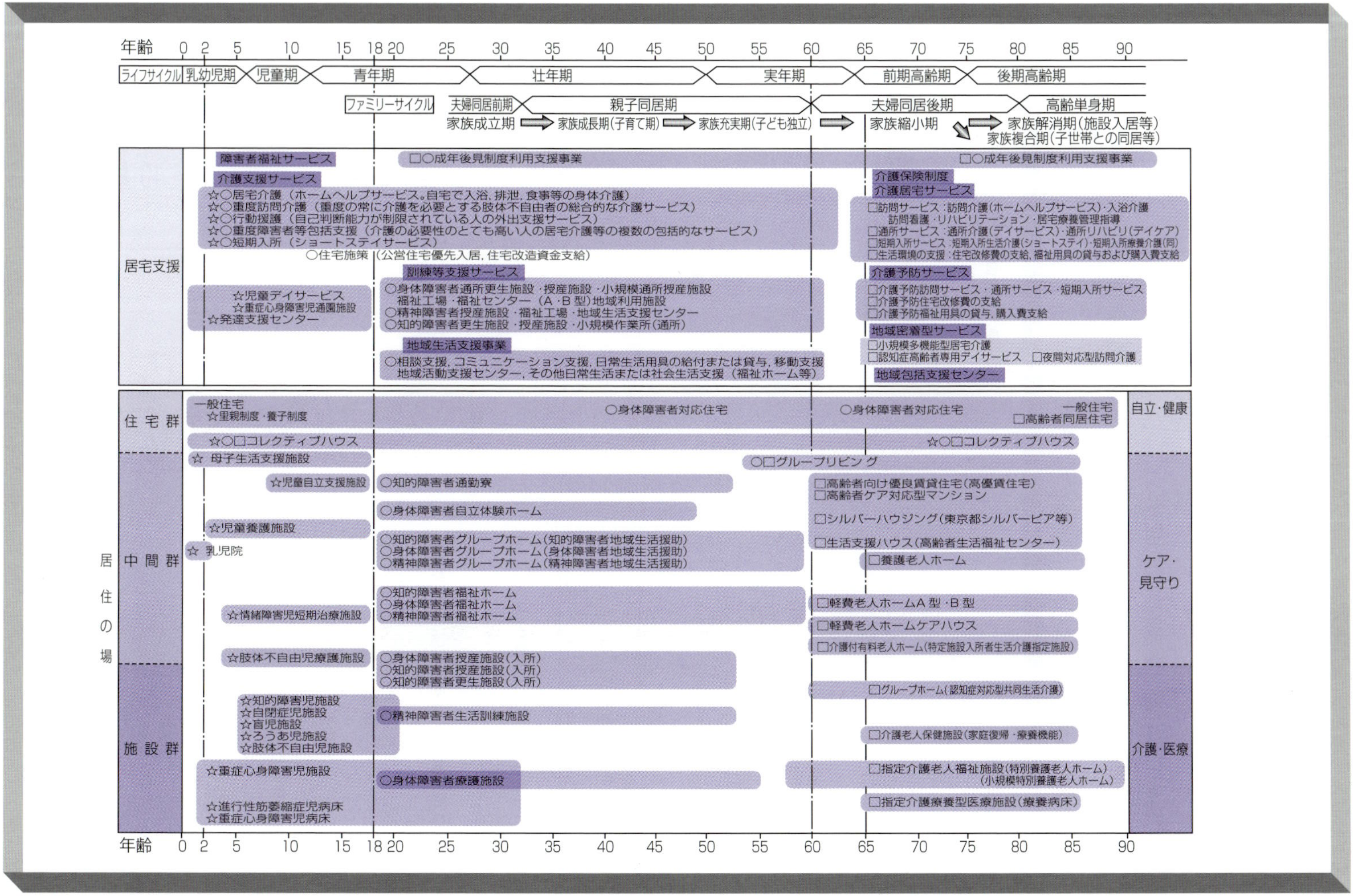

☆子ども（乳幼児・児童・障害児） ○障害者 □高齢者
出典）小川建築工房・小川いかよ子：児童福祉・障害者入所施設 2006（平成18）年10月，障害者入所施設 2006（平成18）年10月，高齢者入所施設 2008（平成20）年4月現在

な高齢者施設・障害者施設などが受け皿となるのが望ましい。しかしながら，災害時要援護者数に比して施設数が不足することが予想される。平時から利用している介護サービス事業者や医療機関に災害時のサービス提供状況を確認しておく必要がある。

6　高齢者や障害のある人の居住の選択肢

1 ライフサイクルと居住の場

　住まいは人の生活を入れる器であり，ライフサイクルならびにファミリーサイクルの変化につれて，広さや部屋数，収納スペース，寝食の分離，育ちの場としての配慮，家族のふれあいの場，親子のプライバシー，加齢や障害の進行に対する安全，介護への配慮など，求められる要求も変化する。これらの課題に対処するため，また，家庭的，社会的，経済的なさまざまな状況によって，人は居住の場を選択する必要が生じてくる。

　誰でもが住みなれた居場所や自分が望んだ場所で，自分らしく，生き甲斐に満ちた自立した生活をおくれることを望んでおり，それは権利として尊重されなければならないことである。しかし，障害や加齢のために住まいの環境を整えることが難しい人たちは大勢いる。

1）子どもの居住の場

　子どもが親や環境を選んで生まれてくることはできない。子どもの居住の場は本来「家族と住む家」である。そこは，親や家族の愛に育まれた子どもの生活の場であり，育ちの場であり，はじめて出会う社会でもあり，シェルターでもある。しかし，なかにはさまざまな理由によって家で生活できない子どもたちがおり，児童福祉施設に入所したり，病院で入院生活をしている。①養護（保護）を必要としている子どもたち，②支援を必要としている子どもたち，③重度の障害があるため，あるいは進行性の難病にかかっているために生活介護や医療を必要としている子どもたちである。

（1）乳児院，児童養護施設

　①の施設としては，2歳以下の乳幼児を対象とする**乳児院**と**児童養護施設**がある。親と死別，遺棄された児童，家庭環境の不良（親の行方不明，長期入院，虐待，離婚，心身障害，経済上）などから家庭での生活が困難な子どもたちを養育する施設である。現在では孤児は少なく，親はいるが養育不可能になったために預けられている場合が圧倒的に多い。また，虐待されて入所する子どもの割合が年々増加している。施設の他に，里親制度，養子制度がある。

　第二次世界大戦後，日本を含め世界的に戦災孤児のための児童養護施設が増

えたが，大きな施設に子どもたちを詰め込むということでは，人として健全に育たないとの認識から，欧米では1970年頃までに養護施設は廃止され，基本的には要保護児童は里親家庭（7～8割）やファミリーグループホームでくらしている。日本においては近年ようやく施設の「大舎型から小舎型へ」の考えも多くなり，「家庭的な環境」と「地域生活」が強調され，養育の個別化・小規模化・地域化が施策の流れとなる。

（2）母子生活支援施設，児童自立支援施設

②の自立支援施設としては母子生活支援施設や児童自立支援施設がある。児童自立支援施設は非行問題（窃盗，障害，浮浪，空巣，すり，詐欺，忍び込み，放火，喫煙，飲酒，性的非行などの不良行為を行うか，行うおそれのある行為）を起こしてしまった小学校高学年から高校生までの子どもたちと職員が日常生活を共にし，個々の児童の状況に応じた生活指導および職業指導を行う他，施設内で義務教育課程の教育を行い，社会の健全な一員となりうるよう支援を行っている。

（3）重症心身障害児施設

③の施設としては，重度心身障害児施設がある。各障害に対応して独立自活に必要な知識や技能を与えることを目的としている施設や，重度の知的障害と重度の肢体不自由が重複し，医療・看護，療育，介護，学校教育，リハビリテーションなどで，生活を支える重症心身障害児施設・病床がある。対象となる障害には，知的障害，身体障害（盲，ろうあ，難聴，肢体不自由），情緒障害，発達障害（自閉症，アスペルガー症候群，注意欠陥／多動性障害，学習障害など）がある。近年，障害の重複や重度化が進んでいる。

2）障害のある人の居住の場

（1）障害のある人の住居を考える視点

ノーマライゼーションの考え方の定着とともに，障害者福祉は「入所から通所へ」「家庭の中から社会へ」「本人の意思による自立」が大きな流れである。障害者の居住の場は入所施設から地域・在宅へと変化しつつある。障害のある人（18歳以上）の住まいの状況をみると，約8割が在宅でくらしており，そのほとんどが家族と同居している。

障害のある人のハンディキャップは，それぞれの障害やその程度によってさまざまであり，住居に求められるニーズも1人として同じではない。障害に対応した住居を考える際には，身体の状況を把握し，障害の特性や進行の見通しを理解すると同時に，医療・リハビリテーション，在宅福祉サービス，福祉機器，介助や介護についてのノウハウを把握し，専門家と連携することが求められる。

しかし，住まいを「障害」そのものに対応した特別なものとしてとらえるの

発達障害
脳の器質的な障害により，発達過程になんらかの支障を来たし，結果として，日常や社会生活に困難が生ずる障害の総称。

表 6-16　幼児・児童福祉入所施設等の概要

	施 設 の 概 要
母子生活支援施設	母子家庭の母と児童が入所し，これらの者の保護と自立に向けての生活支援を行う施設
乳児院	乳児（2歳未満の幼児を含む）を入院させて養育する施設
児童養護施設	乳児を除いて，保護者のいない児童，虐待されている児童その他環境上養護を要する児童を入所させて，これを養護し合わせてその自立を支援する。施設への入所は児童相談所が措置を決定する
情緒障害児短期治療施設	軽度の情緒障害を有する児童を，短期間入所させ，または保護者の下から通わせて，その情緒障害を治すための施設
児童自立支援施設	不良行為をし，またはする恐れのある児童および家庭環境その他の環境上の理由により生活指導を要する児童を入所させ，または保護者の下から通わせて必要な指導を行い，その自立を支援する施設
自立援助ホーム	義務教育を終了した児童であって，児童養護施設等を退所し，就職する児童等のうち，なお援助が必要な児童を入所させ，相談その他の日常生活上の援助および生活指導を行って，社会的に自立するよう援助する施設
肢体不自由児療護施設	病院に入院することを要しない肢体不自由のある児童であって，家庭における養育が困難なものを入所させる施設
知的障害児施設	知的障害のある児童を入所させて保護するとともに，独立自活に必要な知識技能を与える施設
自閉症児施設	自閉症を主たる症状とする児童を入所させて保護するとともに，独立自活に必要な知識技能を与える施設
盲児施設	盲児（強度の弱視児を含む）を入所させて保護するとともに，独立自活に必要な指導または援助をする施設
ろうあ児施設	ろうあ児（強度の難聴児を含む）を入所させて保護するとともに，独立自活に必要な指導または援助をする施設
肢体不自由児施設	上肢，下肢または体幹の機能障害のある児童を入所させて治療するとともに，独立自活に必要な知識技能を与える施設
重症心身障害児施設	重度の知的障害および重度の肢体不自由が重複している児童を入所させて保護するとともに治療および日常生活の指導をする施設
進行性筋萎縮症児病床	進行性筋萎縮症児を入院させて治療するとともに，独立自活に必要な知識技能を与える
重症心身障害児病床	重度の知的障害および重度の肢体不自由が重複している児童を入所させて，治療および日常生活の指導を行う
養子制度	保護者のいない児童または家庭に恵まれない児童と養子縁組みすることにより，温かい家庭を与え，かつその児童の養育に法的安定性を与えることにより，児童の健全な育成を図る児童福祉における制度
里親制度	保護者がいないか，または保護者に監護させることが不適当であると認められる児童の養育を都道府県が里親に委託する制度

2006（平成18）年10月現在　　「自立援助ホーム」のみ2008（平成20）年12月現在

は好ましいことではない。大切なことは住まい手がどのような生活スタイルや家族との関係，地域との関係を望んでいるかである。障害は身近な問題である。病気や事故で突然障害をもつようになることもあるし，多くの人が加齢にともなう「総合障害」への道を歩んでいる。一般住宅がユニバーサルな住環境整備

第6章　住生活とすまい

に配慮した住宅であれば，それを改修して対応することは難しいことではない。住環境のバリアフリー化は一般住居においても求められている。

（2）居住の場の確保

障害のある人の居住の場としては，地域における生活の場を提供し，生活援助や自立支援を行う世話人付きの住まいである**ケアホーム**，**グループホーム**や**福祉ホーム**，知的障害者のための**通勤寮**がある。

居住環境を支援する施策として，公営住宅に住む障害のある人には地域生活援助事業が行われている。その他の施策としては，①公営住宅の優先入居，②都市機構住宅の優遇制度，③住宅金融支援機構による割増融資，④介護保険で認められた改修に対するサービス，⑤雇用促進事業団の身体障害者用住宅，⑥自治体による住宅改造資金援助・建設資金融資などがある。

表6-17　障害者居住・入所施設の概要

	概　要
ケアホーム（知的，精神）	賃貸契約を締結した共同生活住居で，介護を必要とする障害者に夜間や休日に排泄，食事，入浴の介護等を行う（共同生活介護）
グループホーム（身体・知的・精神）	一定程度の自活能力を有する介護を必要としない障害者の賃貸契約を締結した共同生活住居。世話人が日常生活の世話等を行い自立生活を援助する（共同生活援護）
福祉ホーム（身体・知的・精神）	一定程度の自活能力のある障害者が家庭環境，住宅事情等の理由から，住居を求めている場合，低額な料金で入居させ，日常生活に必要な支援を行い社会的自立の促進を図る
通勤寮（知的）	就労している知的障害者を職場に通勤させながら一定期間入所させて，対人関係の調整，余暇の活用，健康管理等独立自活に必要な指導を行う施設
重症心身障害児施設（年齢超過児）	重度の知的障害と肢体不自由が重複している障害者で18歳を超えても必要と認められた場合は入所させ，保護するとともに治療および日常生活の指導をする施設
療護施設（身体）	身体上の著しい障害のため，常時介護を必要とするが，家庭ではこれを受けることの困難な最重度の障害者を入所させ，医学的管理の下に治療および養護を行う施設
更生施設（身体・知的）	
肢体不自由者	肢体不自由者を入所（通所）させて，その更生に必要な治療および訓練を行う施設
視覚障害者	視覚障害者を入所（通所）させて，その更生に必要な知識，技能および訓練を与える施設
聴覚・言語障害者	聴覚・言語障害者を入所または通所させて，その更生に必要な指導および訓練を行う施設
内部障害者	内臓機能に障害のある者を入所（通所）させて，医学的管理下でその更生に必要な指導および訓練を行う施設
知的障害者	18歳以上の知的障害者を入所（通所）させて，これを保護するとともに，その更生に必要な指導および訓練を行う施設
授産施設（身体・知的・精神）	障害により，雇用されるのが困難であり，または生活に困窮する人を入所させて，自活に必要な訓練を行うとともに，職業を与えて自活させる施設
福祉工場（身体・知的・精神）	はたらく意欲と作業能力はあるものの，重度の身体障害のために職場の設備，通勤時の交通事情の事由から，また知的障害，精神障害のために対人関係，健康管理等の事由により，一般企業に雇用されることの困難な者に職場と住居を用意し，生活指導と健康管理等に配慮した環境の下で，社会的自立と健全な社会生活をおくるための就労支援施設
生活訓練施設（精神）	回復途上にある精神障害者に生活の場を与えるとともに，社会参加に関する専門知識による生活訓練等を行い社会復帰を支援する施設
自立体験ホーム（身体）	身体障害者に対して，自立生活に向けた体験の場を提供するとともに，自立に向けたさまざまな支援を行うことにより，地域生活能力を高め自立生活実現や社会参加を促進するための施設

2008（平成20）年4月現在

（3）入所施設

障害のある人のための入所施設としては，①在宅で生活することが困難な重度障害のある人が安心してくらせるよう介護を提供する**生活施設**（身体障害者療護施設，身体障害者・知的障害者福祉ホーム），②リハビリテーションや職業訓練を行う**更生施設**，③就業が困難な障害のある人に就業の機会を提供する**授産施設**がある。

障害者基本計画に基づき，今後は入所施設は必要なもののみに限定され，地域生活を支える拠点として，施設のもつ専門的な知識や経験と機能を地域に開放する「地域化」が進められている。

（4）福祉サービスの利用

障害のある人ができる限り住みなれた家庭や地域で自立した生活をおくり，家族の介護負担を軽減するために，また居宅が困難な場合にもふさわしい住まいの場を得るために，「障害福祉サービス」と「地域生活支援事業」の利用がある。福祉サービスは個々の障害のある人の障害程度や社会活動や介護者，居住等の状況により，一人ひとりの個別支援計画が作成される。入所施設を利用している場合はサービスを昼のサービス（日中活動事業）と夜のサービス（居宅支援事業：住まいの場）に分けることにより，サービスの組み合わせを選択することが可能となる．。

3）高齢者の居住の場

住宅系と施設系に大別される。住宅系では①在宅で住まう形と②高齢者用住宅で集まって住まう形があり，後者には個人用住宅と施設の間の中間的で多様な形態がある。

（1）在宅と介護

住宅系にあっては，バリアフリー化による物理的な住環境の整備，公的介護保険制度による在宅介護サービスや介護予防サービスの利用，通所福祉施設の利用，居住者の健康や介護・安全等に対応できるケアや見守りシステム付き共同住居の整備など，福祉や医療と連携した在宅支援サービスが整いつつある。要支援・介護度の軽重はあっても，住環境が整備され，介護力のある家庭にあって在宅支援サービス（現状では不十分ではあるが）を利用することにより，自宅に住まい続けることが可能となってきた。

しかし，核家族化と少子高齢化を原因とする小世帯化が進行しており，高齢者のみの世帯（一人暮らしあるいは夫婦のみ）は約半数にまでに増加し，子ども世代との同居率は年々低下している。一方，老後に介護が必要になった場合，在宅介護を希望している高齢者も半数以上いる。そして，介護の担い手として配偶者と子（現実の担い手は多くの場合，嫁）に多くを期待している。しかし，配偶者も子の世代も高齢者である場合や，子の世帯の勤務地や教育の都合から，

第6章　住生活とすまい

遠くに住む親と同居するのは困難な場合も多く，介護に専念できる状況にある者ばかりではない。家族の力だけで介護を担うことはますます困難になってきている。

（2）新しい居住形態の模索

寝たきりの人の割合は2％程度，認知症の人は8％程度であり，80％を超える高齢者は元気である。しかし，加齢による心身の機能が徐々に衰えるのはいたし方なく，一人住まいや夫婦のみの生活は何かと不安であり寂しくもある。そこで，生活や健康上の不安を解消し，安心してくらし続けるために，自分のライフスタイルに合った高齢者向け住居に住み替えたいと希望する高齢者が増えてきた。自宅の独立性と施設の安心を兼ね備えた，在宅と施設の中間的な集合住宅や，家族との共棲にこだわらない共同居住の形態である。

高齢期の住まいを選ぶポイントは予算，住空間（居室・共用スペース）と設備，受けられるサービス（緊急時対応，日常生活上の介助・介護，食事等）が基本であるが，地域の利便性と環境，他の入居者の生活観なども考慮すべき事柄である。居住の場を選択するには自分がどのようなくらしを望んでいるかを考えることが最も重要である。さまざまな選択肢の中で，心身の状況に応じた適切な介護や支援が受けやすく，最も自分のライフスタイルに合った住まいを元気なうちに自ら選択しておくことは重要な人生の課題である。

（3）施設での居住

施設系の居住の場として以下のようなものがある。

① 在宅での生活が困難になった高齢者を介護する**介護老人入所施設**（特別養護老人ホーム）
② リハビリテーションや治療をする**老人保険施設**
③ 療養を必要とする高齢者のための**介護療養型医療施設**
④ **個室・ユニットケア型特別養護老人ホーム**

2003（平成15）年より運営がはじまった，個室・ユニットケア型（小規模生活単位型）の特別養護老人ホームは順調に整備が進んでいる。介護保険法との関連もあって，医療系の介護保険施設にも広がり，高齢者居住施設全般のイメージをも急速に変えつつある。

施設であっても入居者にとっては生活の場であり住居である。かつてくらした"住まい"に近い環境の中で日常生活をおくることにより，プライバシーと人としての尊厳が守られた介護が行われる住環境はしだいに整いつつある。

6．高齢者や障害のある人の居住の選択肢

表6-18　高齢者居住関係施設の概要

	施設の概要	収入制限	家賃等	事業主体
養護老人ホーム	65歳以上の高齢者で、身体上もしくは精神上または環境上および経済的理由により居宅において養護を受けることが困難な人が入所するホーム	制限なし	介護費用・生活費全般について、措置費が支弁される。ただし、本人の負担能力に応じた費用徴収がある	地方自治体　社会福祉法人
軽費老人ホームA型・B型	家庭環境、住宅事情などの理由で、自宅で生活することが困難な低所得の60歳以上の高齢者で身寄りのない人、家庭の事情で家族との同居が困難な人が入居対象となる　居住サービスがついているA型と、原則的に自炊のB型がある	A型には制限あり	事務費、食事、管理費は払う　事務費は収入に応じて負担　入居一時金が必要な施設もある	都道府県認可法人　社会福祉法人　地方公共団体
軽費老人ホームケアハウス	60歳以上（夫婦の場合、どちらか一方が60歳以上）の人で、身体機能の低下が認められ、独立した生活をおくるには不安であり、家族による援助を受けるのが困難な人が低額料金で入居できる。緊急対応、生活相談、食堂での食事の提供、必要ならば入浴の介助を行う。風呂、洗濯機は共用という施設が多い	制限なし	事務費、食事、管理費は払う　事務費は収入に応じて負担　入居一時金が必要な施設もある	都道府県認可法人　社会福祉法人　地方公共団体
グループホーム（認知症対応型共同生活介護）	認知症の人の小規模な生活の場（5〜9人を1ユニットといた共同住居形態）で、介護人の支援を受けながら食事や掃除洗濯等を利用者が共同で行い、落ち着いた家庭的な環境の中で生活することで認知症の進行を穏やかにし、家族の負担も軽減するホーム	制限なし	施設による月額経費＋介護サービスの1割負担	民間、社会福祉法人等、医療法人、地方公共団体
有料老人ホーム	おおよそ60歳以上の人が入居。食事の提供やその他生活上の便宜を提供する。居室の広さで快適さ、設備サービスの内容は施設により非常にある	制限なし	入居一時金月額経費	民間、社会福祉法人等
生活支援ハウス	居住機能、介護支援機能と交流機能をあわせ持つ、要介護を除く60歳以上の人で、在宅で生活へ復帰するための支援をするハウス	制限なし	光熱水費、各種サービスは自己負担	社会福祉法人等、医療法人、市町村等
高齢者向け有料賃貸住宅（略称：高優賃住宅）	バリアフリー化、緊急時対応サービスに対応した設計、都道府県知事等の認定を受けた賃貸住宅。生活援助員（LAS）の派遣対象住宅、居宅サービス対象外	制限なし	高齢者居住法に基づく家賃敷金：家賃の3か月分　低所得者には家賃対策補助	民間、公団、公社、社会福祉法人等、地方公共団体等
シルバーハウジング	地方自治体による低所得者層を対象とした世帯付公営高優賃住宅。生活援助員（LAS）が常駐し相談、安否確認、緊急時通報装置による対応サービスがある。居宅サービス対象外	制限あり	公営住宅法に基づく家賃	地方公共団体等
コレクティブハウジング	個人住宅部分とは別に、ダイニングキッチン、リビング等共同で対応する集合住宅。多世代が支え合う共同の空間を備えた集合住宅	制限なし	家賃相当は住居によって異なり、自己負担	規定なし
グループリビング	自立可能な約60歳以上の高齢者が身体機能の低下を補うために共同で生活する住宅で、キッチンやリビング、浴室、洗濯場等を共有する。若い世代や障害のある人との共同生活もある	制限なし	月額経費	市町村（支援事業の実施体）

2008（平成20）年4月現在

第6章　住生活とすまい

表6-19　高齢者介護保険施設の概要

	施設の概要	支払費用	利用者負担	事業主体
指定介護老人福祉施設（特別養護老人ホーム）	老人福祉法に規定する特別養護老人ホームであって，身体上精神上著しい障害があるために，常に介護が必要で，居宅で介護を受けることが困難な要介護者が入所し，施設サービス計画に基づいて行われる入浴・排泄・食事等の介護などを目的とするサービスを提供する施設	介護保険	介護保険の利用者負担分（1割） ユニットの居住費・食費	地方自治体 社会福祉法人
介護老人保険施設	病状が安定期にあり，入院治療する必要はないがリハビリテーション，看護，介護を中心としたケアを必要とする要介護者が入所し，施設サービス計画に基づいて，看護，医学的管理の下における介護その他の世話および機能訓練，その他必要な医療ならびに日常生活上の世話を行うことを目的とするサービスを提供する施設	介護保険	介護保険の利用者負担分（1割） 居住費・食費	地方自治体 社会福祉法人 医療法人等
指定介護療養型医療施設	療養病床，老人性認知症疾患療養病棟を有する病院または診療所において，施設サービス計画に基づいて，療養上の管理，看護，医学的管理の下における介護その他の世話および機能訓練その他必要な医療を行うことを目的とするサービスを提供する施設	介護保険	介護保険の利用者負担分（1割） 居住費・食費	国，地方自治体，日赤，社会福祉法人，医療法人等，医師公益法人，厚生連社会保険関係団体

2008（平成20）年4月現在

2 新しい居住形態の事例

1）在宅で住まう

■事例1■　後期高齢者の完全同居型プラン　（設計：小川建築工房）

居住者：Aさん（女性，91歳，健康），長男夫婦

　Aさんの自立した元気が続くように，生き甲斐にしている家事（仏様のお守り，自分の衣類の洗濯，浴槽の掃除）ができ，従来のスタイルを変えずに生活できることを尊重する。1階に母堂の，2階に長男夫婦の居室エリア（洗面トイレあり）を設けてプライバシーを保つ。共用部分は1階にあり，特に洗面所，トイレ，浴室，洗濯室はAさんの付属エリアとして隣接させ，要介護状態になった場合にも介護を受けやすいプランとした。仏間は介護人の宿泊室となる。床面はすべてバリアフリーとし，車いす対応スペースをとっている。近隣に住む娘や友人が縁側から直にAさんを訪問できるように配慮し，2階物干し場へのアクセスはエレベーター（図6-29参照）。

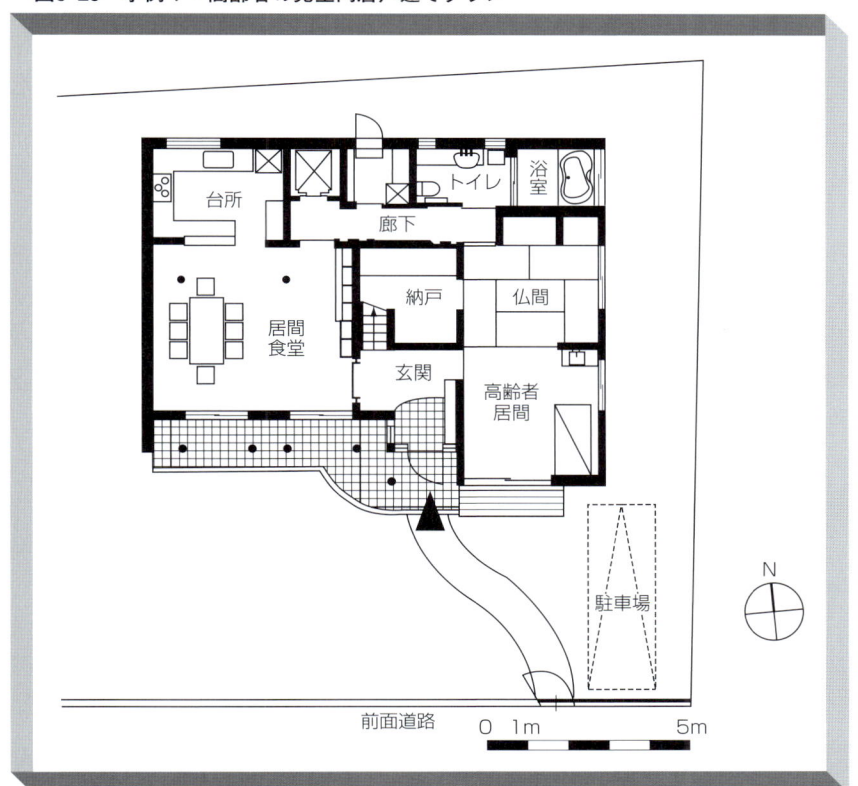

図6-29　事例1：高齢者の完全同居戸建てプラン

第6章　住生活とすまい

■事例2■　身体障害のある人の車いす対応自立・戸建てプラン
（設計：工学院大学谷口研究室・LINK建築工房）

居住者：Bさん（男性，頚椎損傷・下半身不随），妻（健康）

　この住宅はさりげない心遣いが感じられる，シンプルで光にあふれた気持ちよさそうな家である。平面の基本計画はワンルームにまとめた居間・食堂・台所・和室などのパブリックゾーンと寝室などのプライベートゾーンに大らかに分けている。車いすの動きに調和させることが，ゆとりのある好ましい伸び伸びとした空間を生み出したが，これは，障害を特別に意識した結果ではなく，住まい手の生活の快適さやスタイルの尊重を意識した結果と思われる。床は駐車場からアプローチ・内部にいたるまで，完全に近い平土間とし，車いすの動きやすいタイル貼である。南テラスを深いガラスの庇で覆い，玄関を特別に設けず，ここを内部へゆるりと移行する空間として使用している。夫人が不在の際にも車いすで大半の単独作業が可能であることを前提にして計画されており，入浴・排便・炊事・洗濯・日常の物の出し入れなどの行為に対して，Bさんの車いすに対応させたつくり付家具をデザインしている（図6-30参照）。

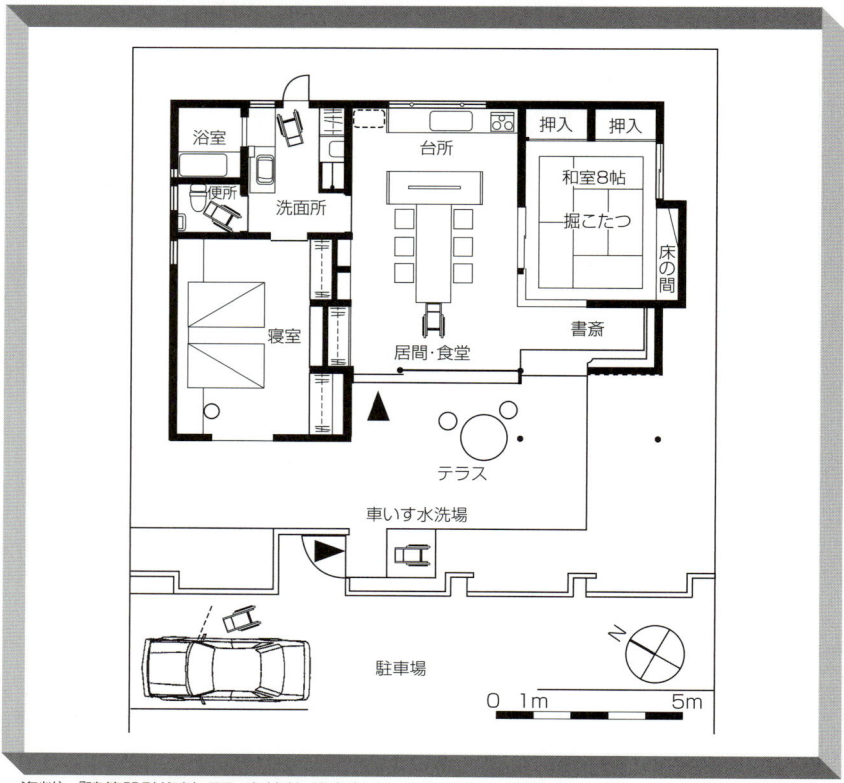

図6-30　事例2：身体障害のある人の車いす対応自立・戸建てプラン

資料）『建築設計資料 55 高齢者・障害者の住宅』建築資料研究社，1996．

6. 高齢者や障害のある人の居住の選択肢

■事例３■　身体障害のある人の車いすによる自立への改装プラン
　　　　　（設計：吉田晃建築研究所）

居住者：Ｃさん（上・下肢麻痺，体幹機能障害），弟家族が隣居

　Ｃさんの育った家を自立のため３回改装して現在にいたる。１回目は，弟家族との同居から一人住まいへの２世帯に分ける改装であった。弟の住まいと戸で仕切り，アプローチを別にして台所をつくった。２回目の改装は，台所をＣさんの身体機能に合わせて使いやすい（料理ができる）ように改装した。また，入浴は介護が必要であったので，浴室をヘルパーが使いやすいように，Ｃさんとヘルパーが使う所を分けるよう改装した。

　３回目の今回の改装では，Ｃさんが庭にでられるようにしたり，友人や親戚が来て気楽に遊び泊まっていけるよう増築を行った。人が集まるのでＣさんの活動範囲は広がっていく。日々進化する福祉機器やリモコン，セキュリティ，ＩＴ設備などを積極的に住まいの要求に対応させている（図6-31 参照）。

図6-31　事例３：身体障害のある人の車いすによる自立への改装プラン

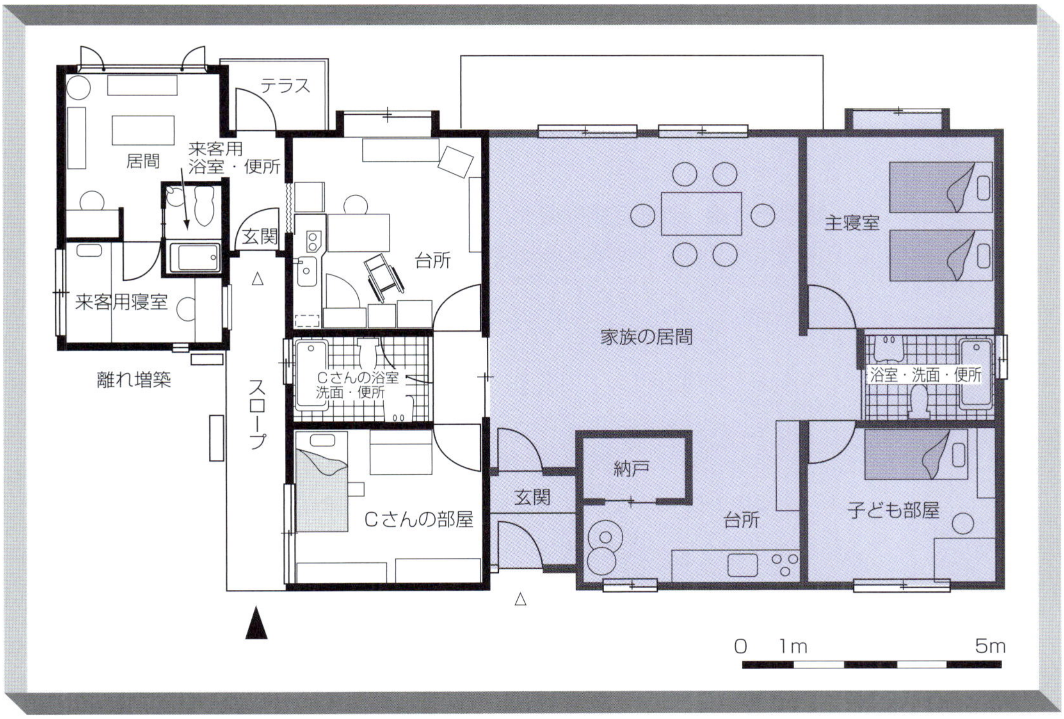

2）施設でくらす

■事例4■　ユニットケア型特別養護老人ホーム「けま喜楽苑」
（設計：永野建築設計事務所）

尼崎市に2001年に開設された。新型特養を考慮した特別養護老人ホーム棟と認知症高齢者グループホーム棟から構成される。

運営法人の方針の根幹は、重い障害があっても市民として、また地域にくらす1人の住民としてごくあたり前の生活を保障されなければならないというノーマライゼーションの理念であり、「もう収容施設はつくらない。特養ホームを地域のケア付き住宅に」がコンセプトである。

特別養護老人ホームの全体計画は定員55人、2階と3階にそれぞれに特養3ユニット、計6ユニットの生活単位と、1階に全室個室のショートステイ（15人）とデイサービス（一般型）を併設している。7人から10人にグループ分けされた、個室と食堂、居間からなるユニットが基本的な生活単位（小規模生活単位）となり、食事や入浴などの日常的なケアを受けながら家庭的な生活をおくっている。全室個室としてプライベート空間を確保し、セミプライベート、セミパブリック、パブリック空間を配置し、入居者のこれまでの生活の継続を最大限に配慮した居場所が随所に細やかに設けられている。生活単位が小さいことから入居者が「自分で行けるところ」「自分でできること」が増え、その生活には連続性、脈絡性があり残存能力が引き出せ、自己決定・自立度は飛躍的に高まっている。

■事例5■　認知症高齢者グループホーム「いなの家―かみ・しも」

事例4の「けま喜楽苑」特別養護老人ホーム棟と道を挟んで向き合う形で建てられた。1階と2階に1ユニットずつ配置され、9人ずつ18人の認知症高齢者が共同生活をおくっている。

ユニットの構成やケアの考え方は特養と同じであるが、ユニットが「かみ」と「しも」に分かれ、アプローチは京の町屋のような細い路地を通ってそれぞれの玄関から入る。中庭形式、和風の大きな住宅である。食事の準備・後片付け、洗濯物の取り込みなど、日常生活の営みを通してごく普通の生活をおくれるよう、スタッフが支えている。1階正面にデイサービス（認知症型）、ヘルパーステーション、在宅介護支援センターを併設している（図6-32参照）。

■事例6■　世田谷区立身体障害者自立体験ホーム「なかまっち」
（設計：（株）福祉開発研究所）

特に重度の身体障害のある人が生活技術を習得し、必要な援助を受けながら地域で自立した生活をおくるために入居する通過型の自立体験ホームである。ここでの「自立」は、「自己決定権の行使」ととらえられている。最長1年の入居期間を通じて自立に向けた体験や準備の支援を行い、個々に応じたプログラムを提供する。自立体験事業の他、緊急時や保護者の休養のための一時保護

自己決定権の行使
人の助けを借りれば、15分で着替えをして仕事に出かけられる人が、自力では2時間かかるために家にいて仕事にも行けない状態よりは自立しているという考え方。

6．高齢者や障害のある人の居住の選択肢

事業（ショートステイ），入浴サービス事業がある。

自立体験室は8室あり，居室は寝室ではなく通過型の「住宅」として考えられ，専用キッチン，洗面エリア，介護者スペースのとれるトイレ，収納，下足入れ，出入り口にはインターフォン，表札，電機使用メーターなどが付き，非常用にナースコール表示灯が付いている。

1階の1戸は玄関独立タイプで，直接外にでられる玄関や，浴室，ケアキッチンが付く。1階に施設入浴室（機械浴槽，個別浴槽），2階にはリフトで脱衣室から浴室に行ける介助付き浴室と，一般的な広めのユニットバスがあり，障害や男女別に使い分けている。その他，入居者の共用スペースとしてダイニングルーム，和室，インターネットのできるエントランスホールの談話コーナーなどが設定されており，入所者同士や訪問者のコミュニケーションの場になっている（図6-33参照）。

■**事例7**■　地域小規模児童養護施設「東京育成園　ヒソップホーム」
　　　　　（設計：小林正美＋アルキメディア設計研究所）

特徴は，住宅地の中に建てられた普通の「家」であること，2歳から18歳の6人の子どもたちが3人のケアワーカー（児童指導員，保育士）を中心に共同でくらすグループホームの形態をとっていることである。

施設ではなく「家」をイメージさせる空間は，模擬家庭ではあるが，家庭の形成，地域住民としての共存のあり方や，人間関係を自然な形で学ばせ，子どもたちの情操や精神衛生面の育成にとって，ソフト的にもハード的にも，とても大切な環境である。このような設計コンセプトの下に，天窓や高窓から差し込む光が満ちる吹き抜け空間のリビングダイニングを「家の中心」に配置し，日常生活はこの吹き抜けの下の大テーブルを中心に行われる。2階の子ども部屋の吹抜けに面する壁に窓をあけ，上下の生活領域の異なる子ども同士がコミュニケーションできるように配慮している。この空間を媒介として職員も家事・育成業務を遂行しながら，上・下階の子どもたちの気配を自然に感じることができる。この内部空間の構成は，あからさまな形ではなく管理上もたいへん好ましいと評価を得ている。ホームの中に子どもたちの楽しいお喋りや笑い声が聞こえてきそうな，豊かで明るい家庭的な居住の場が想像できる「家」である（図6-34参照）。

■**事例8**■　知的障害者地域生活援助「グループホーム天の薹」
　　　　　（設計：スタジオ宙）

5人の知的障害のある人たちの小規模なグループホーム（東京都生活寮）である。プライバシーの保たれた個室が用意され，「個人としての自立」を育み，共同生活を通して「集団の中での自立」を促し，地域社会の中で世話人とボランティアの援助を受けながら，生き生きとくらせることを支援するホームである。

理解のある大家さんから一般住宅を借り，予算の制約から外観はほとんどそ

第6章　住生活とすまい

図6-32　事例5：認知症高齢者グループホーム「いなの家」

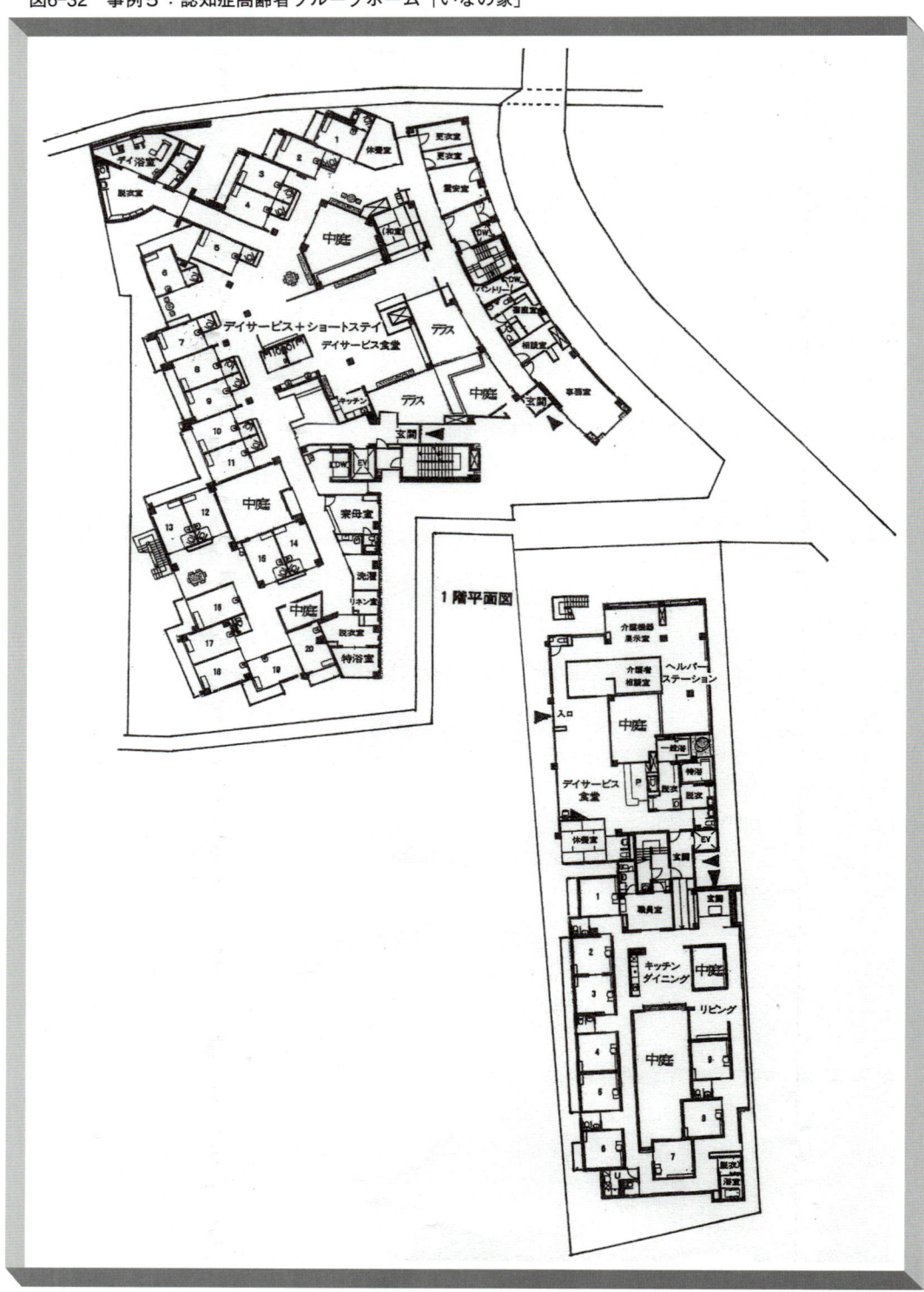

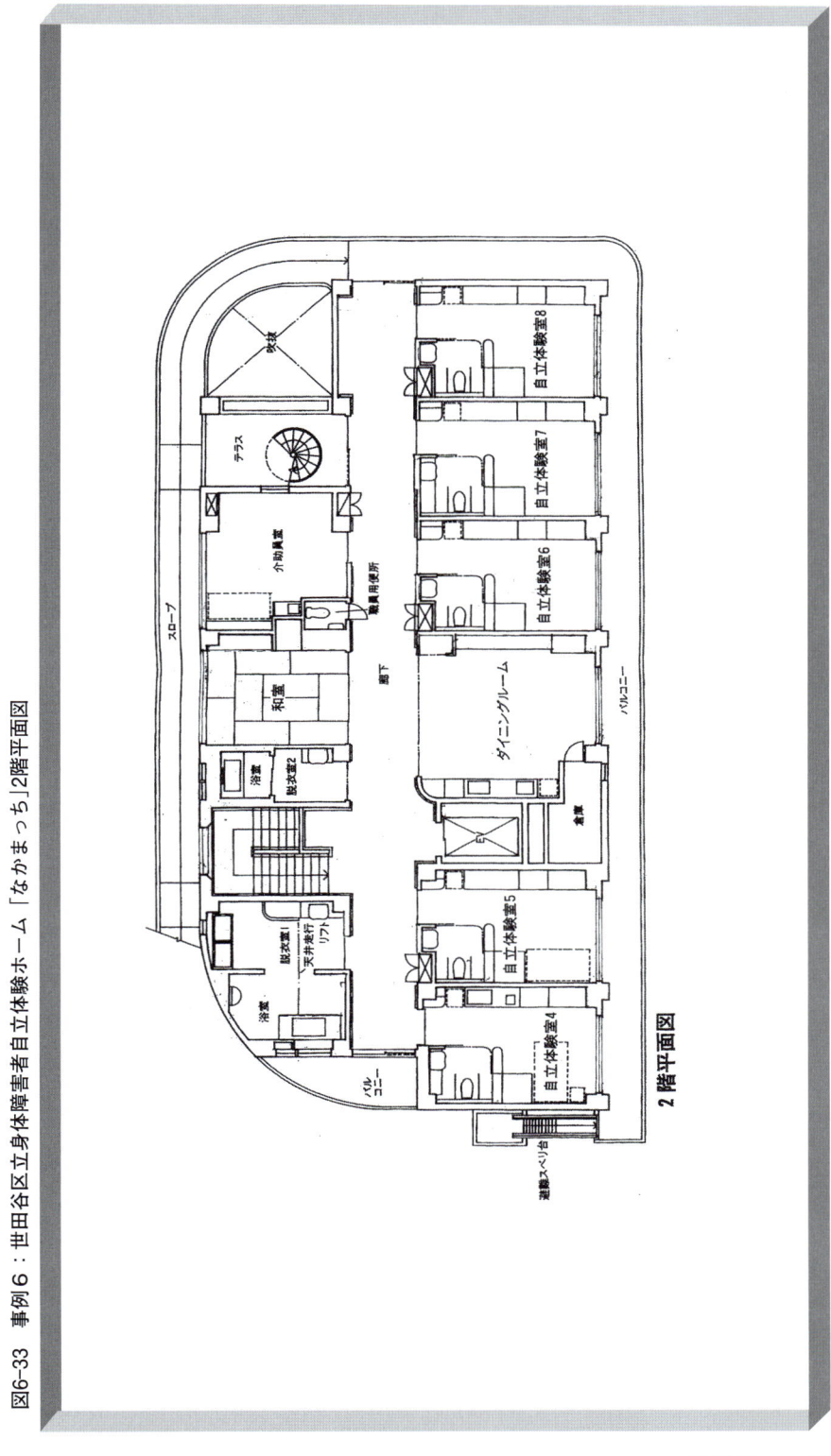

6．高齢者や障害のある人の居住の選択肢

図6-33 事例6：世田谷区立身体障害者自立体験ホーム「なかまっち」2階平面図

2階平面図

(資料) 建築思潮研究所編：「建築設計資料 94 障害者の地域活動拠点」建築資料研究社，2003．

185

第6章　住生活とすまい

図6-34　事例7：地域小規模児童養護施設「東京育成園　ヒソップホーム」

6．高齢者や障害のある人の居住の選択肢

図6-35　事例8：「グループホーム天の藁」

２階平面図

１階平面図

資料）建築思潮研究所編：『建築設計資料　94　障害者の地域活動拠点』建築資料研究社，2003．

第6章　住生活とすまい

図6-36　事例9：シルバーハウジング「シルバーピア東堀切」

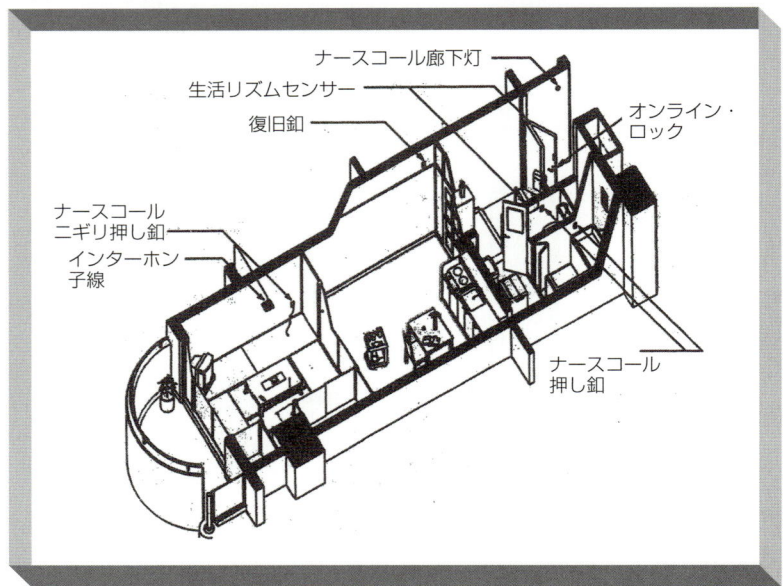

資料）『シルバーピア東堀切パンフレット』

図6-37　事例10：コレクティブハウス「かんかん森」

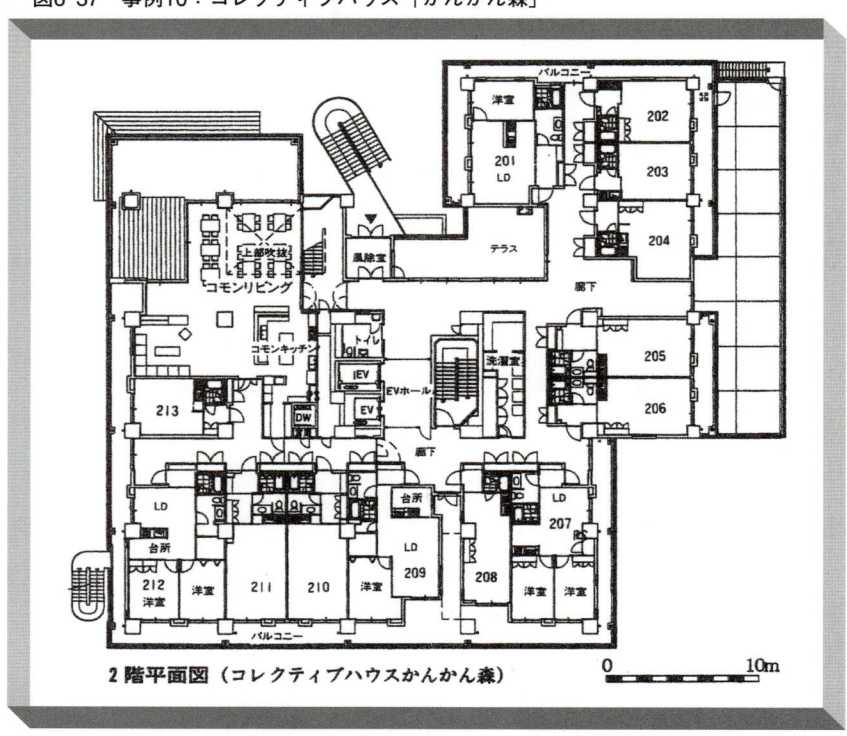

資料）建築思潮研究所編：『建築設計資料 99 ケアハウス・有料老人ホーム』建築資料研究社，2004．

のまま，宿直室とデッキテラスを増築し，内部を改装しただけの建物である。しかし，かえってそのことが入居者にとって，ここが「施設」ではなく「わが家」の感覚を抱かせ，地域の中に違和感なく受け入れられるというよい効果を生んでいる。この小さなホームは運営団体や自治体，地域社会が協力し合いながら成立している。障害のある人が普通に仲間と「わが家」に住むことができること，その社会的な意味は大きい（図6-35参照）。

■**事例9**■　シルバーハウジング「シルバーピア東堀切」
　　　　　（設計：(株)現代計画研究所）

シルバーハウジング・プロジェクト制度の指定を受けた東京都シルバーピア事業の第1号都営集合賃貸住宅である。急速に高齢者世帯が増えている葛飾区にあって，高齢者対応集合住宅のモデルとして事業展開された。自立しながらも，相互に助け合って生活できる住宅に高齢者在宅サービスセンター（給食サービス・入浴サービス・機能回復訓練・生き甲斐活動など）が併設され，居住者の自立生活を援助する「良き隣人」ワーデン（シルバーピアの生活援助員：ライフサポートアドバイザー）が常駐している。住戸110戸のうち高齢者向住宅は約26％（老人室付き・単身向き・夫婦等向き・車いす対応住宅）を占め，多世代が混在して住まう。団地中央のコモンガーデン，区の公園と街角広場，屋上庭園など，住む人の生活を考えた工夫と高齢者に優しい心遣いがされている。特に高齢者向きに配慮された住宅の設計・設備として以下のものがある。

① 玄関，浴室，トイレに手すりの取り付け。
② 床段差の解消と滑りにくい床材の使用。
③ 車いすの通れるドア幅，引き戸の多用。
④ 使いやすい大型スイッチ，レバーハンドル水栓の採用。
⑤ ゆったりした間取り（開放的な食事室，床の間付き和室，多めの収納）。
⑥ 緊急通報設備：緊急通報押しボタン，安否確認システム（トイレ・玄関ドアが12時間以上開かないとワーデンに通報），火災ガス漏れ通報設備など。

また，ワーデンは次のような役割・仕事を担っている。

① コミュニティ・コーディネート（巡回訪問による安否確認，日常的な話し相手・情報提供，コミュニティ活動の支援）。
② 緊急時の対応（緊急通報システムの受信と一次対応）。
③ 関連機関への連絡（入居者の要介護状況等に変化が生じた時）（図6-36参照）。

■**事例10**■　コレクティブハウス「かんかん森」（設計：〔統括〕小矢部育子，〔基本・実施設計〕LAU公共施設研究所）

コレクティブハウスは北欧で1970年代からさかんに建設された賃貸集合住宅の形態で，住人が家事の一部を分担し合うという新しい住まい方である。「か

> **コラム**
>
> 　最近は，単身者の増加や後継者がいないという理由からだけではなく，家制度の名残が色濃く残っている葬儀や墓に疑問をもつ人が増えている。そして，夫婦だけの墓や共同の永代供養墓，遺骨を海山に返す自然葬など，個人尊重の考え方や民主的な家族観を反映した新しい動きがある。生前のその人らしさや生きてきてよかったという想いを，葬儀や埋葬のあり方に反映させる配慮や，新しいスタイルの模索も必要であろう。

んかん森」は中学校跡地に建設された多世代型複合居住施設「日暮里コミュニティ」の2・3階にある。住戸はワンルームから2DKまで28戸，住人は単身者からファミリーまで34人がくらす。年齢層は80歳代の高齢者から生まれたての乳児までと幅広い。独立した住居の他にキッチン・リビングダイニング・洗濯室・日曜大工の作業テラス・屋上菜園などの共有スペースがあり，週3回希望者に夕食を提供している。つくるのは住人で月に1回の当番制である。住民同士がかかわり合いながら生活の一部を共同化することで，合理的なくらしを実現しようというスタイルである。自分や家族の生活は自立しつつも，血縁にこだわらない広く豊かな人間関係の中で，協力し合いながら自由に安心・安全に住まうくらし方のひとつの形がここにある。特に，子どもたちにとっては健やかな育ちの，高齢者には自立と生き甲斐と安心の豊かなコミュニティの住環境を提供している（図6-37参照）。

3 今後の方向性―人権保障の住まいづくりに向けて

　前節でみるように，さまざまな先進的な"住まい方"が提案され試みられているとはいえ，わが国の住政策・住環境はいまだに高齢者や障害のある人たちにとって十分なものとはなっていない。人生50年時代の住宅（床・棚・書院のある，大工によって建築された和風住宅）では対応できないだけでなく，高齢者を排除する借家，親しんできた人や物との関係を絶って施設に入所せざるをえないなど，決して安心してくらせる状況にはない。

　「居住は人権」と位置づけ，障害や病気があっても，子どもでも高齢者でも，さらに，どのような状態・状況でも，健康で文化的な最低限度の生活を保障され，しかも近所付き合いや近隣の風景などとの交歓を含む地域生活を背景として人の一生が支えられる社会を目指さなければならない。今後，こうした課題を達成するためには，次のような視点が必要であろう。

6. 高齢者や障害のある人の居住の選択肢

（1）施設の個室化，多様化な居住の場の模索

特別養護老人ホームは徐々に個室化される方向にあるが，児童や障害のある人の居住型福祉施設の個室化はなされていない。

個室ではプライバシーが確保され，部屋の主（ぬし）として先祖をまつる祭壇を管理したり，趣味の成果を並べて保存・鑑賞することなどが可能である。すなわち，個の表出が可能である。個を表出することで自分の居場所に愛着をもち，生活に対する自立意欲や積極性が増し，また，共に住む人同士のコミュニケーションへの意欲を引き出す効果も期待できる。個室化は，アイデンティティを確認し，自己表現できる人権保障の第一歩と考えられる。

住まう場として，従来からの住宅と居住型福祉施設だけではなく，シルバーハウジングやグループリビング，コレクティブハウジングなど，社会的サポートに加え，住民同士の助け合いのあるくらし方を模索し，多様な「宅」，すなわち住まう場を創出していくことが求められる。

（2）面としての環境整備

人のくらしは，「宅」だけでは成り立たない。日々の買い物や近隣の人びととの交流，自治体の行政サービスなど，地域との関連の中でくらしは成り立っている。特に，障害のある人や後期高齢期の人などにとっては，「宅」での生活を支える各種サービスを提供する購買施設や行政機関，健康維持や生き甲斐，楽しみのための施設などが地域にあることが，くらしの質と豊かさを左右する。わが国では移動にかかわる法整備（p.125）がされてきているが，施設だけでなく，そこにいたる道路の整備や途中で一休みするベンチの設置はもちろん，バスなどの交通機関を利用して安全かつ安心して移動できることなどの社会資源の整備が必要である。

つまり，いわば"点"としての施設の整備や充実だけでなく，地域全体を"面"としてとらえて行う社会資源の整備・充実が今後の大きな課題となろう。それには，建築・医療・福祉・保健・教育など多岐にわたる行政がかかわることとなるが，それらの枠を越えた有機的かつ包括的な連携が欠かせない。

さらに，犬などの動物と交歓すること，土いじりをして花を植えることなどは，人を生き生きとさせ心を和らげる。自然との共生は，自然界の命と向き合うことでもあり，また持続可能な地域づくりにも結びつく。面としての生活環境整備には，こうした自然との共生の視点を加えることも欠かせない。

（3）幼いときからの創造的な街づくりへの参画

私たちは豊かに住みたいという希望をもっていながら，「宅」を核とする生活環境をよくするのは誰かについて真剣に考えてきただろうか。わが国の住環境は，経済性や効率性，企業の論理などが優先して整備される傾向が強い。高価格商品である住宅の選択や購入，増改築についても受け身になり，あきらめが先に立っていないであろうか。

自分の生活とその生活を支えている住まい，さらには身近な生活環境が現状のままでよいのか，将来はどうあったらよいかについて，私たち自身が絶えず意識し考えることが必要なのではないだろうか．家庭や地域，教育の場で，成人してからはもちろんのこと幼い時から，そのような習慣を身につけていく必要があるだろう．そうした習慣を身につけることは，生活環境に関心をもち，問題を発見し，解決を図る，というプロセスに主体的に参加していくことに結びついていこう．わが国の住宅政策ならびに住意識が持ち家中心主義で，家を買うことには熱心であっても，社会保障のひとつの柱として"住"を位置づけてこなかったことの遠因には，こうした習慣や力を蓄えてこなかったこともあるだろう．

　幼き者も，年老いた者も，障害があろうと，病気になろうと，心身ともに安心・安全・快適・そしてくつろげる居場所を楽しみながらつくることに参加し，互いを尊重し共に住む意識や，住民の生き方を写すコミュニティを創造する力を獲得していきたいものである．

引用文献

1) 早川和男：居住福祉，岩波書店，p.226，1997．
2) 早川和男：居住福祉，岩波書店，p.219，1997．
3) 面出薫：今週の「異議あり！」，毎日新聞，2002.12.19
4) 瀬川昌也：「幼児の眠りの調査」，鳥居鎮男編：睡眠環境学，朝倉書店，1999．
5) レイチェル・カーソン：センス・オブ・ワンダー

参考文献

- 大野隆司，水村容子ほか著：福祉住環境，市ヶ谷出版社，2004．
- 児玉桂子ほか編：高齢者が自立できる住まいづくり，彰国社，2003．
- 中川英子編著：介護福祉のための家政学，建帛社，2004．
- 世界保健機関（WHO）：ICF 国際生活機能分類－国際障害分類改定版－，中央法規出版，2002．
- 楢崎雄之著：高齢者・障害者を考えた建築設計，井上書院，2000．
- 児玉桂子ほか編：痴呆性高齢者が安心できるケア環境づくり，彰国社，2003．
- 外山　義著：自宅でない在宅，医学書院，2003．

付録　明治・大正・昭和　生活史年表

　人はそれぞれが育った地域や時代背景の影響のもとに，現在の生活習慣や生活スタイルをつくり上げている。生きて生活するにあたって"何を大切にするべきか"といった価値観や生活観は，その人が生きてきた時代を知ることで理解することができる場合も多い。

　利用者の主体性を尊重し，自立をうながす生活支援の実践に当たって，高齢者が生きてきた時代を理解しておくことは，介護福祉士にとって非常に大切である。

　ここでは，1903（明治36）年から1971（昭和46）年の約70年間にわたる「政治」，「文芸・出版」，「映画・放送」，「流行歌」，「社会・くらし」について，各年1～2件のトピックをとり上げて年表とした。

　個人の生活様式も，社会全体の生活様式の変化にともなって変わっていく。本文中にも述べられているように，明治末期生まれの人びとは，幼少から成人にいたるほとんどの時期を，着物（和服）で過ごし，畳の部屋で寝起きし，かまどや七輪で煮炊きをするという生活をしてきている。

　本年表でとり上げたトピックは，生活そのものというよりは，余暇や精神生活にかかわるものであり，高齢者の"生活を理解する"という意味では，とうていじゅうぶんなものではない。この年表を，現在の高齢者が生きてきた時代の文化や生活様式に興味をもち，より深く知ろうとする学びのきっかけにしていただければ幸いである。

付　録

明治・大正・昭和　生活史年表（1903～1971年）

西暦	元号	政　治	文芸・出版	映画・放送
1903	明36			
1904	37	日露戦争開始		
1905	38	日本海海戦，日ロ講和会議（ポーツマス条約）	夏目漱石『吾輩は猫である』	
1906	39		島崎藤村『破戒』 夏目漱石『坊っちゃん』	
1907	40		泉鏡花『婦人系図』 田山花袋『蒲団』	
1908	41	戊申詔書	「アララギ」創刊	
1909	42	伊藤博文暗殺	北原白秋『邪宗門』	
1910	43	大逆事件	石川啄木『一握の砂』 武者小路ら「白樺」創刊	
1911	44	第三次日英同盟協約。工場法公布	平塚らいてう「青鞜」創刊	
1912	45	明治天皇大喪		
1913	大2	立憲同志会結成	森鷗外『阿部一族』，中里介山『大菩薩峠』新聞連載	
1914	3	ドイツに宣戦布告（第一次世界大戦）	「少年倶楽部」創刊	
1915	4		芥川竜之介『羅生門』	
1916	5	憲政会結成	倉田百三『出家とその弟子』，「婦人公論」創刊	チャップリン映画人気
1917	6	石井・ランシング協定	菊池寛『父帰る』	尾上松之助（目玉の松ちゃん）映画人気
1918	7	シベリア出兵。第一次大戦終了	鈴木三重吉「赤い鳥」創刊	
1919	8	普選期成大会開催。中国東北部で日中両軍衝突	有島武郎『或る女』	
1920	9	国際連盟発足	菊池寛『真珠夫人』新聞連載	
1921	10	原敬首相暗殺	志賀直哉『暗夜行路』	虞美人草，カリガリ博士
1922	11	ワシントン海軍軍縮会議	「週刊朝日」「サンデー毎日」創刊	
1923	12	虎ノ門事件	菊池寛「文藝春秋」創刊，漫画『のんきな父さん』新聞連載	
1924	13		谷崎潤一郎『痴人の愛』	籠の鳥，金色夜叉，落花の舞
1925	14	治安維持法。普通選挙法	大衆雑誌「キング」創刊，細井和喜蔵『女工哀史』	
1926	15	大正天皇大喪	川端康成『伊豆の踊子』，改造社『現代日本文学全集』（1冊1円）円本時代開始	
1927	昭2	金融恐慌	大佛次郎『赤穂浪士』，岩波文庫創刊	嵐寛寿郎の鞍馬天狗シリーズ封切り

明治・大正・昭和　生活史年表（1903～1971年）

流　行　歌	社　会・く　ら　し
	南満州鉄道会社設立
	足尾鉱毒事件
	ハレー彗星出現
乃木大将の歌 どんどん節	第5回オリンピック（日本初参加）。女学生に大幅リボン流行 平塚らいてう「新しい女」宣言。箱入ミルクキャラメル発売
カチューシャの唄，まっくろけのけ節	松井須磨子，カチューシャ役『復活』上演。大正琴流行。東京大博覧会開催
乾杯の歌，現代節	大戦景気。「教破堤劇，明日は三越」。第1回全国中等学校優勝野球大会。前髪ウエーブ流行。割烹着普及
サンタルチア	貿易収支大幅黒字。工場法施行
さすらいの歌，安来節	金本位制事実上の停止。浅草オペラ人気
ノンキ節，コロッケの歌	スペイン風邪大流行
パイノパイ節，デモクラシー節	山本鼎，自由教育運動。労働争議増大。新国劇『国定忠治』
	戦後恐慌始まる。初のメーデー。第1回国勢調査
船頭小唄，流浪の旅	グリコキャラメル発売「一粒300m」。三越女店員制服制定
籠の鳥，ピエロの唄	アインシュタイン来日。オールバック流行。帝国ホテル完成
煙草のめのめ	関東大震災。お茶の水に文化アパートメント完成。丸ビル完成
	「文化」という言葉流行（文化住宅，文化カミソリ等）。アッパッパ流行
	ラジオ放送開始。東京六大学リーグ開始。東京市電，女性車掌採用
ヨサホイ節，関の五本松	女性の断髪流行
波浮の港，佐渡おけさ	各地で銀行取り付け騒ぎ

付　録

西暦	元号	政　　治	文芸・出版	映画・放送
1928	昭3	張作霖爆殺	林芙美子『放浪記』	ラジオ体操放送開始
1929	4		島崎藤村『夜明け前』，小林多喜二『蟹工船』	大学は出たけれど（小津安二郎監督）
1930	5	金解禁。ロンドン軍縮会議		
1931	6	満州事変	田河水泡『のらくろ二等兵』	音声付映画（トーキー）登場
1932	7	満州国建国宣言。5・15事件	山本有三『女の一生』	
1933	8	国際連盟脱退	尾崎士郎『人生劇場』	
1934	9			
1935	10	国体明徴声明	吉川英治『宮本武蔵』新聞連載，芥川賞・直木賞始まる	
1936	11	2・26事件。日独防共協定調印	堀辰雄『風立ちぬ』	
1937	12	日中戦争開始	川端康成『雪国』	
1938	13	国家総動員法	火野葦平『麦と兵隊』	
1939	14	ノモンハン事件(対ソ紛争)	『宮本武蔵』完結	
1940	15	日独伊三国同盟調印。大政翼賛会発会		
1941	16	太平洋戦争(真珠湾攻撃)，国民学校令公布	高村光太郎『智恵子抄』	
1942	17	ミッドウエー海戦		
1943	18		谷崎潤一郎『細雪』	
1944	19	マリアナ沖海戦，レイテ沖海戦		
1945	20	東京大空襲(B29)。広島・長崎原爆投下。ポツダム宣言受諾。降伏文書調印		そよ風(戦後第1作，続姿三四郎
1946	21	公職追放。日本国憲法公布	カストリ雑誌，尾崎秀実『愛情はふる星のごとく』，長谷川町子『サザエさん』	カサブランカ，わが青春に悔なし
1947	22	第1回国会召集	レマルク『凱旋門』，三木清『人生論ノート』	安城家の舞踏会，荒野の決闘
1948	23	公務員の争議行為禁止。経済安定9原則	太宰治『斜陽』，「暮らしの手帖」「少年画報」創刊	酔いどれ天使，逢いびき，美女と野獣
1949	24	松川事件。シャウプ税制勧告	吉川英治『宮本武蔵』，永井隆『長崎の鐘』	晩春，野良犬，青い山脈
1950	25	朝鮮戦争勃発	伊藤整『チャタレー夫人の恋人』摘発，東大出版部『きけわだつみのこえ』	帰郷，羅生門，自転車泥棒
1951	26	サンフランシスコ対日講和条約調印・日米安全保障条約調印	無着成恭『山びこ学校』，大岡昇平『武蔵野夫人』	カルメン故郷に帰る，麦秋，(羅生門，ベネチア映画祭グランプリ)
1952	27	メーデー事件。破壊活動防止法	源氏鶏太『三等重役』	生きる，第三の男，天井桟敷の人々，ラジオ：君の名は

明治・大正・昭和　生活史年表（1903～1971年）

流　行　歌	社　会・く ら し
出船，モンパリ，アラビアの唄	第9回アムステルダムオリンピックで織田幹雄(三段跳び)・鶴田義行(200m平泳ぎ)金メダル獲得
東京行進曲，君恋し	世界恐慌，大学生就職難，飛行船ツェッペリン伯号来日
酋長の娘，祇園小唄	昭和恐慌
酒は涙か溜息か，丘を越えて	
影を慕いて，天国に結ぶ恋	白木屋デパート火災。肉弾3勇士
島の娘，東京音頭	滝川事件。ヨーヨー大流行
赤城の子守唄，すみれの花咲く頃	大日本東京野球倶楽部(プロ球団)設立。パーマネント普及
二人は若い，野崎小唄	
男の純情，うちの女房には髭がある	第11回ベルリンオリンピック，田島直人(三段跳び)，前畑秀子(平泳ぎ)活躍
愛国行進曲	神風号訪欧飛行。慰問袋・千人針さかん
支那の夜，海ゆかば，別れのブルース	岡田嘉子ソ連亡命。代用品(竹製スプーン等)出回る
上海の花売娘，空の勇士	価格統制令。国民服流行
暁に祈る，蘇州夜曲，隣組	標語「贅沢品は敵だ」，皇紀二千六百年記念式典
船頭さん，大政翼賛会の歌	ゾルゲ事件
月月火水木金金，空の神兵，湖畔の乙	女大日本婦人会結成。衣料切符制実施
加藤隼戦闘隊，予科練の歌	学徒出陣。野球用語の英語禁止
同期の桜，お山の杉の子，炭鉱節	煙草配給制に
りんごの歌	燈火管制，ヤミ市
なくな小鳩よ，東京の花売娘，かえり船	新円切り替え。第1回国民体育大会
港が見える丘，東京ブギウギ，星の流れに	2・1ゼネスト。独占禁止法公布。東京六大学野球復活
湯の町エレジー，異国の丘	帝銀事件。新制高校・大学発足。母子手帳配布
銀座カンカン娘，青い山脈，長崎の鐘	単一為替レート(1ドル=360円)設定。湯川秀樹ノーベル物理学賞受賞
白い花の咲く頃，東京キッド	金閣寺放火で焼失。ジェーン台風
野球小僧，上海帰りのリル	第1回紅白歌合戦。パチンコ流行。ジャズ流行
リンゴ追分，ゲイシャワルツ，ああモンテンルパの夜は更けて	日航もく星号三原山に墜落。スクーター流行。真知子巻き流行。白井義男プロボクシングフライ級チャンピオン

197

付　録

西暦	元号	政　治	文芸・出版	映画・放送
1953	昭28	池田・ロバートソン会談	ボーヴォワール『第二の性』	ひめゆりの塔, 十代の性典, 禁じられた遊び, シェーン, TV：ジェスチャー
1954	29	第5福竜丸がビキニで米水爆実験により被爆	三島由紀夫『潮騒』, 漫画『赤胴鈴之助』	ゴジラ, 二十四の瞳, 七人の侍, ローマの休日
1955	30	自由民主党結成。アジア・アフリカ会議（バンドン）	新村出『広辞苑』	紅孔雀, 夫婦善哉, エデンの東, TV：私の秘密
1956	31	日ソ国交回復。国連総会で日本の加盟を可決	石原慎太郎『太陽の季節』	真昼の決闘, 居酒屋
1957	32	岸首相, 東南アジア6か国歴訪	谷崎潤一郎『鍵』, 三島由紀夫『美徳のよろめき』	米, 戦場にかける橋, 道
1958	33		五味川純平『人間の条件』, 石坂洋次郎『陽のあたる坂道』, 大江健三郎『飼育』,「女性自身」創刊	無法松の一生, 鉄道員, 大いなる西部, TV：事件記者
1959	34	日米安保条約改定阻止国民会議結成	安本末子『にあんちゃん』, 週刊誌ブーム	人間の条件, 十二人の怒れる男, 灰とダイアモンド
1960	35	新安保条約批准。国民所得倍増計画	松田道雄『私は赤ちゃん』, 北杜夫『どくとるマンボウ航海記』	おとうと, 日本の夜と霧, 太陽がいっぱい
1961	36	農業基本法公布	小田実『何でも見てやろう』, 松本清張『砂の器』	不良少年, 用心棒, ウエストサイド物語, TV：シャボン玉ホリデー
1962	37	全国総合開発計画を閣議決定	山岡荘八『徳川家康』, 百科事典ブーム	キューポラのある町, 尼僧ヨアンナ, 野いちご, TV：ベンケーシー, てなもんや三度笠
1963	38	米, ケネディ大統領暗殺	「女性セブン」「ヤングレディ」「少女フレンド」「マーガレット」創刊	アラビアのロレンス, 鳥, TV：NHK第1回大河ドラマ「花の生涯」,「鉄腕アトム」
1964	39	OECD加盟。IMF8条国に移行。トンキン湾事件	柴田翔『されどわれらが日々』	砂の女, 怪談, 軽蔑, かくも長き不在, TV：三匹の侍
1965	40	日韓基本条約調印。北爆開始	岡村昭彦『南ベトナム従軍記』	サウンドオブミュージック, 赤ひげ, 東京オリンピック, TV：11PM
1966	41		三浦綾子『氷点』, 阿川弘之『山本五十六』	白い巨塔, 男と女, 大地のうた, TV：おはなはん, ザ・ガードマン
1967	42	公害対策基本法公布	多胡輝『頭の体操』	日本のいちばん長い日, アルジェの戦い, 欲望
1968	43	小笠原諸島返還協定調印。テト攻勢	佐賀潜『民法入門』, 有吉佐和子『不信のとき』	若者たち, 卒業, 猿の惑星
1969	44	佐藤首相訪米。ベトナム和平拡大パリ会議	海音寺潮五郎『天と地と』, 庄司薫『赤頭巾ちゃん気をつけて』	風林火山, 橋のない川
1970	45	日米安保自動延長	塩月弥栄子『冠婚葬祭入門』, 立原正秋『冬の旅』,「anan」創刊	戦争と人間
1971	46	沖縄返還協定調印	高野悦子『二十歳の原点』, イザヤ・ベンダサン『ユダヤ人と日本人』,「nonno」創刊	ある愛の詩, 男はつらいよ, 小さな恋のメロディ, 沈黙, 儀式

明治・大正・昭和　生活史年表（1903〜1971年）

流　行　歌	社　会・くらし
君の名は，雪の降る町を	テレビ本放送開始。蛍光灯・電気洗濯機普及。ミスコンテスト流行
お富さん，岸壁の母	プロレス力道山人気。ヘップバーンスタイル流行
月がとっても青いから，別れの一本杉，ガード下の靴みがき	春闘方式開始，ガット正式加盟，原水爆禁止日本協議会結成
ここに幸あり，哀愁列車	太陽族。ロックンロール流行
バナナボート，東京のバスガール，錆びたナイフ	なべぞこ不況。5千円札発行。100円硬貨発行
有楽町で逢いましょう，からたち日記，星はなんでも知っている	フラフープ流行。1万円札発行。大相撲6場所制。長嶋茂雄新人王獲得
黒い花びら，南国土佐を後にして，東京ナイトクラブ	皇太子（現天皇）ご成婚。三池闘争。伊勢湾台風。田中聡子200m背泳ぎ世界新。岩戸景気
アカシアの雨がやむとき，潮来笠，誰よりも君を愛す	インスタントコーヒー・即席ラーメン発売。ハイライト発売。ダッコちゃんブーム
王将，君恋し，上を向いて歩こう，スーダラ節	小児マヒ流行。うたごえ喫茶流行。シームレスストッキング流行。柏戸・大鵬同時横綱。レジャーブーム
いつでも夢を，下町の太陽，若い二人，王将	堀江謙一ヨットで単独太平洋横断。国産旅客機YS-11。ツイスト流行
高校三年生，こんにちは赤ちゃん，長崎の女	狭山事件。ボーリングブーム。名神高速道路開通
アンコ椿は恋の花，柔，幸せなら手をたたこう	第18回東京オリンピック開催。新幹線，東京—大阪間開通。切手ブーム。みゆき族
涙の連絡船，さよならはダンスの後に，知りたくないの	朝永振一郎ノーベル物理学賞受賞。ベ平連結成。パンティーストッキング発売
君といつまでも，バラが咲いた，柳ヶ瀬ブルース，星のフラメンコ	国際反戦デー。ビートルズ来日。フォークソング流行
世界は二人のために，ブルーシャトー，小指の思い出	ミニスカート流行。グループサウンズ。物価戦争
受験生ブルース，帰って来たヨッパライ，天使の誘惑，星影のワルツ	イタイイタイ病公害認定。イザナギ景気。3億円強奪事件。学園紛争。3C（カー・クーラー・カラーテレビ）時代。東名高速道路開通
いい湯だな，新宿の女，今日でお別れ	アポロ11号月初着陸。東大安田講堂封鎖解除。東名高速開通。赤軍派事件。反戦フォーク集会。ヒッピー族。自主流通米
経験，知床旅情，走れコータロー，圭子の夢は夜ひらく	三島由紀夫，市ヶ谷自衛隊内で自決。日航よど号ハイジャック事件。大阪万国博覧会開催。カップヌードル発売
また逢う日まで，わたしの城下町，よこはまたそがれ	また逢う日まで，わたしの城下町，よこはまたそがれ

編著者

井上千津子　元京都女子大学 家政学部 生活福祉学科

阿部　祥子　元佛教大学 社会福祉学部 社会福祉学科

著　者

赤塚　朋子　宇都宮大学 教育学部 家政教育専攻

大野　淑子　目白大学短期大学部 生活科学科

小川かよ子　小川建築工房

倉田あゆ子　名古屋短期大学 現代教養学科

髙増　雅子　日本女子大学 家政学部 家政経済学科

松梨久仁子　日本女子大学 家政学部

水村　容子　東洋大学 ライフデザイン学部 人間環境デザイン学科

渡辺　聰子　元山野美容芸術短期大学 美容福祉学科

福祉ライブラリ
生活支援の家政学

2009年（平成21年）6月5日　初版発行
2015年（平成27年）3月20日　第3刷発行

著　者　井　上　千津子
　　　　阿　部　祥　子

発行者　筑　紫　恒　男

発行所　株式会社 建 帛 社
　　　　　　　　KENPAKUSHA

〒112-0011　東京都文京区千石4丁目2番15号
　　　　　　TEL（03）3944-2611
　　　　　　FAX（03）3946-4377
　　　　　　http://www.kenpakusha.co.jp/

ISBN978-4-7679-3342-9　C3036　　　　プロシード／新協印刷／常川製本
Ⓒ井上千津子，阿部祥子ほか，2009　　　　　　　　Printed in Japan
（定価はカバーに表示してあります）

本書の複製権・翻訳権・上映権・公衆送信権等は株式会社建帛社が保有します。
JCOPY〈㈳出版者著作権管理機構　委託出版物〉
本書の無断複写は著作権法上での例外を除き禁じられています。複写される場合は，そのつど事前に，㈳出版者著作権管理機構（TEL 03-3513-6969，FAX 03-3513-6979，e-mail：info@jcopy.or.jp）の許諾を得て下さい。